银行供应链融资、货权质押融资培训③

立金银行培训中心　著

中国金融出版社

责任编辑：贾　真
责任校对：李俊英
责任印制：丁淮宾

图书在版编目（CIP）数据

银行供应链融资、货权质押融资培训③（Yinhang Gongyinglian Rongzi、
Huoquan Zhiya Rongzi Peixun③）／立金银行培训中心著 . —北京：中国金
融出版社，2012.6
  ISBN 978 - 7 - 5049 - 6396 - 3

  Ⅰ.①银… Ⅱ.①立… Ⅲ.①商业银行—融资—中国—职业培训—教
材 Ⅳ.①F832.33

  中国版本图书馆 CIP 数据核字（2012）第 095677 号

出版
发行　中国金融出版社

社址　北京市丰台区益泽路 2 号
市场开发部　（010)63266347，63805472，63439533（传真）
网 上 书 店　http：//www.chinafph.com
　　　　　　　（010)63286832，63365686（传真）
读者服务部　（010)66070833，62568380
邮编　100071
经销　新华书店
印刷　北京松源印刷有限公司
装订　平阳装订厂
尺寸　169 毫米 ×239 毫米
插页　4
印张　17.25
字数　314 千
版次　2012 年 6 月第 1 版
印次　2012 年 6 月第 1 次印刷
定价　38.00 元
ISBN 978 - 7 - 5049 - 6396 - 3/F.5953
如出现印装错误本社负责调换　联系电话（010）63263947

立金银行培训教材编写委员会

主　　编：陈立金　云晓晨

副 主 编：马翠微　翟　丽　余　杨　王声芳

编写成员：索　莉　张的用　白　彭　赵　辉

　　　　　魏中华　胡丽云　邢　意

立金银行风采

北京立金银行培训中心为兰州银行进行
客户经理营销技能提升培训

北京立金银行培训中心为东亚银行进行
对公业务培训

北京立金银行培训中心为泉州银行
进行客户经理票据组合
融资培训

北京立金银行培训中心为广发银行进行
优秀员工职业化培训

北京立金银行培训中心为中国邮政储蓄
银行进行信贷业务培训

感言：

　　北京立金银行培训中心的老师告诉我们，要讲究多用产品、多用业务、降低酒精含量，老师们开拓客户的思路非常新颖，使我打开眼界……（来自广发银行某支行客户经理的感言）

立金银行风采

北京立金银行培训中心为温州银行进行对公授信业务培训

北京立金银行培训中心为滨海银行进行贷后管理业务培训

北京立金银行培训中心为哈尔滨银行进行业务培训

北京立金银行培训中心为中国邮政储蓄银行进行第一期动产质押业务培训

北京立金银行培训中心为柳州、来宾农信社进行业务培训

感言：

　　北京立金银行培训中心，采取教练式培训，案例讲解的非常到位，每个细节都分析的非常透彻，对我业务学习非常有帮助，很感谢北京立金银行培训中心的指导……（来自哈尔滨银行某客户经理的感言）

立金银行风采

北京立金银行培训中心
为南昌银行进行
国内信用证培训

北京立金银行培训中心为深发亚奥支行
进行客户经理提升培训

北京立金银行培训中心为中国邮政储蓄
银行进行供应链融资业务培训

北京立金银行培训中心为中国
邮政储蓄银行进行供应链
融资业务培训

北京立金银行培训中心为招商银行进行
供应链融资业务培训

感言：

　　参加了北京立金银行培训中心举办的公开班，给了我很多励志话语"没有关系不要紧，只要我们有一双跑不断的腿和一个聪明的大脑，只要我们坚持不懈，就一定能成功"。感谢立金……（来自招商银行某分行客户经理的感言）

立金银行风采

北京立金银行培训中心为东亚银行进行
第一次对公业务培训

北京立金银行培训中心为招商银行进行票据业务
营销技巧与票据促存款增长培训

北京立金银行培训中心为营口银行哈尔滨
分行进行供应链融资培训

北京立金银行培训中心为中国邮政储蓄银行
包头分行进行信贷业务培训

北京立金银行培训中为大连银行进行
公司业务转型培训

感言：

　　经过参加北京立金银行培训中心的课程，我对产品有了新的认识，开拓客户的思路也发生了明显的变化，使存款大幅增长，很感谢北京立金银行培训中心的老师们……（来自东亚银行的感言）

前　言

信贷是一本读不完的书，没有结尾；银行每一个员工都是客户经理，培养一个客户不是一朝一夕的事，是一个长期的系统工程。如何成为优秀客户经理，给大家一个建议。

一、销售金融服务方案，而非标准化产品

一个客户使用银行的金融产品，流失率极高，如果这个客户的产业链上下游都在你一家银行，而且整个产业链上下游的资金都依托在你一家银行，整个产业链的运行依靠你这家银行，这个客户整体产业链与你这家银行合作极为稳定，上下游的资金在你一家银行体内循环，银行真的可以赚翻了。

银行客户经理应当成为客户医生或者说美容师，一见这个客户，就知道该如何营销什么样的产品，知道该怎样设计一个整体金融服务方案，知道这个客户有哪些症状，对症下药，准确地给客户开出药方。一见这个客户，根据客户的肤色、身高等，就知道如何给客户提供美容方案，该搭配什么样的衣服、围巾等。

银行就应当立足于为客户提供一站式的金融服务方案，最大限度地挖掘客户的价值，以不断提升客户的依赖度和忠诚度。每个客户经理都应当为客户设计综合授信方案，不要只销售标准化的产品，而应当去销售适合客户的授信方案。

对于客户经理而言，一定要打开思维，活学活用营销思路，将所有的客户都视为可以利用的渠道类资源，不要局限于这个客户本身的价值，而要看整个产业链，看这个客户的上下游。

二、按供应链融资营销，挖掘产业链回报

供应链融资模式是国内领先的股份制银行近年推出的一种成功的金融服

务，在钢铁、地产、汽车、石油、煤炭、医疗等行业获得成功拓展，它不再是针对单一企业的融资行为，而是把目光延伸到整条产业链。

银行经营的目标不是单一客户给银行的回报，而是整个产业链给银行的综合回报。

立金银行培训中心一直在从事银行客户经理的培训工作。最近，我们和中国的很多商业银行有了接触，大家都对供应链融资非常感兴趣，供应链融资属于热门题材，那么，究竟如何做供应链融资呢？我们出版这本教材，就是立足于为国内的商业银行培养优秀的擅长运作供应链融资的产品经理、客户经理。一家银行未来真正的竞争力是优秀的产品经理和客户经理。

根据国内商业银行的需求，立金银行培训中心组织深圳发展银行、广东发展银行、中信银行等各家银行的一线老师，精心编写了本书，旨在给广大银行客户经理以启发，并为商业银行实践操作供应链融资提供一本工具书。

《银行供应链融资、货权质押融资培训③》提供教练式培训以及最真实的案例，将帮助您在最短时间内成为一名优秀的银行客户经理，激发客户经理生生不息的奋斗精神和创造价值的活力。

陈立金

目 录

第一部分 供应链融资产品

第二部分 供应链融资行业

第三部分　供应链融资常用的单一授信工具

第一部分

供应链融资产品

第一课　什么是供应链融资

银行客户经理应当成为客户医生或者说美容师，一见这个客户，就知道该如何营销什么样的产品，知道这个客户有哪些症状，对症下药，准确地给客户开出药方。一见这个客户，根据客户的肤色、身高等，就知道如何给客户提供美容方案，该搭配什么样的衣服、围巾等。不要销售产品，而应当去销售方案。

一、如何认识供应链融资

供应链融资是上帝赐给客户经理拉存款的重要手段。

供应链融资的基础就是担保资源的正确运用，给核心企业以担保额度，然后银行给供应商和经销商的融资。核心企业为授信主体，供应商和经销商为信用主体。担保既包括显性担保，与银行签订担保协议，或者在三方协议中体现担保字样；又包括隐性担保，不体现直接的担保字样，但是意思表示和担保基本相同。

供应链融资是指商品交易下应收应付、预收预付和存货融资而衍生出来的组合融资，是以核心企业为切入点，通过对信息流、物流、资金流有效控制或对有实力关联方责任捆绑，针对核心企业以及上下游长期合作的供应商、经销商提供的整体融资服务。

供应链融资是一种银行的整体营销概念，是银行针对核心企业及其上下游配套企业整个产业链提供的整体融资方案，是由银行以核心企业为依托，向整个产业链提供的一整套金融解决方案。

银行将核心企业供应链上所有相关企业作为一个整体开发对象，银行不孤立看任何一个单独企业融资需要，而是着眼于整个产业链融资需要，银行运用各种融资产品向整个供应链提供融资，以促进整个产业链顺畅运行。银行不孤立看一个企业对银行的价值，而是观察整个产业链对银行的整体回报。

供应链融资彻底颠覆了传统流动资金贷款操作模式和信贷风险控制思维，传统融资看中单体企业资金周转需要，而供应链融资看中的是产业链所有商业主体的需要，以点突破链。

核心企业可以是产品制造商或大型零售企业、政府机构、大型医院、大学等，如汽车行业中的一汽汽车、上海大众汽车等，个人电脑领域的联想电脑，零售业中的物美集团，钢铁行业中的宝山钢铁、武汉钢铁等。

在整个产业链中，核心企业处于控制地位，决定着整个行业的商业运作模式，决定着所有商业主体的交易模式。所以，银行选择的切入点应当是核心企业，通过核心企业的配合，营销上下游企业。

供应链标准流程如图1-1所示。

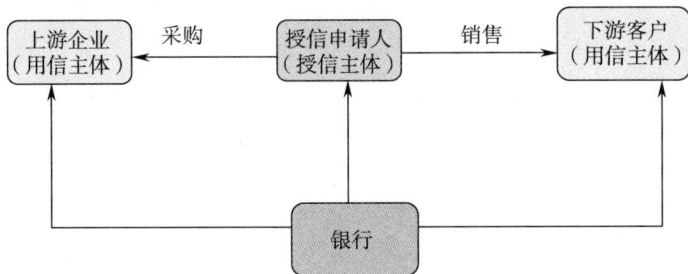

图1-1　供应链标准流程

银行提供信贷类产品。其中包括对供应商的信贷产品，如存货质押贷款、应收账款质押贷款、保理等，也包括对分销商的信贷产品，如仓单融资、原材料质押融资、预付款融资等。

供应链融资体系中参与主体包括：第一类，资金需求主体，即供应链上节点企业；第二类，资金供给及支付结算服务提供主体，主要是银行；第三类，供应链融资业务支持型机构，包括物流监管公司、仓储公司、担保物权登记机构、保险公司等。

相关企业之间供需关系客观存在，由于供应链每个环节都含有"供"与"需"两方面含义，即供应链中任何一个企业，相对于上游企业，它是需求方，而相对于下游企业，它是供给方，故也称其为供需链。

提高银行收入的方法：

1. 尽可能让授信额度有放大效应，通过授信额度的间接使用，银行将对核心企业核定的授信额度全部转化为担保额度，核心企业对经销商提供担保，以银行承兑汇票的保证金为杠杆，实现对授信额度的放大。企业使用授信额度越大，自然回报越高。

例如：给核心企业核定回购担保额度，核心企业给经销商提供回购担保，银行给经销商办理银行承兑汇票，使得核心企业成为授信主体，下游经销商为用信主体。

2. 尽可能的交叉销售。企业使用我们的产品越多，自然对我们的综合贡献度越大。通过提供授信产品后，一定要交叉销售，尽可能多地销售其他配套产品。

供应链融资思路并不是直接解决核心企业融资问题，而是解决核心企业上下游客户融资问题，这比解决核心企业融资问题更有效，核心企业上下游企业融资问题解决了，核心企业融资问题自然也就解决了。

如果核心企业可以更大金额、更长账期地拖欠上游企业，核心企业现金流减缓流出问题就可以解决；如果可以更快、更多地从下游企业收款，核心企业现金流回流问题就可以解决，就不需要直接向银行贷款。客户经理成才的第一要点就是练好基本功，基本功要非常扎实。基本功就是对授信产品具备非常精深的理解，对银行基础授信产品学习非常透彻，一旦有非常扎实的基本功，今后就可以对现有授信产品进行随意组合，一旦可以对多产品任意组合，在营销过程中就可以游刃有余。

供应链融资实际通过对有实力核心企业责任捆绑，对产业链相关资金流、物流有效控制，针对链条上供应商、经销商及终端用户等不同企业融资需求，银行提供以货物销售回款自偿为风险控制基础的组合融资服务。一句通俗的话，银行给核心企业与上下游提供融资，不是因为看中中小企业，而是这些中小企业背后依托的大型核心企业。通过提供链式融资，推动整个产业链商品交易连续、有序进行。

在"供应链"融资模式下，供应链企业一旦获得银行支持，资金这一"脐血"注入配套企业，也就等于进入供应链，从而可以激活整个"链条"运转，使该供应链市场竞争能力得以提升。借助银行信用支持，为核心企业配套中小企业赢得更多与大企业合作的商机。实际上就是借助大企业良好商业信誉、强大履约能力给中小企业融资。链式融资为组合关联授信，着重分析产业链内各企业主体执行合同履约能力，围绕产业链原材料采购、加工、生产、销售产业链条，全过程分析供应商、制造商、经销商、零售商、最终用户等不同主体融资需求，全方位融资融信，深入挖掘产业链价值潜力，并有效控制银行信用风险。

供应链融资业务要求银行必须对企业所在行业运营规律进行深入了解和透彻分析，把"以客户为中心"营销理念贯穿于业务全过程，把银行营销工作做专、做深、做精、做细，与各企业主体（核心企业、供应商、经销商、保险公司、物流监管企业等）进行契约组合，提供量体裁衣式一揽子综合金融服务方案。

在核心企业责任捆绑项下，从核心企业入手分析整个产业链，着眼于合理运用银行产品，将银行信用有效注入上下游配套企业，满足其融资需求，适度放大其经营能力，推动整个产业链商品交易有序进行，以核心企业为依托，以核心企业真实履约为保障，控制产业链关联风险。以强势核心企业的强大商业运作能力控制整个产业链融资风险。供应链融资并非单一融资产品，而是各类产品组合序列，银行根据产业链各节点资金需求特性嵌入相应融资融信产品组合，包括票据及其衍生产品、贷款融资及其关联产品、结算、托管、现金管理等非融资产品，形成产品集群效应。

供应链融资重点关注贸易背景真实性、交易连续性、交易对手履约能力、业务封闭运作与贷款自偿性。它将贷款风险控制前移至企业生产、存储及其交易环节，以产业链整体或局部风险控制强化单一企业风险个案防范。供应链融资可称为对重点行业整体解决方案，着眼于整个产业链对银行的价值，力图从整个产业链中寻找对银行价值的回报，而绝非每个企业个体回报。供应链融资紧盯企业所依托的经营现金流，银行融资嵌入企业经营现金流。

二、供应链融资基本模式

供应链融资产品与流程如图 1－2 所示。

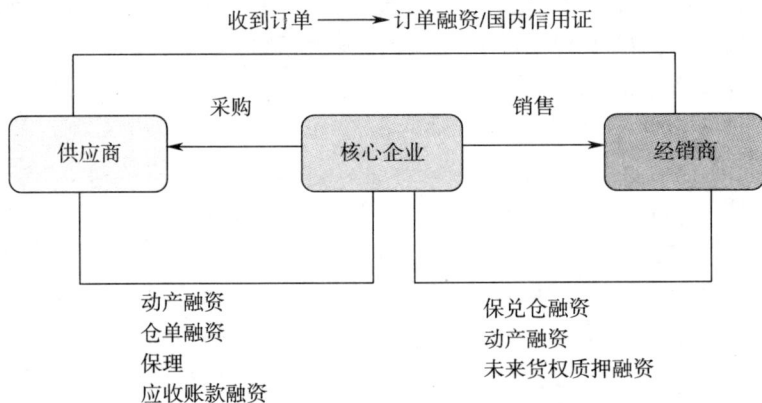

图 1－2　供应链融资产品与流程

上述模式实际就是在企业从原材料采购、运输、加工制造、分销直至把产品运到最终消费者手里连续过程中，银行提供连续融资。犹如一个环环相扣的链条，而每个企业均是链条上的节点，供应链融资是银行在某一企业节点上切入供应链，将资金注入该链条，从而激活整个链条，使其更有效地运转。

核心企业下游经销商融资需求及相应产品：

核心企业产品生产出来之后，需要通过经销商将产品卖给最终消费者。这些经销商首先预付一部分甚至全部货款订购核心企业产品。核心企业发货给经销商，然后在经销商仓库中暂存，直到被最终消费者买走，才得到回款。那么从支付货款给核心企业到产品卖给最终消费者而收到货款这段时间内，经销商需要银行的定向融资支持，融资定向用于向核心企业的商品采购付款。

一些特别强势的核心企业为占压下游企业资金、形成美化报表的销售，不断向下游经销商压货，使得经销商大量需要银行融资支持。在汽车行业，这种类型非常典型，汽车厂商生产出来汽车后，不断向经销商推货，经销商资金压力极大，需要向银行融资。

这些经销商很少有固定资产可以用来抵押。对于这些经销商的融资需求，银行在核心企业承诺回购的前提下，提供预付款融资。在预付款融资模式下，需要核心企业、银行以及经销商三方签订协议，有以下两种业务操作模式：

1. 如果核心企业本身在行业内处于弱势品牌地位，通常核心企业提供回购担保，并以其发送货物作为质押物，银行给经销商提供授信支持，所以"厂商银"模式是预付款融资的一种重要模式，在低端品牌汽车经销行业（吉利汽车、奇瑞汽车）、低端钢铁经销商（海鑫钢铁、济南钢铁）、低端白酒经销商行业（丰谷酒业、稻花香酒业）、水泥经销行业（冀东水泥、金隅水泥）、工程机械车经销行业、纺织品经销行业应用非常广泛，模式非常成熟。

2. 如果核心企业本身在行业内处于强势品牌地位，通常核心企业不会提供任何回购担保，仅能以其将来发送货物作为质押物，银行给经销商提供授信支持。但在有些情况下，核心企业不提供回购担保，此时也可以利用第三方物流企业提供担保或协助监控货物，由银行对其提供授信融资，核心企业一般提供调剂销售承诺。这种模式在高端品牌汽车经销行业（例如奔驰汽车、宝马汽车）、高端钢铁经销商（宝山钢铁、武汉钢铁、鞍山钢铁）、高端白酒经销商行业（例如茅台酒、五粮液酒）、石油经销行业、煤炭经销行业应用非常广泛，模式非常成熟。

有些单位价格比较高的产品，如汽车，银行会为最终消费者提供分期付款业务，可以与预付款融资进行很好衔接，作为预付款融资还款来源。

三、供应链融资与传统融资的区别

1. 区别

举一个简单的例子：以武汉钢铁集团为例。

传统融资看武汉钢铁集团有什么融资需要，有银行如何介入武汉钢铁集团，看如何从武钢身上挖取存款，仅看一点的需要。

供应链融资看武汉钢铁集团，并不看武汉钢铁集团有什么需要，而是关心借助武汉钢铁集团营销其上下游配套企业，看上下游企业有什么营销机会，看能够从武汉钢铁的上下游产业链搞定多少存款。

可能武汉钢铁集团非常强势，银行极难找到直接融资的机会，可能需要一直等下去。即便投放了一点贷款，也不会有多少存款。

供应链融资看武钢上下游企业的融资机会，这些上下游企业普遍属于弱势企业，普遍急缺资金，随时都有营销机会，而一旦成功授信，会有非常可观的存款。

传统融资，给武钢核定授信额度，仅是武钢使用。对谁核定授信额度，谁具体使用。供应链融资，给武钢核定授信额度，武钢自己不使用，而是由其上下游企业使用。其实，给一个企业核定授信额度，企业自己不使用，而由其上下游企业使用，效果远远好于企业自己使用。

举一个生活中的例子。招商银行给小张办理了一张信用卡主卡，给小张的爱人办了一张副卡，结果，主卡基本不使用，而副卡基本上每周末都消费。副卡的消费谁还款由主卡来还。信用卡的思路与供应链融资基本吻合。

2. 什么是传统贷款

银行开展传统贷款业务主要包括三种方式：抵押贷款、保证贷款和信用贷款。

抵押贷款主要是利用企业所拥有的资产作为物品保证向银行取得贷款，传统抵押贷款通常以房地产等固定资产作为抵押，贷款期限往往比较长。

保证贷款是一种引入第三方作为担保方的融资方式，要求实力强、风险水平低的第三方提供商业担保，在融资企业不能偿还贷款本息时，担保方承担连带责任。对于中小企业而言，引入第三方担保公司的成本较高。

信用贷款面向规模大、资信水平高的企业，企业不需要提供担保，银行根据其信誉发放贷款。这种贷款方式风险较大，一般对融资企业经济效益、经营管理水平、行业地位等要求较高。通常都是垄断型大型国有企业或者是实力极其强劲的民营企业，例如深圳华为有限公司、江苏沙钢有限公司等。

在银行传统贷款中，保证贷款依托于第三方良好信用，信用贷款依托于企业自身资信情况，这两种模式都不需要以企业自有资产作为担保，而抵押贷款也仅仅利用资产中固定资产部分作为担保。第三方作为担保成本非常高，而中小企业自身发展情况又不足以申请信用贷款，且其所拥有的固定资产特别是房地产资产非常有限。因此，传统贷款业务自然将相当一部分中小企业排除在外。

中小企业资产负债表中还有很大一部分资产尚未被银行普遍接受作为担保进行融资。通过一定融资模式，将这些资产作为担保进行融资，就成为有效途径。

供应链融资业务不同于传统银行业务，主要表现在：一是银行不再单从财务能力一个方面评估企业，而是从融资实力、市场定位以及供应链管理效率等方面来进行评估。如果这个公司供应链有较强"黏性"，那么银行就不对供应链中任何个别合作方进行评估，而是考察它们与客户交易历史以及确定它们在供应链中的地位和重要性。二是银行只对与核心企业有直接交易合作关系的企业进行融资，而不是对那些具有相对松散的供应链合作关系的企业进行融资。

四、"1＋N"供应链融资

在这里需要讲到一个"1＋N"供应链融资的概念，在实务营销中，它被大量使用到。

"1＋N"供应链融资，是指基于核心企业（即"1＋N"中"1"）与供应链上下游客户企业（即"1＋N"中"N"）合作特点，银行将上下游企业之间贸易融资业务扩展到整条供应链，形成"1＋N"供应链融资模式。

这种融资方式从整条供应链角度考虑，不仅仅解决单个企业融资，还在一定程度上为该企业上下游客户提供融资支持，有利于整条供应链业务展开。表面上是银行给核心企业上下游企业提供融资，真正得利的是核心企业。

银行主要选择两种途径来开展"1＋N"供应链融资：

一种是从"1"到"N"，即利用核心企业"1"在整个供应链中的强势地位，对"1"的上下游客户"N"展开融资。对于汽车、钢铁、饮料等行业采取这种营销思路。

另一种是从"N"到"1"，这种情况一般是针对供应链上核心企业为垄断型企业或政府型企业而采取的模式。银行通过先开发核心企业上下游客户"N"，积累银行对"N"的融资规模，形成对核心企业的谈判优势，从而利用"N"来间接开发核心企业"1"。对于石油、煤炭等行业，银行通过批量开发煤炭经销商、成品油经销商，从而实现对核心企业的间接开发。

银行利用核心企业"1"在整条供应链中的强势地位及其与上下游客户的合作关系，通过利用"1"的信用而对其客户"N"进行融资。

银行对供应链上"N"提供融资，使供应链上"N"和"1"所有贸易及结算都在该银行服务下完成，形成核心企业产业链在银行资金体内循环，加强核心企业"1"对该银行的依赖，从而促使其与银行合作。从供应链角度出发，这种"1＋N"融资模式促进银行业务增加，并为银行开发许多客户。银行对整条供应链提供融资服务，加强供应链上企业与企业之间合作，为供应链上企业间贸易往来提供方便。

供应链组织形式：核心企业称为"1"，供应链其他成员称为"N"，银行首先要"1"接受银行方案，供应链融资前期突破口是"N"，给众多中小企业为代表的"N"提供融资，在供应链融资中，大量使用银行与"1"和"N"之间的三方协议。所以，我们说，做供应链融资的客户经理一定需要综合的业务知识技能，包括法律知识、企业经营知识等，能够引导企业设计使用三方协议。在供应链融资业务中，很少有标准化协议文本，需要根据每个客户的商业模式进行个性化的设计，由于核心企业可以带动的上下游企业极多，给银行的综合贡献度极大，所以，这种劳动也是值得的。

五、供应链融资风险控制要点

1. 供应链融资不看一个企业，而是看核心企业在整个产业链的授信承载能力

在供应链融资模式下，银行从整个产业供应链角度出发，将供应链中相关企业作为一个整体，与供应链各企业产生业务联系。供应链融资强调必须有一个核心企业，银行对供应链提供综合授信，不看单一企业主体，而是强调针对供应链风险管理。

银行供应链融资服务不仅能从整体上提升供应链价值，也能为核心企业提供更加全面的增值服务。

在供应链融资运作中，银行由单纯资金提供者变为全面了解企业、为企业提供全方位融资服务的合作方，银行可以利用自身信息优势和风险控制手段，帮助企业改善经营并加强供应链建设，在降低企业经营风险的同时，减少银行信贷风险，并由此进一步巩固银企合作关系。

很多客户经理问，供应链融资为什么风险就小？其实很简单，就拿汽车产业链而言，一汽大众的上下游配套企业众多，能够作为一汽大众的零部件供应商和汽车经销商，一定经过了一汽大众的严格甄别，这类客户的经营风险较小。

2. 签订严密的合作协议

银行通过与核心企业及供应商或经销商签订三方合作协议，通过协议来控制供应链融资的风险。所以，供应链融资与传统的融资不同，传统融资依靠担保和抵押来控制授信风险，供应链融资通过核心企业的商务履约来控制风险。

3. 在对核心企业核定的授信额度内，办理对经销商和供应商的融资

银行先要对核心企业核定授信额度，针对经销商，叫回购担保额度；针对供应商，叫付款担保额度。在对核心企业核定的授信额度内，办理对经销商和供应商的融资，这样核心企业就会履行三方合作协议。

　　一个特定商品供应链从原材料采购，到制成中间及最终产品，最后由销售网络把产品送到消费者手中，将供应商、制造商、经销商、超市直到最终用户连成一个整体。在这个供应链中，竞争力较强、规模较大的核心企业因其强势地位，往往在交货、价格、账期等贸易条件方面对上下游配套企业要求苛刻，从而给这些企业造成巨大压力。上下游配套企业大多是中小企业，难以从银行融资，企业自身资金链会较为紧张。

　　核心企业对上下游企业的管理方式和力度差别很大。举例来说，鉴于品质、品牌对企业竞争力的决定性影响，汽车生产商对其供应商和经销商往往实施严格管理。

　　供应链融资准入问题首先是供应链准入问题，而供应链准入的必要条件至少应包括以下内容：

　　核心企业有明确供应商/分销商准入和退出制度。从另一个角度看，上下游企业对核心企业应具有较强从属性。这有利于核心企业为银行筛选具体授信对象，并在贷后提供有关受信人实时信息。

　　供应链成员可以享受核心企业提供的排他性特殊优惠政策，比如订单保障、涨价/跌价补偿、销售返点、排产优先、品牌支持，等等。这将增强供应链成员抗风险能力。同时，核心企业与上下游企业利益共同体的构建，有利于银行引入信用嫁接技术，进一步降低银行授信风险。

　　核心企业对供应链成员应设定面向共同价值的奖励和惩罚措施，比如针对销售额完成、针对价格政策遵守、针对结算及时性等的考核。这有利于银行利用核心企业谈判地位加大受信客户违约成本。

　　供应链融资最大特点就是在供应链中找出一个大型核心企业，以其为出发点，为整个供应链提供融资支持。一方面，将资金有效注入相对弱势的上下游配套中小企业；另一方面，将银行信用融入上下游企业购销行为，增强其商业信用，改善其谈判地位，可以使供应链成员能够更加平等地获得融资机会，提升供应链竞争能力，促进整个供应链持续稳定发展。这种融资模式跳出单个企业传统局限，站在整个产业供应链高度，整合产业经济，提供融资服务。

　　应根据客户情况提供融资产品，不是所有中小企业都必须贷款，都必须提供基准上浮 50% 的贷款。对于有些中小流通型企业要提供银行承兑汇票，这取决于客户的周转率指标，周转率较快的客户，适合办理银行承兑汇票，周转速度慢的客户，适合办理贷款。

第二课　如何营销供应链融资业务

只有找到对方最关心的利益点，才会成功营销对方。

供应链融资要想营销成功，首先要搞定核心企业，只有得到核心企业首肯，才会成功组建供应链融资网络。

一、供应链融资的作用

1. 可以增强核心企业所在产业链的竞争力

现代社会竞争，表面上是企业产品质量的竞争、营销的竞争，其实是产业链与产业链的竞争。产品质量并不能构成决定输赢的关键，关键是产业链的竞争力。

供应链融资提供了一种新思维，跳出单个企业传统局限，站在产业链运行高度，将供应链中相关企业作为一个整体，提供灵活、全面融资产品和融资服务，将资金或银行信用有效注入供应链，以促进供应链核心企业及上下游企业商务运行，提升核心企业所在供应链竞争力。

供应链中各企业就是链上的一个节点，供应链中企业之间关系并不是简单供求关系，而是一种相互依存互利关系。

供应链存在于所有服务行业和制造行业中，虽然它们在结构和复杂性等方面有较大差别，但基本内容一致。供应链涵盖从供应商到客户之间有关最终产品或服务形成和交付的一切业务活动，在一个组织内部，供应链涵盖实现客户需求的所有职能。

供应链企业竞争优势来源于企业间协同效应。协同效应作用程度取决于两个因素：一是协同作用机制。企业各项价值活动相互联系，只有它们互相协调，完美对接，步调一致，才能使成本不断降低，使整个产业链具有长期竞争优势。二是协同效应不可模仿性。企业处于竞争优势地位的持久性是由战略模仿的困难性决定的。

应收账款融资及库存融资只能阶段性地解决供应商融资问题。应收账款融资是在对供应商融资过程中唯一可以直接从供应链下游拿到回款融资的方式，但是该种融资方式只能填补产品发货之后到货款收回这段时间的资金缺口。库存融资虽然能够满足产品发货之前即生产阶段资金缺口，但是融资企业在还款阶段，并没有资金流入。因此，为融资企业设计从接到订单到销售回款整个流程的融资方案可以更好地解决这些企业的资金问题，也为银行带来利息、手续费收益以及结算量增加，这种整体解决方案即订单融资。订单融资是应收账款融资以及各个阶段库存融资的结合。

供应链融资需求分析如图 2 - 1 所示。

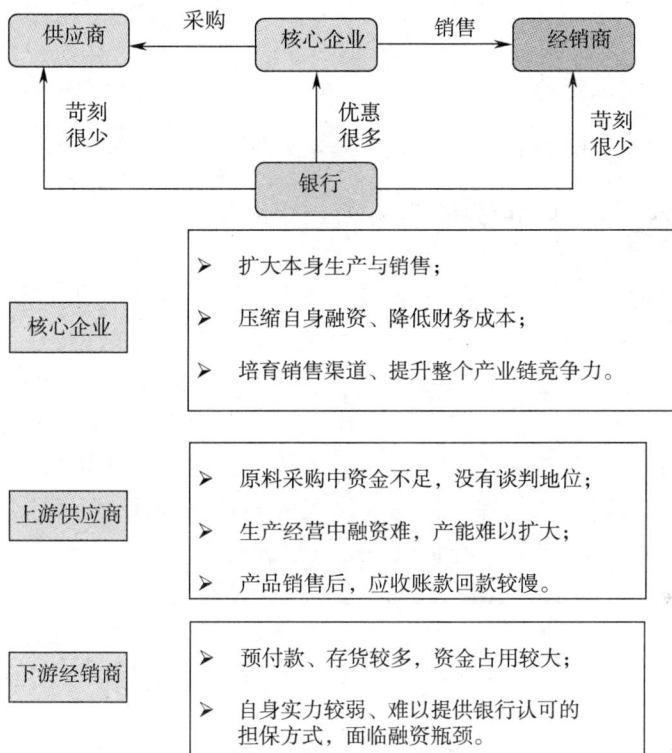

图 2 - 1 供应链融资需求分析

2. 可以促进供应商提前获得资金

供应商通常处于弱势地位，核心企业对其有大量的应付账款，供应商被核心企业大量占用流动资金，而通过银行提供供应链融资，可以为供应商盘活被占用的资源，获得资金用于再生产。

3. 可以帮助经销商扩大采购规模

经销商普遍资金实力较弱，没有能力进行大规模的采购，而类似汽车经销商和钢铁经销商等，核心企业对经销商都有巨大的销售任务压力，所以经销商必须提货，普遍流动资金紧张。银行可以对经销商提供采购融资。

市场竞争由单个企业之间竞争发展到产业链之间竞争，供应链融资也随之诞生。它以核心企业为中心，将核心企业作为供应链支撑点，把资金注入核心企业上下游企业，使核心企业及上下游企业贯通起来，成为一个整体，以提升整个供应链竞争能力和内在价值。供应链融资将物流、资金流、信息流统一起来，有效地整合到供应链管理中，为供应链各个环节企业提供各种融资服务。一条供应链往往以少数核心企业为中心，围绕在其周围的是与之相配套的中小企业，供应链融资正是依托核心企业将资金注入弱势中小企业，来解决中小企业供应链中资金分配不平衡和整个供应链融资问题。

二、三种典型供应链融资模式的营销思路

根据借款人在不同贸易环节中融资需求风险点差异，供应链融资分为预付账款类、存货类和应收账款类。

1. 预付账款类融资是指以核心企业（卖方）与经销商（买方）签订真实贸易合同产生预付账款为基础，为经销商（买方）提供的以合同项下商品及其产生收入作为第一还款来源的融资。考察重点应该是核心企业（卖方）的资信和实力、在途风险、上游责任承担条款、入库和交接环节无缝性等因素。

通常核心企业对银行提供回购承诺，承诺若经销商不能履约，由核心企业到期对商品进行回购担保。银行无须关注经销商的实力，只需要关注核心企业的履约能力，需要对核心企业核定授信额度。

2. 存货类融资是指受信人以其存货为抵押或质押，并以该存货及其产生的收入作为第一还款来源的融资。考察重点是借款人本身经营能力、货物权属、货物品质鉴定、货物变现能力、货物价格波动特征，以及货物监管可操作性等。

通常核心企业不作任何承诺，由经销商提供自有的商品进行质押，银行必须关注经销商的实力，同时关注商品本身的变现能力，应当属于大宗商品，有较好的变现性。

3. 应收账款类融资是指以供应商（卖方）与核心企业（买方）签订真实贸易合同产生应收账款为基础，为供应商（卖方）提供的以合同项下应收账款作为第一还款来源的融资。债项考察重点是应收账款存在性和合法性确认依据、应收账款回收期预测（包括例外情况）、交易对手资信和实力、应收账款回流封闭手段等因素。

通常银行需要对核心企业核定授信额度，核心企业应当配合银行办理应收账款转让或质押手续，或者核心企业承诺指定回款账户。

三、供应链融资提供的用信工具

供应链融资的本质就是我们给核心企业担保额度，由上、下游企业来用信，大可以要精心选择用信工具。

供应链融资提供的用信工具：

1. 国内信用证：最经常使用的授信产品，非常适合供应链融资，服务于客户采购付款环节，由于国内信用证有对受益人要求提供单据条款，可以严格保证银行授信用于真实商品交易，确保信贷资源对应贸易背景真实。相较银行承兑汇票，国内信用证使用更加安全。尤其是国内信用证买方押汇可以作为贷款替代品，受到客户极大的重视。

2. 银行承兑汇票：经常使用的授信产品，因为成本较低，背书转让极为方便，类同准现金，且可以转嫁财务费用，因此，被流通类客户广泛使用。但是在贴现利率高于贷款利率时，银行承兑汇票使用受到抑制。

3. 保贴商业承兑汇票：最近几年，受到大型客户普遍欢迎，可以大幅降低其自身财务费用，相对银行承兑汇票，成本更低。针对一些王牌大型集团企业营销银行承兑汇票，银行很难要到保证金，不适合使用银行承兑汇票。使用商业承兑汇票，企业不需要缴存任何保证金，非常适合大企业需要。

4. 保押商业承兑汇票：非常受欢迎的一款产品，可以大幅降低签发商业承兑汇票主体和接受商业承兑汇票主体双方财务费用。针对一些王牌大型集团企业可以营销使用商业承兑汇票，银行针对这类特大型集团企业上游供应商办理商业承兑汇票置换银行承兑汇票，银行可以要求较高比例保证金。

5. 供应链买方融资：银行对交易合同中买方发放贷款，定向用于支付给合同中卖方，信贷资金用途控制。

6. 进口信用证：在进口环节，尤其是未来货权进口融资中被广泛使用。通过银行委托的物流公司控制货权，银行对进口商提供进口未来货权融资。通常进口信用证和进口押汇进行捆绑。

四、供应链融资提供的授信工具比较

银行以企业需要 6 个月短期供应链融资为例，测算不同融资方式下的企业成本。在供应链融资中，国内信用证和商业承兑汇票是最适合工具，尤其是国内信用证，是银行操作供应链融资的王牌工具。供应链融资提供的授信工具比较见表 2 - 1。

表 2-1 供应链融资提供的授信工具比较

付款工具	对企业成本	支付成本	对银行综合收益
1. 定向用途贷款	成本最高	贷款利率	仅有贷款利率，贷款利息收益较高，没有关联营销，综合收益较低。
2. 国内信用证	成本较高	手续费 0.15%	融资利息、手续费，能够形成关联营销，综合收益较高。融资方式非常灵活，对银行资本消耗极低。
3. 银行承兑汇票	成本低	手续费 0.05%	贴现利息、手续费收入，很难形成关联营销，对企业票源控制力度较弱。
4. 商业承兑汇票	成本最低	工本费 1.85 元/张	对企业成本极低，没有银行资本消耗，不计入银行风险资产。对票源流向控制力度极强，可以形成强大关联营销。综合收益极佳。

　　企业使用各类授信产品的最终目的就是用于商业交易，低成本采购支付，然后以较高价格将商品销售出去，赚取中间差价。银行提供授信产品只不过是企业用于商业交易的工具。银行与企业是商业伙伴，为各自商业利益结合在一起，既然是商业伙伴，就应当讲究共赢。银行要准确选择提供授信产品，精心设计授信方案，努力实现双方商业目的，最大化双方商业价值。有时候，提供授信很简单，但是如何提高银行收益，同时让客户感觉满意，让银行审批人员感觉放心，这是一门学问。

　　国内信用证是供应链融资王牌产品，由于供应链要求必须服务于真实贸易，且需要控制货权，而国内信用证提供这项操作方式。在国内信用证付款条件中可以声明：由银行指定物流公司签发收货证明，这样就可以有效控制货权。在未来货权质押融资授信中，国内信用证是最王牌产品。

五、如何从资产负债表中找到供应链融资机会

　　客户经理要知道怎样营销供应链融资，找到最合适的营销方法，按照使银行收益最大的方式营销供应链融资业务。

　　资产负债表提供给银行营销供应链融资王牌工具。

　　资产负债表反映企业在一个静态时间点上财务状况，具体包括资产、负债和所有者权益总体规模与结构。在为企业提供融资服务时，银行常常通过资产负债表，配合现金流量表、利润表，来判断企业运营状况，进而评估为该企业提供授信的风险，从资产负债表上可以更清晰地理出银行开展授信业务的思路。

资产是企业拥有或者控制的资源，这些资源会给企业带来未来经济利益。从流动性方面考虑，可以将资产分为流动资产和非流动资产。对银行有价值的流动资产包括应收账款、存货、预付账款等，这些是公司日常运营需要资金或者在较短时间内能换成现金的资产。银行向企业开展贷款业务时，应该考虑企业哪些资产可以作为风险抓手，如何利用这些资源为银行融资提供担保。

企业资产负债表反映在某一时点资产、负债和所有者权益结构，如果把企业放在供应链背景下，资产负债表中就显示更多营销机会，每个企业本身并不孤立，与上下游配套企业有着交易机会，银行就是从交易活动中找到供应链融资机会的。

供应链资产负债表如图 2－2 所示。

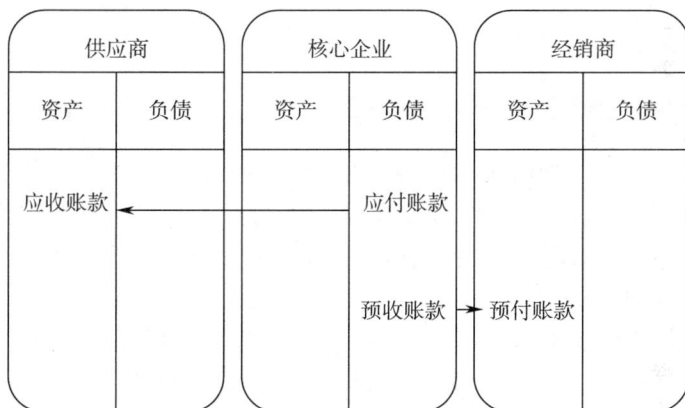

图 2－2　供应链资产负债表

在整个产业链中，核心企业处于绝对强势地位，决定对上下游游戏规则，可以从核心企业现有应付账款和预收账款入手，说服核心企业接受供应链融资方案。

银行出击核心企业的上游配套企业。搞定上游企业，营销保理业务。搞定下游经销商，营销保兑仓业务。

在整条产业链中，最终买家付款是唯一资金流入，而最终买家付款必须确定，而且支付充沛。例如在优势汽车产业链、钢铁产业链、家电产业链、电信产业链、医疗产业链，无不是销售回款及时的链条。

银行营销核心企业配合的基本出发点：

● 帮助核心企业降低融资成本。供应链融资通过提供优惠融资安排，将核心企业融资转变成其上下游中小企业融资，从而降低核心企业融资成本及资产负债率，优化其财务结构。

- 为核心企业带来利润增值。供应链模式可以通过延长采购赊销账期、加速销售回款、买方贴息票据等，将供应链价值增值部分转移到核心企业，使其能够从供应链整体增值中直接获利。

- 帮助核心企业扩大销售。供应链融资模式通过给中小企业融资，使其有能力增加原材料供应和产成品销售，扩大核心企业自身生产和销售规模。

- 银行通过对供应链上整体融资方案安排，将供应链中各方利益紧密地联系在一起，有助于核心企业与其上下游中小企业建立起长期贸易合作关系。

核心企业可以依靠自身优势地位和良好信用，为其他企业融资提供担保或为其他企业提供资金，以帮助它们渡过暂时的难关。如果某一企业出现融资困难，可能会造成供应链中供应或分销渠道上不稳定。只有帮助它们解决问题，整条供应链运作才可以稳定并不断发展。只有提高整条供应链竞争力，才能与其他供应链展开竞争。

六、哪些企业适合开展供应链融资

在有些供应链（如汽车生产商）中，核心企业（例如汽车厂商、钢铁厂商、水泥厂商、服装厂商）出于销售压力，与其上游供应商和下游经销商关系比较密切，生产商对上下游企业的管理也比较到位，这样的供应链就很适合开展供应链融资。

银行和核心厂商可以开展"总对总"合作，总行介入与核心厂商合作谈判，针对下游客户，核心厂商向银行提供一定回购担保或退款承诺，银行给下游客户提供融资；针对上游客户，核心厂商向银行提供一定确定购买付款承诺或保购承诺，银行给供应商提供融资。而对有些供应链（如石油行业），由于具有一定垄断性，核心生产企业对下游没有任何依赖，与下游之间合作松散，业务模型及交易条件经常变化，就不适合开展供应链融资业务。

如果核心企业与上下游中小企业之间的交易关系是纯粹市场交易关系，或者核心企业极为强势，产品属于超级畅销品，核心企业不愿意帮助下游企业融资；同样，如果核心企业零部件供应商数量极多，开展供应链融资业务就会产生诸如应收账款转让问题，保理业务中应收账款转让时需要通知应付方（比如核心企业），应付方常常不予配合，这样的产业链就不适合开展供应链融资。

第三课 供应链融资
设计授信方案要点

一、综合整个产业链来整体考量授信风险

将供应链上相关企业作为一个整体，风险考量从授信主体向整个链条转变，不要单看一个企业风险，而应当看整个产业链风险承担能力。将资金注入产业链中最需要环节，强调授信资源嵌入企业采购和销售环节，提升供应链企业整体竞争力。

供应链融资产品如图 3-1 所示。

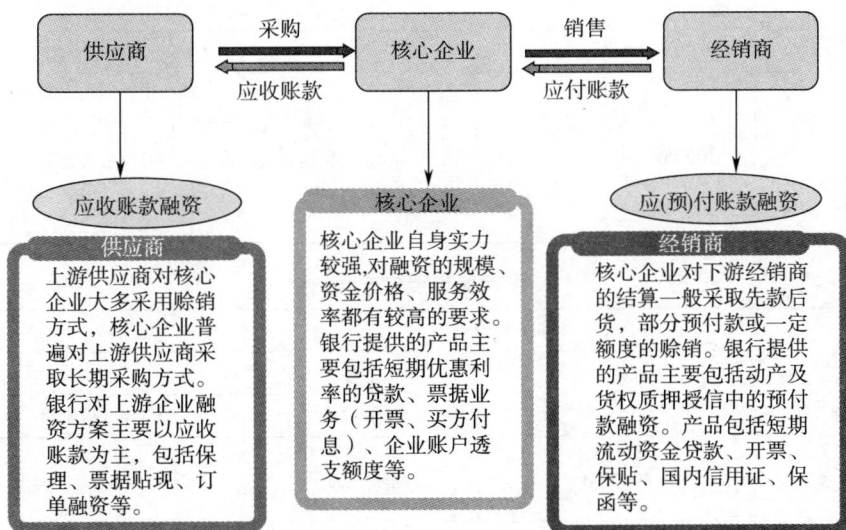

| 供应商 | 采购 →
← 应收账款 | 核心企业 | 销售 →
← 应付账款 | 经销商 |

应收账款融资

供应商

上游供应商对核心企业大多采用赊销方式，核心企业普遍对上游供应商采取长期采购方式。银行对上游企业融资方案主要以应收账款为主，包括保理、票据贴现、订单融资等。

核心企业

核心企业自身实力较强，对融资的规模、资金价格、服务效率都有较高的要求。银行提供的产品主要包括短期优惠利率的贷款、票据业务（开票、买方付息）、企业账户透支额度等。

应(预)付账款融资

经销商

核心企业对下游经销商的结算一般采取先款后货，部分预付款或一定额度的赊销。银行提供的产品主要包括动产及货权质押授信中的预付款融资。产品包括短期流动资金贷款、开票、保贴、国内信用证、保函等。

图 3-1 供应链融资产品

举例来说，A企业为原材料提供商，B企业为生产商，C企业为下游客户，B企业从A企业购得原材料，加工生产成产品，卖给C企业，这些通过买卖关系连接在一起的贸易关系就是供应链。银行介入这条供应链，为A、B、C企业提供融资时，不会单单考虑其中某个企业资信情况，而是基于A、B、C三家企业间真实贸易关系综合起来考虑，提供融资会渗透到这个交易链

每一个环节，由此构成"供应链融资"。银行从整个产业链角度开展综合授信，并将针对单个企业风险控制变为产业链风险控制。

柳州汽车授信方案

东风柳州汽车有限公司授信方案

授信方案

额度类型	公开授信额度		授信方式	综合授信额度
总授信额度（万元）	200 000		期限（月）	
具体授信品种	占总授信额度（万元）	保证金比例（%）	是否循环	用途	贡献分析
商业承兑汇票保押	50 000	40		用于向上游企业付货款	其指定的上游企业，持东风柳州汽车有限公司开出的商业承兑汇票，以质押（覆盖敞口部分）形式并配比40%保证金在银行开出银行承兑汇票。能产生保证金存款和开票手续费
国内信用证	50 000				向上游进货
保兑仓退款担保额度	100 000			用于向下游企业提供退款承诺	柳州汽车推荐下游经销商，银行下游经销商开票，或让下游经销商在银行开设法人透支账户，透支由柳州汽车承担退款责任，银行可获得保证金存款收益

柳钢股份授信方案

柳钢股份有限公司授信方案

授信方案

额度类型	公开授信额度		授信方式	综合授信额度
总授信额度（万元）	400 000		期限（月）	
具体授信品种	占总授信额度（万元）	保证金比例（%）	是否循环	用途	贡献分析
商业承兑汇票保押	50 000	40		用于向上游企业付货款	其指定的上游企业，持柳钢股份有限公司开出的商业承兑汇票，以质押（覆盖敞口部分）形式并配比40%保证金在银行开出银行承兑汇票。能产生保证金存款和开票手续费

续表

具体授信品种	占总授信额度（万元）	保证金比例（%）	是否循环	用途	贡献分析
国内信用证	50 000	0		用于向上游企业付货款	可以为上游公司降低资产负债率
保兑仓退款担保额度	100 000	0		用于向上游企业付货款，柳钢可以获得延长账期的利益	柳钢推荐上游客户将上游应收账款打八折配30%的保证金开票（为刺激柳钢配合可让上游同意延长柳钢的账期或支付给柳钢1%～3%的融资安排）
未来货权质押	200 000			向银行推荐经销商	柳钢介绍经销商做未来货权质押，柳钢承诺发货到指定地点

注：从单笔单批向结构化首先方案和综合首先方案转化。从单一主体授信向供应链授信转化。从授信主体和用信主体合一向授信主体和用信主体分离转化。

基于对供应链结构特点和交易细节把握，借助核心企业信用实力或单笔交易自偿程度与货物流通价值，对供应链单个企业或上下游多个企业提供全面融资服务，以促进供应链核心企业及其上下游配套企业"产—供—销"链条顺畅流转。

供应链融资通过银行、生产企业以及多家经销商资金流、物流、信息流互补，突破传统地域限制，使厂家、经销商、下游用户和银行之间资金流、物流与信息流在封闭流程中运作，达到提高销售效率、降低经营成本、实现多方共赢目的。

供应链融资业务不片面强调授信主体财务特征，也不再简单地依据对授信主体孤立评价作出信贷决策，而是真正注重并结合其真实贸易背景和其依托的核心企业的实力。

如一家企业自身实力和规模达不到传统信贷准入标准，而其上下游企业实力较强，贸易背景真实稳定，银行又能够有效控制其资金流或物流，则这家企业就可以获得银行信贷支持。

人们经常说，我们给中小企业融资，不是因为中小企业自身的实力，而是看其与谁在做生意。我们不是看中中小企业自己的资金状况，而是看核心企业的履约能力。

二、个性化设计授信方案

根据行业特点和供应链结构设定融资方案，银行客户经理必须非常熟悉所营销行业，成为营销对象专家。能够根据客户经营特点，设计个性化金融服务方案。

例如，钢铁行业、汽车行业、电力行业、煤炭行业等截然不同，银行客户经理应当能够根据客户行业，有针对性地设计授信方案。供应链融资没有绝对的一样的授信方案，往往需要根据每个产业链进行个性化设计。

（1）银行应当建立自己精准的客户定位，然后再根据客户定位决定产品定位，在产品中，还要区分哪些产品是做存款的，哪些产品是做利润的，使得营销建立自己的客户组合和产品组合，并每一款产品都有竞争力，每个客户都有极好的贡献度。

（2）客户授信方案设计五个步骤：

第一步庖丁了解牛。整体分析企业产业链的上下游的结算资金脉络，从企业本身以及上游或下游寻找下手的机会。

第二步核定额度。首先在核定企业的最高风险承担能力的基础上，给企业核定最高授信额度，作为对整个产业链的风险控制的基础。

第三步选择工具。在额度下精心挑选具体的授信工具，不要局限在简单的贷款和银行承兑汇票，可以将眼界放开在多种授信工具，注意工具的组织销售。

第四步搭建方案。以目标企业为核心，搭建整体授信方案，立足于整体开发企业和上下游产业链。

第五步利益开路。以目标企业的利益为营销卖点，说服客户接受授信方案，操作具体的授信业务。

三、借助外部资源作为供应链融资风险抓手

银行办理供应链融资必须考虑风险抓手，依托抓手控制风险。

1. 物流企业

物流企业是供应链融资最常见的风险抓手，物流企业的作用如下：

推荐客户资源。物流企业客户与供应链融资客户高度重叠，因为供应链内部物流，包括从供应商到核心企业或是从核心企业到分销商，构成物流企业业务越来越重要部分。银行与物流企业客户共享，实现多窗口客户导入，是供应链融资营销的重要路径。

供应链融资产品运用很多都涉及物流控制，在这类业务中，物流企业往往充当银行代理人角色，监管信贷支持性资产，并就企业经营活动向银行提供预警。我们一直认为只要控制了企业的物流，控制了企业的商品，就可以有效控制授信风险。

控制商品甚至比控制抵押品更加有效，房产或机器设备一旦发生贬值，真正处理起来，需要经过法律的拍卖程序，还需要估值等，较为复杂。而商品的变现性极佳，处置原材料非常容易，例如处理煤炭、钢材等。

2. 保险公司

保险公司可以替银行承保风险，可以运用到几乎所有供应链融资产品流程环节之中。在某些产品中，是否需要保险可以根据具体贸易背景和商品灵活选择。比如，一般要求存货融资项下必须对货物购买综合险，对于容易搬动的抵质押物，还要求购买盗抢险；在预付款融资中买方承运情况下，也要求购买在途运输相关保险。在另外一些情况下，保险是产品设计的必需要件，如信用险项下出口融资。还有一些钢材、金属铜、铝等商品基本不会有毁灭或保管不当出现损失的情况，如果监管公司提供严格保管措施，就可以免除保险。

四、供应链融资风险承载与风险评估

1. 风险承载（见表 3 - 1）

表 3 - 1　　　　　　　　　风险承载表

风险承担主体	融资对象	融资模式	实质
核心企业承担风险责任	供应商融资	核心企业付款承诺	1 + N 融资
		核心企业承担连带责任	
	经销商融资	核心企业承担连带责任	
		核心企业承担回购责任	
		核心企业退款承诺	
未与核心企业进行责任捆绑	供应商融资	应收账款融资	N + 现金流融资
	经销商融资	现货抵（质）押融资	N + 现货融资
特定专业市场聚合融资	专业市场融资	现货抵（质）押融资	
	综合市场融资	应收账款融资	N + 现金流融资

2. 供应链融资信用风险评估主要内容（见表3-2）

表3-2　　　　　　供应链融资信用风险评估类型及主要内容

评估类型	主要内容
企业基本状况	业务内容、股权结构、设立时间、关联企业、管理人员评价等
市场地位	主要产品市场容量、市场占有率、技术水平层次、销售网络、竞争对手状况等
供应链状况	主要供货商、主要销售对象、结算方式、技术替代性、与交易对手利益关联度等
企业融资状况	申请授信总额度、在其他银行授信、其他方式借款等
企业财务分析	企业经营重要财务数据、流动资产详细状况、企业财务趋势分析等
授信用途及资产支持	授信用途、操作模式、存货状况、应收账款结构和汇款记录、交易对手状况等

五、结构授信安排

供应链融资产品基础是自偿性贸易融资，而自偿性贸易融资最大特点是强调授信自偿性，即通过对物流、资金流控制，规避因授信主体资信、实力欠缺所蕴涵的风险。鉴于此，供应链融资业务客户准入评价可以强化债项评价权重，并相应弱化主体评价权重。

结构授信不同于离散单一客户授信，是指银行以真实贸易为背景，对包括授信申请人及其供应链节点上主要参与者在内客户群授信，即银行基于同一交易客户群体融资需求和总体抗风险能力，根据不同产业特征和客户需求，对相对封闭供应链贸易链条上关联环节客户进行主动授信，并提供封闭的授信产品（如图3-2所示）。

1. 结构性授信强化供应链融资业务风险管理的特点

第一，信贷资金用于确定的交易支付。由于供应链融资中多主体产生资金需求和资金实际使用，银行理应基于对交易对手的资信判断，将信贷资金定向用于企业交易支付环节。只要交易是安全的就可以，忽视借款主体。

第二，信贷资金要求通过商务交易实现封闭自偿。授信不是简单依据授信申请人本身信用情况决定授信与否及授信限额，而是对贸易本身及其涉及交易主体进行综合测评。银行不再片面强调授信主体财务特征和行业地位，也不再简单依据对授信主体孤立评价作出信贷决策，而是注重结合真实贸易背景下交易各方全面信用评估、结构授信组合下供应链条面临的市场风险、

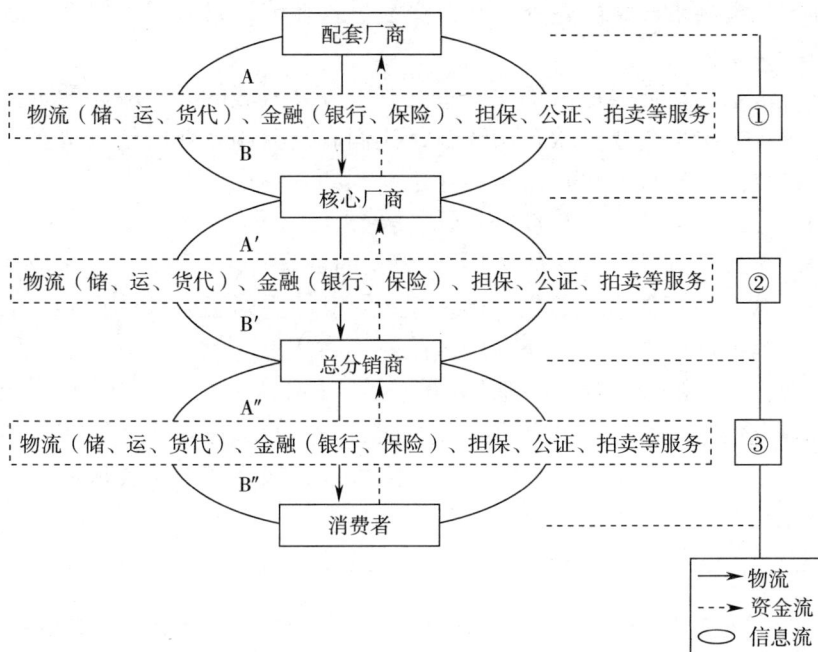

图 3－2　结构授信示意图

流程设计对操作风险控制效果以及对企业违约成本的评估等。

结构性授信有利于缓解供应链融资业务风险管理中两个突出矛盾。第一，缓解授信承载主体单一和融资中多主体实际资金需求与资金使用之间的矛盾。第二，缓解授信主体信用与供应链整体信用不对称之间的矛盾。

2. 自偿性融资特点

（1）不过分强调企业个体财务状况，把握融资需求真实度和交易对手履约能力；（2）以申请人在供应链条中位置、谈判地位、资金实力，来判断供应链稳固性、延续性，判断其预期经营计划完成可能性；（3）充分考虑企业违约成本和违约动机，判断风险发生可能性；（4）依托对交易对手责任嫁接和现金流、物流实际控制，确保还款来源自偿性。

这种授信也利于分散和降低风险。风险敞口沿着供应链延伸或过渡转移而不再集中于单个客户，分散到供应链条上的风险将以合同、协议、票据等手段实现对相关客户群体责任捆绑。

授信使供应链各环节参与者尽可能地纳入银行监控范围，并提供资金回流控制解决方案，使现金流从企业采购资金到原材料、成品销售、销售资金回笼全过程得以控制。

　　向客户提供票据付款融资，针对交易付款环节，银行提供票据，定向用于企业的交易付款。

　　供应链融资不是一定做钢铁、做汽车等轰轰烈烈的大供应链融资，而是就简单的一个中小企业付款采购环节，我们有效控制企业的信贷资金，不是简单地提供流动资金贷款，而是商业承兑汇票。例如，一个中小钢贸企业准备向另一个钢贸企业支付 1 000 万元的货款，可以采取两种方式，第一种方式采取贷款方式，银行向企业发放 1 000 万元的贷款；第二种方式，采取银行承兑汇票方式，银行向企业办理 1 000 万元的银行承兑汇票，要求 30% 的保证金，缺陷是银行承兑汇票有较高的风险资产占用费；第三种方式，采取商业承兑汇票方式，银行向企业办理 1 000 万元的商业承兑汇票，为了刺激企业使用商业承兑汇票，而且使用短期商业承兑汇票，可以要求仅交存 20% 的保证金，这样企业就会签发 4 个月的商业承兑汇票，银行在上游转换为 6 个月的银行承兑汇票。

> "信贷是一本读不完的书，没有结尾；银行每一个员工都是客户经理，培养一个客户不是一朝一夕的事，是一项长期的系统的工程……"

第四课 供应链融资的价值、需求及现金流管理

一、供应链融资对银行的价值

供应链融资对银行作用巨大，市场如同大海，客户就如同深海中的鲸鱼、虾、带鱼、螃蟹等动物，而银行产品就如同捕捉工具，帮助我们成功地从大海中捕捉动物。每种动物都需要使用不同的工具，如果一家银行在产品研发方面非常得力，就会开发出很多不同的工具，成功地从大海中捕捉到动物。

1. 重新发现一片蓝海

《物权法》对可用于质押的存货范围进行了很大扩展。采购过程中原材料、生产阶段半成品、销售阶段产品、企业拥有的机构设备等都可以当成存货质押担保物。《物权法》这些重大突破，可以极大地拓宽银行办理信贷业务的客户准入范围，使银行极大地拓展自己的客户边际。

2. 银行授信风险控制前移

在传统信贷业务中，银行主要是通过审查企业单方面提供材料和信息来评估企业偿债能力，处于被动地位。在供应链融资运作中，银行不再单纯看重企业财务报表，也不再注重评估单个企业状况，而是更加关注其交易对象和合作伙伴，关注其所处产业链是否稳固以及目标企业所在市场地位和供应链管理水平。银行看到的企业将会更加立体，得到的信息会更加全面。银行因企业交易需要而提供融资，因企业销售实现而将信贷资金退出。

我们一直认为，传统的贷后管理手段缺陷较多，银行在企业真正出现风险后，才会真正知道企业的风险，而供应链融资将风险控制前移。

3. 银行可以间接突破大型核心企业

供应链融资围绕一个产业链上核心企业，为上下游多个中小型企业提供全面融资服务。银行对整个供应链及其交易信用风险的评估方式，更有利于银行发现配套性中小企业核心价值，使更多中小企业能够进入银行融资范围。供应链融资可以借助中小企业突破核心企业。

银行客户经理在营销时一定要从核心企业利益入手，例如，保理业务可以帮助核心企业延迟对供应商付款期限，保兑仓业务可以提前将经销商付款

拿到，这样做的最大好处就是同步营销核心企业和其配套企业。

在供应链环境下，大企业可以专注于自身品牌建设、专利技术和客户关系管理等核心竞争力，而将生产、流通、销售中低附加值环节外包给中小企业。中小企业往往在某个方面具有优势，它们加入产业链分工体系中，就成为大型企业主导的供应链中的关键一环。

4. 供应链融资能有效控制基于交易而产生的信用风险

信贷业务主要面对的是信用风险。供应链融资由于自身所具备的贸易真实性、交易连续性、过程封闭性和自偿性特点，将有效改变现有风险管理的本质缺陷，监控提高链条客户履约能力，降低银行信用风险。

5. 供应链融资有利于建立专业化品牌形象

由于供应链融资业务产品应用更加专业化，服务客户群体更加系统化、广泛化，涉及合作机构更加多元化，此项业务使得银行与核心厂商、上下游配套企业、仓储物流企业、担保公司等机构合作力度更加深入，更有利于发挥银行产品创新优势、服务专业优势，建立专业化业务品牌形象，为银行专业化服务品牌形象的建立奠定坚实的业务基础。只有专业才会有更多的营销优势。

二、供应链融资对企业的价值

银行通过对供应链中核心企业需求特点进行深入分析和研究，通过为核心企业上下游企业提供融资服务间接地为核心企业带来更多利益。上下游企业得到银行融资后，可以扩大对核心企业供货和采购，实际上也就扩大了核心企业生产和销售规模，核心企业还可以压缩自身融资，从供应链整体增值部分直接获利，实现零成本融资甚至负成本融资。核心企业与供应链上下游企业间关系也得以巩固，财务风险进一步降低，财务报表得到优化。

供应链中成员企业地位往往各不相同，其中总有一些规模较大或者掌握供应链中核心价值的企业，利用其优势地位以及较强市场影响力，从上下游企业那里获得更有利于自己的应收、应付账期，占用供应链中大量资金。而供应链融资就是基于围绕核心企业信用关系网，在风险得到控制的前提下，将资金引入供应链中各个需求点，为整个供应链提供流动资金支持。

三、供应链融资需求及相应产品

1. 供应链融资需求

典型供应链是由供应商、生产商、经销商和最终客户组成的。在大部分制造领域，供应链核心企业一般是生产关键部件或者完成最终产品的企业，处于供应商与经销商之间，属于生产商；而在另外一些行业集中度不是很高的制造领域，供应链核心企业也可能是经销商，如大型超市等。虽然核心企业类型不同，但是从融资需求角度去考虑，都可以分为核心企业上游和下游融资。整个供应链融资需求如图4-1所示。

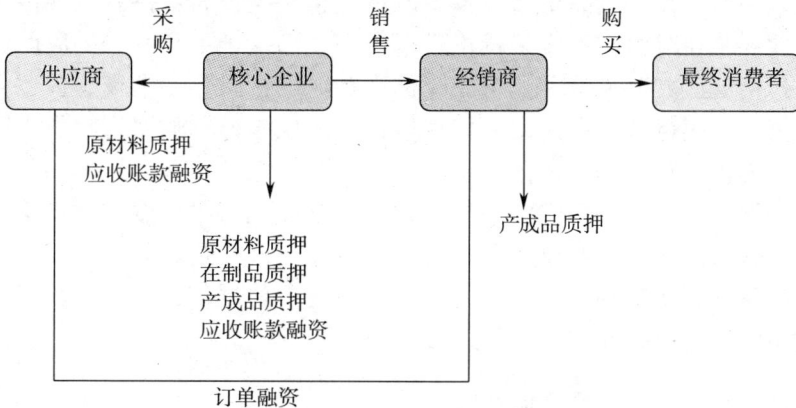

图4-1 供应链融资框架图

2. 核心企业上游供应商融资需求及相应产品

在与核心企业合作过程中，供应商企业内部流程主要包括接收订单、购买原材料、组织生产、产成品库存、发货、回款六个阶段。从接收订单阶段开始，供应商就开始投入资金，直到最后一个阶段才将货款收回，之间每一个阶段都面临着资金需求。该类企业生产过程中资金缺口时间跨度大，需求量也较大。

融资方式主要包括以下几种：

• 应收账款融资。在供应链中，核心企业往往利用自己优势谈判地位，争取更长账期，以使自己可以更好地占用上游流动资金。这就形成供应商应收账款，并且在供应商资产负债表中占相对较高比重。应收账款融资就是为这些供应商未到期应收账款办理融资。

• 产成品质押融资。核心企业为降低库存对于流动资金的占用，积极开发供应商管理库存，要求供应商负责核心企业库存策略和配送策略，这使得供应商需要储备更多产成品来应对核心企业需求波动。作为中小企业，这些供应商库存管理水平比较低，这些都使得其产成品存货水平居高不下，占用大量资金。银行选择变现能力强、价格容易确定、便于储存监管的产成品作为质押物，为这些供应商提供融资，可以降低产成品库存对于资金的占用。

• 在制品质押融资。该种融资模式与产成品融资模式类似，也是利用库存质押进行融资，但是应用范围比较窄，适用于那些在制品价格可以判定的生产型企业，如空调铜配件生产商，其原材料、在制品以及产成品成分都是金属铜，可以按照原料铜价格来确定在制品以及产成品价值。

● 原材料质押融资。供应商为保持生产过程流畅，会持有一定原材料，有时这些原材料在产成品生产成本中所占比重很大，大量持有也会占用流动资金。此外，在对原材料未来价格进行合理预测基础上，一些供应商还会在原材料价格上涨之前大量采购，以降低采购成本，同时大批量购买还可以获得更低折扣。银行可以用这些通用性较强、变现能力较强原材料作为质押物为供应商提供融资。

● 订单融资。订单融资旨在解决供应商从接到订单到收回货款整个过程中的资金缺口问题。这种模式是建立在供应商与核心企业签订采购合同基础上，以这种合同作为一种信用担保，给供应商提供授信，供应商就可以利用这些资金购买原材料并组织生产。

四、供应链融资中现金流管理

1. 流量管理

主要是控制授信限额，重点考察现金流量与借款人经营规模和授信支持性资产匹配关系，以及借款人采购或销售网络、上游供货能力、下游支付能力等因素。

其一，单笔贸易现金流量计算，需要综合考虑交易双方履约意愿和履约能力，申请人自身承债能力等，估算该业务申请人自有资金和银行投入资金比例。以公式表示：

单笔合同金额 = 保证金 + 单笔融资金额（单笔贸易现金流）

其二，授信企业一定期限内现金流量计算，主要依据授信企业过往交易记录及其业务合理发展幅度来匡算，即

季节性销售增长引发现金流需求 = 营运投资旺季值 − 营运投资淡季值

营运投资 = 存货 + 应收账款 − 应付账款 − 应付费用

长期性销售增长引发现金流需求 = 近3年核心营运投资环比增长量

以公司在一年中最低销售点时所必须保有核心营运投资（存货 + 应收账款 − 应付账款 − 应付费用），来计算连续3年环比增长。

2. 流向管理

就是对现金流去向和来向控制，即在具体操作环节上落实贷款用途。回流现金是银行关注重点，其中包括回流现金路径、回流量以及回流时间。

3. 循环周期管理

现金流管理重点在于保证授信企业与上下游之间资金流与物流相对运动顺利完成。现金流周期管理要综合考虑行业内通行结算方式及平均销售周期，来判断一个完整资金循环所需时间。循环周期控制不当，会导致资金提前回流或滞后回流，使银行与企业在资金使用安全与效率等方面产生冲突，甚至引发不良贷款。

4. 供应链融资现金流管理手段

（1）金融产品组合运用。根据金融产品本身特征及其对资金走向和回收组合安排，可以较好地控制现金流循环。如指定银行承兑汇票、商业承兑汇票收款人以及指定付款账户可以控制资金去向，直接将资金支付给上游卖方；通过国内保理业务、指定商业承兑汇票贴现人、协议约定或购销合同上注明回款账户唯一性等手段可以确保现金及时回流。以上操作控制手段可作为审批意见中限制性条款，授信出账前落实和监督执行。

（2）收款主体约束和控制。约束和控制收款主体可以约束现金流向，也可以客观地反映现金流运动。如资金去向可以在汇票上载明收款人或指定付款账户，在发货单或提单上收货人、提货人栏可注明为银行或银行指定收货人以监控货物。同时，发货单、提单也是物流流向及不同阶段上某一时间货物所处状态的证明。

（3）业务流程模式和商务条款控制。可通过合同中商务条款、协议中多方约定保障现金回流路线。可通过给企业设定保证金账户、封闭授信来处理应收、应付、存货管理；办理业务时要求必须提供相关合同、发票、发/收货证明等现金流物化载体。

📢 保兑仓各主体分工如下：

厂商负责发货及承担货物回购责任。

经销商负责在银行融资，以及向厂商购买货物。

银行负责提供融资，打通经营现金流。

仓储公司负责监管货物。

第五课　两种经典的突破经销商供应链融资方式

一、保兑仓项下选择

保兑仓是指以银行信用为载体，买方以银行承兑汇票为结算支付工具，由银行控制货权，卖方（或仓储方）受托保管货物并对承兑汇票保证金以外敞口金额部分由卖方以货物回购或退款承诺作为担保措施，买方随缴保证金随提货的一种特定融资服务模式。

广大银行客户经理一定要牢记这个定义，它在我们的营销过程中非常有用。

保兑仓分为三方保兑仓和四方保兑仓两种方式。

三方保兑仓：包括厂商、经销商、融资银行，通常向银行提供厂商退款承诺、回购担保承诺的保证措施，即银行承兑汇票到期前，如果经销商没有存入足额的保证金（即经销商没有从核心厂商提走全部货物），核心厂商负责退还银行承兑汇票票面金额与经销商提取的全部货物金额之间的差额款项，这又称直客式保兑仓。

四方保兑仓：包括厂商、经销商、融资银行及仓储公司，通常向银行提供的保证措施为厂商的回购担保。核心厂商一般提供回购承诺，即银行承兑汇票到期前，如果经销商没有存入足额的保证金（即经销商没有从仓储公司提走全部货物），核心厂商负责退还银行承兑汇票票面金额与经销商提取的全部货物金额之间的差额款项。

保兑仓各主体分工如下：

厂商负责发货及承担货物回购责任。

经销商负责在银行融资，以及向厂商购买货物。

银行负责提供融资，打通经营现金流。

仓储公司负责监管货物（四方保兑仓项下）。

---

1. 在保兑仓模式下，卖方获益较多，对经销商提供更多的价格折扣是保证经销商有动力参与保兑仓操作的关键，否则经销商更倾向于有多少钱提多少货。银行发起营销的主攻对象首先应当是厂商（卖方），银行应当首先向卖方宣讲可以扩大销售、扶持经销商等好处，动员卖方参与银行的保兑仓网络建设。

2. 本产品适用对象特点：厂商实力较强，而经销商实力一般，厂商有能力牢牢控制商品的销售渠道，在经销商之间进行商品调剂销售能力非常强。

卖方经营管理规范、销售规模较大、回购担保能力较强，属于行业的排头兵企业。

3. 可以考虑对特大型的核心厂商提供一个虚拟授信额度，如宝钢集团、武钢集团、攀钢集团，利用这些公司的公开资料进行授信核定，便利经营机构拓展这些钢厂的经销商，而不必像传统授信，一定要这些客户提出申请，拿到全套的授信资料才进行授信操作。

4. 保兑仓适用产品必须具备：产品质量稳定（不易发生化学变化）、属于大宗货物、易变现、产值相对较高、流通性强的商品。在销售上采取经销商制销售体系，如家电、汽车、电脑、轮胎、纸张等。

5. 买卖双方在过去两年里合同履约记录良好，没有因为产品质量或交货期限等问题产生贸易纠纷。

二、动产融资项下选择

一些资源类行业，比如有色金属、石油、煤炭等，由于产品品质标准化和同质化，以及一定程度垄断性，采购和分销主要依靠市场化合约，供应链和销售链体系边界模糊，贸易对象随机性相对较强。

核心企业对上下游企业缺乏管理的行业并不适合开展供应链融资业务。首先，核心企业没有充分动力与银行合作，并讨论一揽子成员融资解决方案。其次，银行无法有效实施信用嫁接技术。因为，如果核心企业与上下游企业是纯粹市场关系，核心企业很少会愿意为交易对手承担更多责任。这类客户适合办理动产融资业务。

这类动产融资业务，通常核心企业不会提供任何形式的担保或回购手段。

第六课　供应链融资风险控制原理

一、控制手段——行业准入体系

供应链融资风险控制手段如图 6-1 所示。

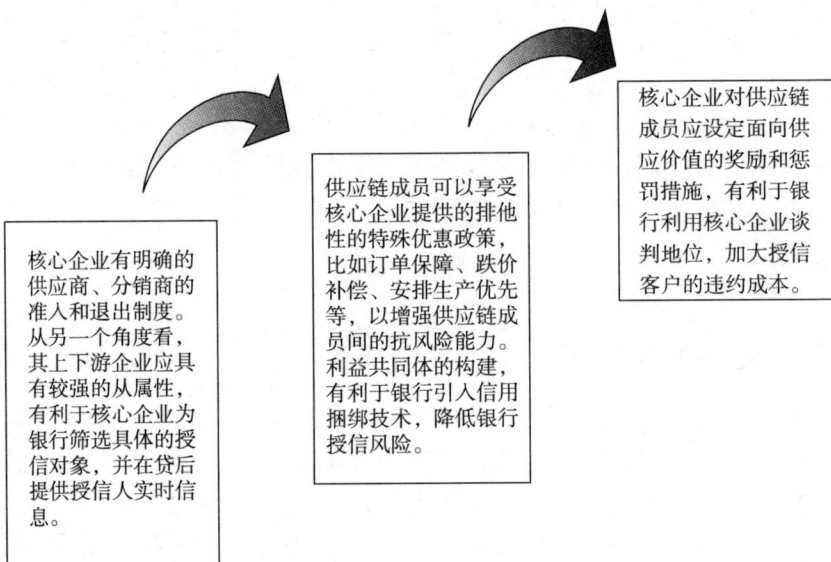

核心企业有明确的供应商、分销商的准入和退出制度。从另一个角度看，其上下游企业应具有较强的从属性，有利于核心企业为银行筛选具体的授信对象，并在贷后提供授信人实时信息。

供应链成员可以享受核心企业提供的排他性的特殊优惠政策，比如订单保障、跌价补偿、安排生产优先等，以增强供应链成员间的抗风险能力。利益共同体的构建，有利于银行引入信用捆绑技术，降低银行授信风险。

核心企业对供应链成员应设定面向供应价值的奖励和惩罚措施，有利于银行利用核心企业谈判地位，加大授信客户的违约成本。

图 6-1　供应链融资风险控制手段

二、物权担保

物权担保的特点如图 6-2 所示。

银行动产融资业务常发生在钢铁、有色、汽车、石油化工、煤炭、农产品、纸制品、家电、食品、药品等行业。

> 货权清晰：为了保证银行最终对货物处置时没有其他第三方主张权利，在进行动产抵质押时需要对出质人或抵押人提供的动产权属进行认定（增值税发票、货运发票）；

> 价格稳定：价格波动剧烈的商品不宜作为抵质押物，一是增加盯市工作量，二是处置需要时间；

> 流动性强：易于银行处置，基础原料、战略物资、大宗物资、初级产品；

> 易于保存：尽量选择品质稳定产品。

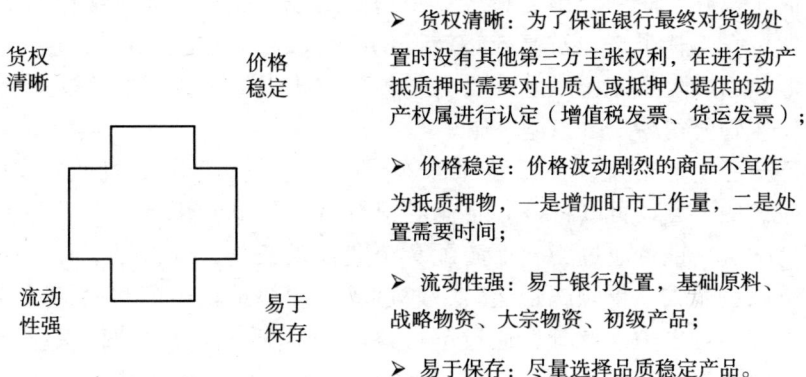

图6－2 物权担保特点示意图

三、如何理解 N＋1＋N 供应链网络

1. 对核心企业利益

"1"代表核心企业，"N"代表其上游供应商群体和下游经销商群体。这些企业组成银行授信方案中的授信企业群，它们利用交易关系，依托于核心企业较高资信水平，融得资金，提升整个供应链竞争力。企业与银行、物流公司等一起组成供应链系统。通过银行完善整体授信方案设计，网络中所有实体都可以得到有效融资。

N＋1＋N 供应链网络如图6－3所示。

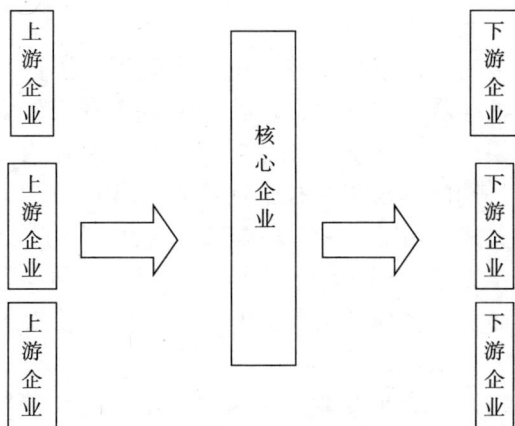

图6－3 N＋1＋N 供应链网络示意图

一个核心企业上下游供应链并不是简单一条链，而是由众多供应商和次

级供应商＋核心厂商＋经销商和次级经销商组成的完整网络。银行通过供应链融资业务，为整个产业链高效运转提供综合授信。在提供授信过程中，银行为降低信用风险及操作风险，要通过各种方式来控制或者监管这些物流流动，需要监管公司等众多主体协作。

对于核心企业来说，银行设计整体授信方案有助于其获得低成本融资，因为供应链融资方案可以将核心企业对银行直接融资转化成其上下游企业向银行申请融资。银行通过为上下游配套企业提供融资，可以使核心企业所依托供应链以更低成本更顺畅地运转，通过成本优势扩大生产和销售规模，增强整条供应链竞争力。此外，通过银行整体授信安排，可以使得供应链中各个参与企业更加紧密地联系在一起，有助于稳固供应链中企业与企业之间的贸易合作关系。

2. 对供应链中配套中小企业益处

在供应链融资中，对中小企业信用评级弱化，间接利用核心企业评级，提升中小企业信用等级，使中小企业获得更多、更便利的信贷支持，使它们可以比较迅速地筹措短期资金，以弥补生产以及运营过程中资金缺口，保证生产乃至整个供应链连续运作。

由于中小企业资信价值不高，在传统融资方式中，银行对中小企业融资支持力度并不大。但在供应链融资方式中，只要与一家受到银行等融资机构信赖的大企业发生业务往来，中小企业资信价值就会有较大提高。融资机构就可以依靠这个大企业实力和资信，对与该企业发生交易的中小企业资信进行重新评估。

3. 对银行益处

在供应链融资网络中，银行服务范围极大拓展。银行在对核心企业使用信用贷款、不动产抵押贷款的同时，还将其他流动资产作为担保融资业务纳入服务范围，为网络中中小企业提供服务。从核心企业出发，银行在这个网络中批量开发客户。同时，由于为整个网络实施授信，为更好地控制回款风险，该网络结算业务往往由融资银行来提供，这也增加了银行结算量。

融资机构对中小企业信用评级不强调固定资产价值、财务指标、企业规模和担保方式，转而关注企业单笔贸易真实背景、供应链核心企业实力和信用水平。

银行等融资机构评估中小企业信用风险方法改变，带来供应链融资模式中参与主体变动。与传统中小企业融资模式不同，供应链融资模式参与方包括银行、中小企业、核心企业以及物流企业。在供应链融资模式中，各个参与主体充当着不同角色，发挥着不同作用，这些参与者相互合作、相互协调、共担风险，从而实现供应链融资高效性，为中小企业融资提供渠道，解决中小企业融资难问题。

相对于传统融资模式，供应链融资具有以下优势：一方面，将资金有效注入相对弱势的上下游配套中小企业，解决中小企业融资问题，保持整个供应链正常运行；另一方面，将银行信用融入上下游配套企业购销行为，提升商业信用，有助于促进配套企业商务履约能力提升，与核心企业建立起更持久的战略合作关系，从而提升整个供应链竞争能力。

银行直接切入核心企业，通过以点带面实现客户群体开发。供应链融资模式深入分析供应链上各企业之间的交易关系，有效地把握和控制物流、资金流和信息流，使得银行不仅能够向核心企业提供深层次融资服务，而且也可以实现对供应链内中小企业市场开发，大大拓展银行发展空间。

● 供应链融资以服务核心大企业的中小配套企业为融资对象，有效解决银企信息不对称问题，提高银行对中小企业客户把握能力和控制能力。处于供应链中的企业信息比较畅通，企业之间对交易对手信誉、盈利水平、资信实力比较了解，这使得银行获得企业信息相对容易，有助于其更好地掌握和控制潜在风险，保证对中小企业供应链融资业务展开。

● 供应链融资使银行从动态、系统角度控制融资中风险。供应链融资模式有效地控制对中小企业授信风险，能够在业务操作中实现物流、资金流和信息流高度统一，为银行风险管理提供一条新途径。银行在融资授信金额、期限上更注重与企业真实交易情况相匹配，从而可以灵活地控制授信额度。

1. 我们设计授信方案一定要记住，不要独立地提供授信产品，应当充分考虑产品的额组合。不要将授信的还款来源唯一设定为来自企业的销售资金或其他银行资金来源方向，可以加入本行的资金来源。将授信产品之间既考虑横向组合排序，同时又考虑纵向组合排序，以后续的授信产品置换前期的授信产品，实现封闭自偿。

2. 企业使用银行授信产品可以按照客户产业链进行嵌入，上游企业首先提供授信产品，在授信产品到期时对下游企业提供授信支持，封闭化转资金，实现对上游企业授信的封闭自偿。强调授信产品的前后捆绑销售，封闭自偿。

第七课　银行如何与第三方
物流公司合作供应链融资

第三方物流公司是银行重要渠道类客户，第三方物流公司本身就有大量的客户，银行提供动产融资，可以帮助第三方物流公司为客户提供有更多附加值的服务，同时可以提高第三方物流公司的收益来源。只要你愿意与别人分享利益，别人就会源源不断地给你介绍客户。

一、银行通过与第三方物流合作，发现并切入客户群，拓展供应链业务空间

银行与物流公司签署合作协议，共同搭建一个为企业进行货押业务融资平台。主要合作形式有：利用其仓库作为银行质押货物监管点，委托其对银行客户提货进行监管；货物在途运输监管；委托其对客户自有仓库开展第三方输出监管。

第三方物流企业以自身专业能力（如运输、仓储、货代及港口装卸等）服务于贸易双方，拥有稳定而丰富的客户资源。银行开展供应链融资业务，需要借助这些企业专业能力分散风险。同时，银行与第三方物流企业客户高度重叠，物流公司可以向银行推荐客户，创造客户需求，共享商业利益。

二、银行与物流公司两种合作模式

1. 向物流公司提供担保额度

银行对运输、仓储、港口等行业龙头、符合信用放款条件企业，给予一定授信额度，在其控制货权、负责连带担保之下，转授信予其指定优质客户作为供应链融资。物流龙头企业往往是多个厂家全国（全球）物流配送商，占有多条产业供应链和客户集群。物流企业在银行获得担保额度，将可能极大地方便其拓展客户群和挖掘潜在优质业务。银行客户经理在营销大型物流企业的时候，要引导其采用这种模式，这种模式对银行的保障更加安全，且操作简便。

2. 物流公司协助监管货物

物流公司协助监管货物，银行对借款人提供融资。物流公司不承担任何担保责任。

大部分物流公司普遍采用这种与银行的合作模式。

【案例7-1】银行与江怀理现物流科技股份有限公司合作方案

一、江怀理现物流科技股份有限公司

（一）企业情况简介

江怀理现物流科技股份有限公司经铁道部、财政部、原国家经贸委批准，由中国铁路物资总公司在对内部优质物流资源进行系统整合基础上，联合北京阿特斯投资有限公司、中国北车集团大连机车车辆有限公司、东方科学仪器进出口集团有限公司、铁道科学研究院、中铁信息计算机工程有限责任公司等共同设立的大型第三方物流公司，具有深厚铁路背景。

公司总部设在北京，属于高科技第三方物流企业，在北京、上海、天津、广州、大连、武汉、西安、成都、昆明、青岛、鹰潭等主要枢纽城市设有分公司，同时公司还控股、参股多家能够提供物流信息、汽车物流和化工物流等服务的专业子公司，控制协调遍布全国的600多个配送中心及作业部。依托先进物流信息系统支持，公司形成了以枢纽城市为核心、覆盖全国的网络体系。

（二）公司主要业务介绍

1. 铁路物流业务

铁路物流业务是江怀理现物流公司特色业务，在铁路基建物资代理服务和铁路基建项目物资投标等业务中，有着强大铁路背景优势和品牌影响力。公司主要资源供应商包括直接生产厂家、中国铁路物资总公司系统内单位、项目所在地供应商等。主要服务客户包括中国铁路物资总公司铁路建设事业部、新建铁路建设单位和铁道部相关路局。公司先后参与乌鞘岭隧道、张集线等铁路建设项目物资供应，并承担京沪、向蒲、沪宁、中南通道、太原枢纽等大型铁路建设项目物资代理服务工作。公司在做好物资代理服务工作基础上，开展铁路基建衍生业务，如甲供、甲控钢材投标、应急供应及竞争性谈判等，赢得客户认同。

2. 金融物流业务

金融物流业务是江怀理现物流科技股份有限公司战略业务，能提供专业金融监管和采购执行服务。经营品种按商品车类和非车类划分，其中非车类业务以钢材、煤炭、矿石等大宗生产资料为核心，同时还包括化肥、纸制品、油品、粮食、棕榈油、棉花等。公司拥有丰富的金融机构合作资源，成为银行首选、具有全国监管资质的金融物流服务商。监管额度已超过300亿元。

3. 钢铁物流业务

钢铁物流业务是江怀理现物流公司优势业务，能提供以钢材、矿石等大宗生产资料综合服务为核心，以自有库控货采购为重点的钢铁一体化物流业务。公司在钢铁物流领域具有强大网络资源、人力资源、金融资源、品牌资源。主要供应商包括天津冶金轧一钢铁集团有限公司、广西先林进出口有限公司、安阳钢铁集团西安销售公司、包头市华生特钢有限责任公司等。

二、针对江怀理现下游经销商动产融资模式化授信方案

授信企业：江怀理现经销商

授信品种：银行承兑汇票、国内信用证、供应链融资

质押物：经销商从江怀理现采购的商品（需符合银行及江怀理现对质押物的规定）

业务模式：未来货权质押

供货方：江怀理现物流科技股份有限公司

货权形式：动产

监管人：江怀理现物流科技股份有限公司

协议文本：非标准文本

盯市渠道及取值方法：中华商务网

保证金比例：不低于30%

质押率：70%

赎货期：120 天

回购/担保安排：由中铁物流承担未发货部分退款责任

三、授信企业准入标准

该产品适用于钢铁、煤炭等行业供应链需要向上游采购的生产型和贸易型企业。

1. 企业信用良好，无不良记录。

2. 具备一定比例自有资金，偿债能力较强。

3. 能够提供相应财务报表和购销合同，符合银行授信准入相关标准。

4. 客户评级满足银行授信评级 B 级（含）以上或商品融资类货押业务专业贷款评级在 6 级（含）以上。

5. 银行及江怀理现认为的其他必需条件。

四、模式化操作流程

（一）授信

1. 银行为江怀理现核定回购担保授信额度，授信期限不超过 1 年。

2. 经销商向银行提出业务申请及相关资料。

3. 银行依据相关管理规定对经销商提交的业务申请及相关资料进行审查，在符合银行授信政策情况下为其提供授信额度，银行为经销商提供的总授信额度不超过银行为江怀理现核定的回购担保额度。

（二）开票/开证/供应链融资

1. 未来货权模式下，经销商与江怀理现签订购货合同，经销商、江怀理现及银行签署动产融资差额回购三方协议，约定相关业务合作细节、风险控制手段。

2. 银行依据经销商与江怀理现签订的购货协议，在经销商缴足保证金后，为经销商开立银行承兑汇票/国内信用证/供应链融资，收款人/受益人为中铁物流科技股份有限公司，用于经销商定向向江怀理现采购货物。

3. 如采用银行承兑汇票方式，则由银行负责将银行承兑汇票送交江怀理现，江怀理现填制银行承兑汇票收到确认函。

（三）提货环节

1. 经销商提货时，需存入与提货部分等值保证金后向客户管理部门提交提货申请书。

2. 客户管理部门在确认保证金足额存入后，将货押业务提货审批表、提货申请书、保证金入账凭证或还款凭证提交货押中心。

3. 货押中心审核无误后，在货押业务提货审批表上签署意见并签发提货通知书，准予经销商办理提货。

4. 江怀理现见银行提货通知书为经销商办理发货提货事宜，如此循环操作，直至保证金账户余额达到银行承兑汇票金额或覆盖银行授信风险敞口。

5. 银行是通知江怀理现发货的唯一权利人，银行出具的提货通知书是江怀理现为经销商办理发货提货手续的唯一权利凭证。

6. 在银行授信产品到期前 10 个工作日，如果授信产品没有全额封闭敞口，银行向江怀理现发出退款通知书，该公司在收到退款通知书后必须无条件按退款通知书要求将差额款项汇入经销商在银行开立的保证金账户，退款期限为银行授信到期前 5 个工作日。

7. 经销商缴纳首笔保证金不得用于提货，预防价格波动带来潜在风险。

五、该业务风险点及风险控制措施

该业务模式属于先票/款/证后货未来货权质押业务，银行对江怀理现、经销商自身情况、具体交易流程、各个可能存在风险业务环节进行认真、细致调查、分析，通过对业务当事人以及银行承兑汇票交接、贷款受托支付、发货、赎货等业务环节控制，有效控制授信风险，具体风险控制及贷后监管措施如下：

（一）依托江怀理现雄厚资金实力和专业采购执行服务以及庞大成熟销售网络，由江怀理现承担回购担保、退款责任，通过三方协议形式明确各方权责利

江怀理现在按照约定全部交付货物前，对已收到货款但未交付货物部分承担退款责任（担保责任）。

（二）优选企业

选择资信较好、市场运作经验丰富、主要经济指标在市场内排名靠前的企业；经销商有一年以上经销同类商品经验，双方所销售货物要质量优良、有较强市场竞争力和市场占有率。

（三）对出账、发货、提货等业务环节风险控制要求

1. 放款如为银行承兑汇票，则由银行负责将银行承兑汇票送交江怀理现，江怀理现填制银行承兑汇票收到确认函，如为供应链融资，则由银行将融资款项直接支付至江怀理现账户中。

2. 银行依据经销商存入保证金为其出具提货通知书，银行是通知江怀理现发货的唯一权利人，银行出具的提货通知书是江怀理现为经销商办理发货提货手续唯一权利凭证，确保资金和货物封闭运行。

3. 在银行授信产品到期前 10 个工作日，如果授信产品没有全额封闭敞口，银行向江怀理现发出退款通知书。该公司在收到退款通知书 5 个工作日内，必须无条件按退款通知书要求将差额款项汇入经销商在银行开立的保证金账户。

4. 在该业务模式下江怀理现退款责任以银行退款通知书为准，不涉及货物交付，其与经销商之间在货物质量、规格及交货手续等方面产生的纠纷，银行不承担任何责任。

5. 对账：台账由经办客户经理负责登记，并由贸金部货押中心进行复核确认。每月月初 10 日内，经办客户经理和贸金部货押中心人员一同与江怀理现对账，主要核对保证金账户余额、累计通知发货金额、江怀理现收到发货通知书累计金额，江怀理现核实无误后签字确认。如核对不一致，应立即停止发货手续，查明原因并解决后，方可重新开始办理发货手续。

六、该产品优点

1. 采购执行产品需要强大贸易服务支持和物流服务支持，江怀理现作为商贸物流领军型企业，为客户打造一流商贸物流服务平台。

2. 江怀理现具备差额回购（当融资客户出现还款风险时，由江怀理现物流为其承担向银行还款责任）物流企业资格。

3. 江怀理现作为产品中差额回购方，帮助融资客户降低融资门槛、提高

融资额度。

4. 融资客户可以利用银行授信实现商品大额采购，获得较高商品采购折扣。同时，还可能通过该产品提前锁定商品采购价格，防止涨价风险。

5. 借助江怀理现母公司中国铁路物资总公司的资源背景优势，为融资客户开辟新的采购、销售渠道。

七、收益分析

授信品种为银行承兑汇票、国内信用证保证金比例为不低于30%，随着企业不断打款赎货，可吸收日均存款为授信总额50%左右，收取开票手续费、开证手续费、货押业务管理费。

【案例7-2】现代物流有限公司吉利汽车物流汽配项目

浙江省首个全国性一体化物流汽配项目正式运营上线。

吉利汽配项目在现代物流总公司、浙江省现代物流公司和台州市邮政局积极介入、大力支持和关心下正式运营上线，这是浙江省汽配行业领域首个，也是台州市第一个全国性一体化物流项目。它上线标志着台州市物流业务将迈入一个新台阶，也将为全市物流运营平台搭建开创一个新局面。

吉利汽车销售有限公司配件分公司与物流有限公司运作合作吉利汽配普运业务，汽配项目模式在全国范围内运作。

为确保吉利汽配项目成功运行，提升现代品牌，为可持续合作做大做优吉利项目，省公司专门成立吉利汽配项目组。同时也相应成立项目组操作部，专门派4名员工进驻吉利汽配仓库，投入车辆、计算机、条码打印和采集等设备，负责普运和快运业务，从接收、出单、发运、信息处理、跟踪查询、账务结算等全过程处理，希望通过磨合沟通，实现与吉利之间无缝连接。

吉利汽配项目普运业务干线运输将根据运量、流向，利用邮政资源和社会资源共同完成。对运量小、流向分散者将利用现有台州至杭州物流专线通过物流集散网发往全国各地。对运量较大且流向集中的将利用社会资源发至相应省集散中心，再通过省内物流集散网发至接收局。

三、国内通行物流融资模式

大型物流公司代替采购企业向上游供应商预付款模式比较普遍。主要方式如下：

1. 物流增值服务

供应链中处于上游的中小供应商，从大型企业得到采购回款的周期一般在交货后60天，如果这些特大型采购企业比较强势，回款周期可能会拖得更长，这给中小供应商资金维持造成很大影响。大型物流公司代预付款业务则能帮助中小供应商解决难题。大型物流公司把应收款先打给供应商，再与大型采购企业结算。结果，大型物流公司把应收账款周期大大缩短。中小供应商把货物交给大型物流公司就是要获得资金，从而减少在途货物对资金的占用，提高运营效率。这项业务的前提条件是中小企业要将货物销售以及运输工作一并交由大型物流公司处理。这样，大型物流公司就能得到一笔货物清关手续费，而且传统货运业务也随着代预付款业务增长而快速增加。

2. 垫资服务

在这项业务中，大型物流公司为供应商承运货物时，先支付一定比率货款，这个比率由供应商、大型物流公司、购买方协商而定。同时，大型物流公司取得货物承运权，当购买方提货时把全部货款交付给大型物流公司，大型物流公司不必立即把剩余款项支付给供应商，而是可以在一段时间内持有这笔剩余资金，这就产生了一个资金流动时间差。在这段时间内，大型物流公司等于获得了一笔不用付息的资金。

银行与仓储公司的合作思路如图 7-1 所示。

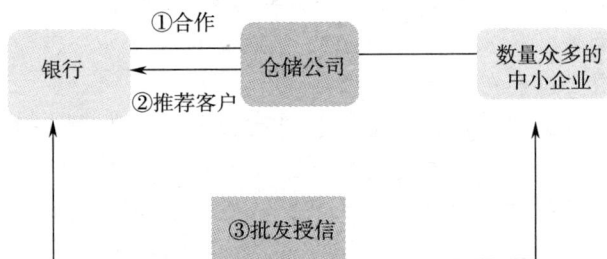

注：1. 仓储公司是非常渠道类客户，可以给银行介绍较多的中小企业资源。

2. 银行可以与仓储公司合作，银行可以获得较多中小客户资源；仓储公司可以赚取可观的中间业务手续费。

图 7-1　银行与仓储公司的合作思路

第八课　大宗商品融资

一、产品定义

大宗商品结构性贸易融资，银行为大宗商品贸易商或生产企业提供个性化组合贸易融资方案，以便在企业生产和购销活动中起到流动性管理和风险缓释作用。银行需以货物或货权为核心，重点关注商品和贸易流程，确保融资款能够基于贸易本身得以偿还。

两个显著特征：其一，表现形式为产品组合；其二，需要识别贸易各环节风险并通过方案进行缓释或转移。在该业务中，银行始终以货物或货权为核心，重点关注商品和贸易流程，确保贸易本身成为融资款项第一还款来源。

二、产品优势

1. 银行通过结构性安排可以突破传统授信方式，通过对贸易过程进行科学监控来控制和防范风险，相对降低对企业自身财务状况准入要求，可以有效扩大业务规模。

2. 按照《巴塞尔新资本协议》，结构性融资资本加权远低于传统银行信贷业务，银行较多运用结构性安排可以提高自身资本充足率。

3. 在大宗商品业务中，银行需要熟练掌握商品属性、市场行情以及交易规则等，并与仓储、物流、保险及期货等机构密切合作，会大大提高银行专业化水平。

4. 大宗商品贸易融资市场蕴涵商机。我国已成为国际大宗商品进口和消费大国。其中，铁矿石、铜、大豆、煤炭进口量巨大。面对广阔的中国大宗商品市场，银行认识到发展大宗商品融资业务战略意义并进行全局性部署。银行一直认为，银行应当顺应国家大经济形势，才会有所作为，才会分享国家经济增长带来的价值回报。

三、适用客户

1. 全球前500强跨国集团企业——嘉吉、邦基、益海、来宝、托克、路易达夫等国际农产品或矿业巨头下游客户，银行可以与这些客户开展深度业务合作，成为其在中国区贸易金融业务主办行。

2. 利用我国扩大进口有利时机，以农产品、有色金属和黑色金属等大宗商品贸易领域世界 500 强企业及其在国内子公司或上下游企业为目标，力争大宗商品贸易融资业务。为此，银行贸易金融部围绕铁矿石、铜、煤炭和大豆四类大宗商品发展业务。

3. 大宗商品贸易商，例如钢铁贸易商、汽车贸易商、家电贸易商、粮食贸易商、煤炭贸易商、食品贸易商、焦炭贸易商等客户。其中，客户经理须认真关注钢铁贸易商、粮食贸易商、煤炭贸易商。

四、产品分类

以结构性贸易融资为工具，形成动产融资、发货前融资、加工融资和背对背融资等结构性解决方案。同时，积极研究商品期货，使其成为大宗商品贸易融资业务有益补充，探索标准仓单融资和借助套期保值提高动产融资质押率商业模式。

五、大宗商品融资主要模式

1. 动产融资

动产融资是指银行以生产企业或贸易商采购和销售过程中持有商品或生产原料为抵（质）押，向其提供短期融资。

常见结构有现货质押融资、未来货权开立信用证并押汇、出口项下仓单换提单融资等。银行在动产融资业务中所面临的主要风险有货物适销性风险、价格风险和管理风险。因此，该融资结构下货物需要流通性强并易于保管。同时，银行需确认该货物上不应附加任何其他抵押或担保，以保证银行确实取得融资货物货权。对于质押物价格风险，主要通过设定质押率及价格警戒线、套期保值及锁定销售合同等措施来控制。未来货权开立信用证并押汇流程如图 8-1 所示。

2. 发货前融资

发货前融资是指银行在货物发运前根据企业需求向供应商或采购商提供融资。按照融资发放对象不同，可分为装船前融资和预付款融资。装船前融资是银行基于订单或信用证，在生产及发货前对供应商融资用于其采购原材料，如打包贷款和订单融资。由于该融资结构前提是基于信用证或实力较强采购商订单，因此银行面临主要风险在于供应商履约风险，银行需详细调查卖方履约能力和履约意愿，并限定或跟踪该融资用途。

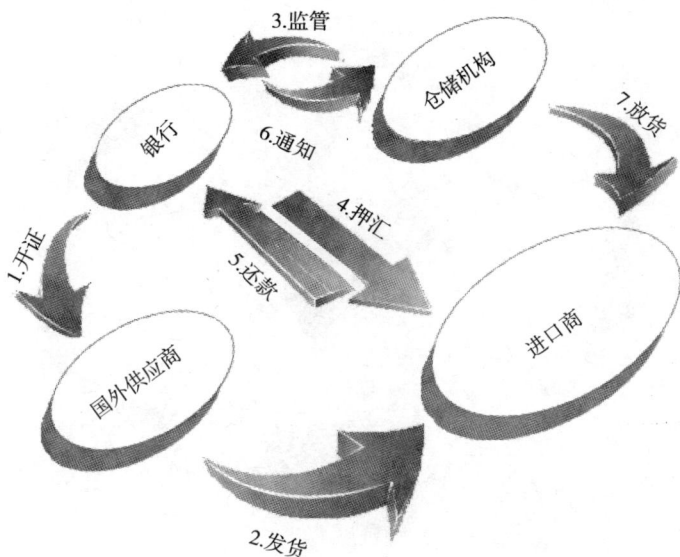

图 8 - 1 未来货权开立信用证并押汇流程

3. 加工融资

加工融资是指银行融资给加工或精炼企业用于向原料供应商购买原材料，加工精炼后将产成品销售给下游用户，以其应收款向银行保障还款。该融资不仅可发放给加工企业，还可提供给原材料供货商和最终用户，并经常会与动产融资结合使用。在该融资结构下，加工精炼企业履约风险主要取决于企业加工原材料能力，因此银行需要掌握工厂关于加工能力报告，还要控制融资款用途，即专项用于对原材料采购。同时，需要评估最终用户付款能力，以确保货款安全回笼。同时还应考虑价格风险，由于原材料价格与产成品价格波动不一致性，将带来加工环节利润率变化，甚至出现销售回款无法覆盖采购成本情形，影响企业还款能力。加工融资流程如图 8 - 2 所示。

4. 背对背融资

背对背融资适用主体是纯粹贸易商，采用的最主要形式是背对背信用证，银行以旧证项下未来应收款作为还款来源为中间商开立新证。背对背信用证结构有很多变化，如旧证为远期信用证，新证为即期信用证；旧证为多张信用证，新证为一张信用证；在背对背信用证中嵌入运费融资等。还可演变成多种背对背融资形式，如准背对背信用证、前背对背信用证、凭付款交单合同开立信用证等。在该融资结构下，银行需要对旧证开证行有相应代理行额度，同时会要求中间商预先提交相关单据，保证替换单据及时性。银行在对

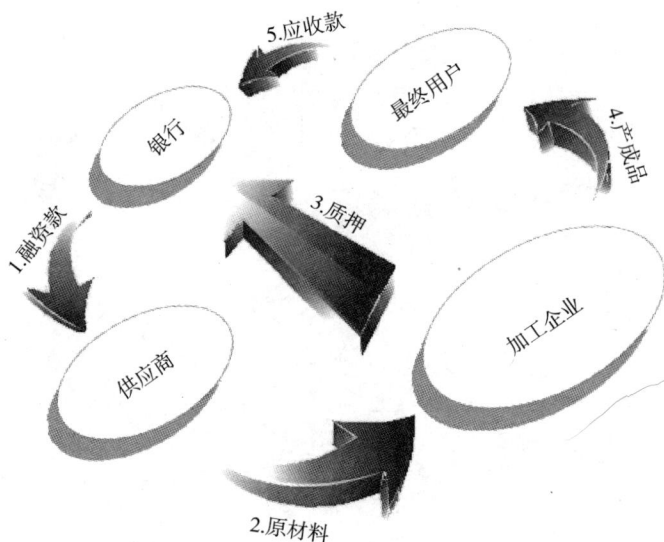

图8-2 加工融资流程

新证项下单据进行付款后，货权单据即成为银行质押标的物，如旧证开证行拒付货款，银行能够通过物权凭证控制货物。

六、如何认识核心企业在供应链融资中的地位和作用

核心企业是供应链融资中主导企业，是供应链融资服务间接参与者。核心企业往往是供应链中规模较大、实力较强、资金雄厚且信誉较好并能够对整个供应链物流和资金流产生较大影响的企业。

银行等融资机构通过与核心企业进行沟通和交流，可以掌握供应链内中小企业核心信息，更加有效地控制整个供应链风险。由于核心企业与供应链上配套中小企业有直接贸易往来，这些贸易往来能够使银行更清楚地了解中小企业贸易情况，核心企业还可以为中小企业融资提供相关担保。因此，供应链中核心企业资信状况影响着其上下游中小企业供应链融资业务开展。

如何为企业美化报表、延长账期，尤其是在企业需要披露报表的年末和半年末，最好账面滞留大量的现金，尽量避免对供应商的付款。这时候，就需要银行为其核定付款担保额度，银行对供应商办理保理融资，而供应商获得银行融资的条件就是接受延长账期要求。

第九课 供应链融资的六种模式

一、对核心企业上游供应商提供融资

核心企业上游供应商一般是生产型企业，资金缺口出现在购买原材料、日常生产运营以及应收账款回收等几个环节上。其融资模式大概可以分为三类：应收账款融资、存货融资以及订单融资。其中存货融资按照库存不同形态，又可以分为原材料质押融资、在制品质押融资以及产成品质押融资。

（一）应收账款融资

应收账款融资主要发生在从发货到下游核心企业付款这一阶段，是利用未到期应收账款这种流动资产作为交易物来筹措资金的融资业务。

应收账款是一种债权，是供应商依照合同向客户收取扣除预付款、已付款、佣金、销售折让等之后款项净额，它将中小企业和核心企业联系在一起。应收账款产生根源是商业信用，供应商以赊销方式来为核心企业提供产品，形成应收账款，在一定账期之后，这些中小企业可以从核心企业那里收回货款。因此，应收账款是企业未来现金流，不能当时使用。而应收账款融资使得这笔未来现金流能够变成当时可以利用的资金，以满足企业短期资金周转需求，改善企业现金流状况，盘活企业资产，使得企业有足够资金用于再生产。

应收账款融资本质是企业将银行认可的应收账款抵押或者让售给银行，银行支付对价——给中小供应商融资。在应收账款融资模式中，由于最终付款人是资信水平较高的核心企业，回款可以得到保障，从而降低银行所承担信用风险。银行不仅要关注融资企业本身，更应该关注下游核心企业还款能力、供应商与核心企业交易情况以及整个供应链运营状况。

国内应收账款融资是指核心企业与其供应商贸易发生在国内，每笔应收账款交易情况以及交易双方背景都比较容易了解，风险相对容易控制。国内应收账款融资主要包括应收账款保理以及应收账款保理池融资两种方式。

1. 应收账款保理

应收账款保理是在供应商以赊销方式为核心企业提供商品或劳务情况下，银行针对因赊销而产生的应收账款进行管理服务，具体包括贸易融资、销售分户账管理、应收账款催收和信用风险控制与坏账担保服务。其中最核心的服务是提供融资。

国内对于应收账款保理主要关注其贸易融资功能。应收账款保理业务流程如图9－1所示。

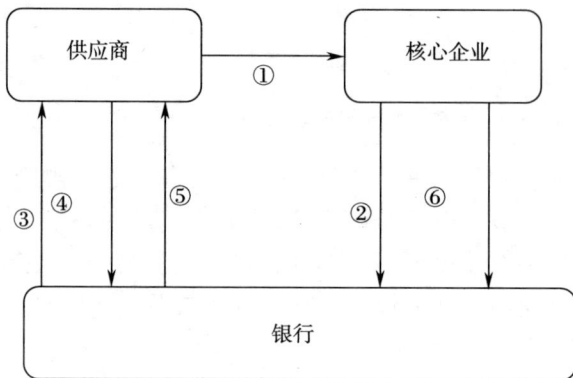

图9－1 应收账款保理业务流程

①供应商与核心企业签订协议之后，向核心企业发货。

②核心企业收到货物之后验收，并将应收账款单据交给银行，确认将来会支付货款。

③银行将应收账款情况告知供应商，并要求其确认是否要保理。

④供应商选择某些应收账款，申请保理。

⑤银行根据供应商申请，按照一定贷款利率，扣除手续费，为供应商提供资金。

⑥在账期内，核心企业直接将应收账款支付给银行。

应收账款保理业务流程（核心企业主导模式）：

（1）根据应收账款是否得到供应商下游企业确认，应收账款保理可以分为明保理和暗保理。

明保理是融资企业在得到银行保理款之前，这笔应收账款转让要先得到应收账款债务人确认，并且设立回款账户，在账期内，由应收账款债务人直接将货款汇入该账户。

暗保理是应收账款转让不经过该应收账款买方确认，银行对融资企业本身和应收账款进行评估。

对于融资企业来说，由于省去下游买方确认，暗保理手续相对简单，在核心企业不愿意确认应收账款债权情况下，暗保理业务更容易办理。很多银行认为暗保理风险大，其实不然。因为：虽然买方并没有确认应收账款债权，但是，不配合操作保理转让确认的买方往往都是特别强势的企业，资信非常好，例如三大石油公司、三大电信公司、三甲医院等客户，银行对买方要求极高，而且对贸易背景真实性调查要求更高，所以，这类融资风险反而更低。当然，一定要尽可能规定回款账户，确认该笔应收账款没有转让给第三方，对于回款控制要求高。

这就类同于信用贷款和担保贷款，其实信用贷款更加安全，因为信用贷款都是提供给3A企业，这类企业实力惊人，因而风险更低。

（2）根据银行是否对受让应收账款拥有追索权，应收账款保理可以分为有追索权保理和无追索权保理。

在无追索权保理中，银行对买方和卖方进行资信调查，并在此基础上核定相应信用额度。在该信用额度内，银行对于应收账款收购没有追索权。

有追索权保理，银行不提供坏账担保，如果在到期日后约定一段时间内，买方因清偿能力不足而没有足额付款时，卖方必须从银行那里回购已经转让的应收账款。

应收账款保理是对某一笔应收账款提供融资，因此，这种融资模式适合那些下游客户比较单一、单笔应收账款额度较高的供应商。也正是由于一笔保理服务都是针对一笔应收账款，因此违约风险主要是这笔应收账款本身风险，包括这笔应收账款贸易背景是否真实、是否可以转让、权属是否清楚等。

2. 应收账款保理池融资

应收账款保理池融资可以将融资企业中不同买方、不同期限和不同金额应收账款同时纳入保理池，统一提供授信。这种方式可以将融资企业的分散、小额应收账款集合起来，形成相对稳定的应收账款余额池，并转让给银行，据此获得一定比例金额持续融资。

应收账款保理是对某一笔应收账款提供融资，但是一般企业会有多笔应收账款，每将一笔应收账款进行保理，就需要办理一次手续，这样就会加大融资成本，降低融资效率。

应收账款保理池有两种运作模式：

一种是将融资企业所有应收账款一次性买断，进行保理。这种模式可以控制所有销售回款，并且避免一对一式应收账款保理烦琐手续，提高操作效率。因为融资企业可能涉及很多买家，银行需要对多个买家进行信用资信调查，以控制其回款风险。

另一种是选择融资企业特定一个或者几个买家应收账款进行打包并转让给银行，银行根据应收账款余额情况，结合融资企业和买家信用情况，确定授信额度。

应收账款保理池融资模式适合那些应收账款发生频繁但每笔金额较小的供应商。银行不仅要对供应商资信情况进行评估，还要对保理应收账款买家以及双方贸易往来关系进行评估，以保证可以及时收到回款。由于进行保理的应收账款比较多，建立起应收账款管理系统以便对每笔应收账款回款情况进行监控也是很重要的。

（二）存货融资

对于有着融资需求的中小企业来说，不动产缺乏使其难以获得银行贷款。存货融资是中小企业以原材料、半成品和产成品等存货作为质押向融资机构融资。与传统银行贷款集中在不动产抵押或者第三方担保公司担保不同，存货融资是利用核心企业与上下游企业真实贸易行为中的动产为质押从银行等融资机构获得贷款。

根据中国最新颁行的《物权法》，用于质押的存货范围得到很大程度的扩展。采购过程中原材料、生产阶段半成品、销售阶段产品、企业拥有的机械设备等都可以当成存货质押担保物。在操作过程中，第三方物流企业作为监管方参与进来，银行、借款企业和物流企业签订三方合同，银行为中小企业提供短期贷款。

存货形态分为原材料、在制品、产成品三种状态。原材料属于相对安全质押品，尤其是大宗商品和基础物资，例如钢材、煤炭、石油、粮食、橡胶等。在制品风险稍大，却有较好价值，可以按照原材料进行计价，且可以转回为原材料状态商品，例如电解铝、电解铜、精煤、钢板等。产成品有一定风险，产成品作为质押，必须有确定的下游买家，而因为发货期未到，或者出于囤货看涨目的，借款人办理动产融资。存货融资模式如图9-2所示。

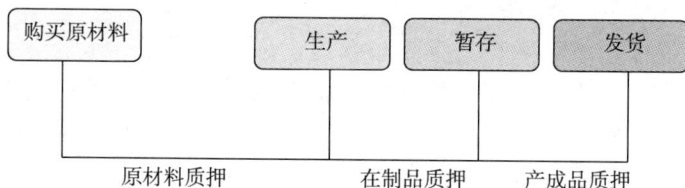

图9-2　存货融资模式图

1. 存货质押授信（输出监管）

借款人通常都是一些大型经销企业，银行应当选择有实力、管理规范的监管公司作为合作伙伴，控制借款人商品。

存货质押授信是存货融资中最基础产品，是指借款企业以自有或第三方合法拥有动产作为质押授信产品。为控制风险，一般银行需要第三方物流企业或监管机构对客户提供存货质押商品实行监管。

存货质押授信分静态和动态两种。静态存货质押授信要求比较苛刻，不允许客户以货易货，只能以款易货。而在现实生产交易中，企业货物流动比较频繁，静态质押授信会严重约束企业正常运作。因此，静态质押授信往往很少使用，动态存货质押授信是银行采用的主要存货质押授信产品。

相对于静态质押授信而言，动态质押授信就是对客户用来担保的存货价值设置一个界限，在生产经营过程中，担保存货价值不能低于这个界限，高于这个界限的存货客户可以自由使用。在这个模式下，客户既可以以新货易旧货，也可以提供保证金或银行承兑汇票质押提货。这样，企业日常生产经营活动受到限制就小很多。一般企业在授信期间不用追加保证金赎货，企业靠存货来融资优势非常明显。

银行出于风险考虑和贷款方便，对企业用来担保的存货品种还有一定限制。银行倾向于质押货物品类较为一致，比如钢管、钢材等，货物价值容易核定，如有色金属、黑色金属、木材等。在质押率方面，对于不同种类存货，银行会根据质押品变现能力等设置不同质押率。一般而言，原材料比较容易变现，因此质押率比较高，而产成品虽然市场价值高，但相对来说不易变现，所以质押率会低一些。如果混合质押，则分别设置质押率。存货质押授信流程如图 9－3 所示。

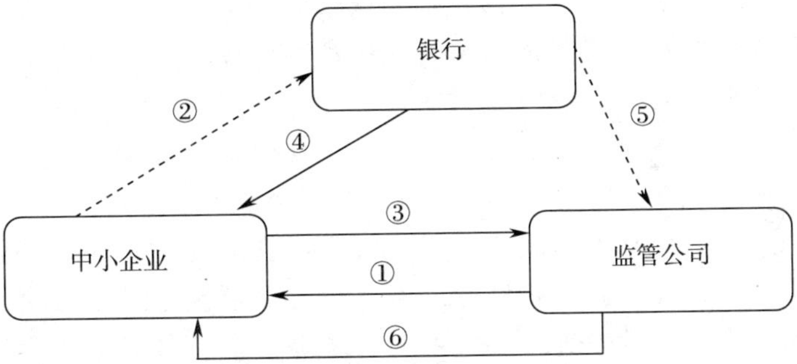

图 9－3　存货质押授信流程图

①中小企业、银行、监管公司签订三方合同后，中小企业将原材料和产成品交存银行指定仓库（企业生产地仓库），由监管公司负责监管。

②银行确认质押物后，按设定质押率给企业以一定敞口授信额度。

③监管方审核最低限额，限额以上质押物可自由进出。

④所需质押物低于最低限额时，中小企业向银行缴纳保证金。

⑤银行给贷款企业发提货单，并指示监管企业给客户发出相应数量质物。

⑥监管人员验收贷款企业提货单并根据银行指示发货。

有融资需求企业在原材料采购阶段、生产阶段以及销售阶段都持有一定量存货，企业可以将这些存货盘活，通过质押获得融资。这笔款项可直接投入生产运营,从而减少在途货物对资金占用,提高运营效率。

在该模式下,存货质押地一般是在生产地或日常经营地。监管公司派员工在借款企业作业现场进行监管,这种方式往往会产生很大风险。借款企业可以用同一批货物向其他银行质押,产生重复质押问题。而且,如果企业经营不善,容易发生其债权人抢货状况,从而给以货物为质押品融资的银行造成很大损失。

这种融资方式,非常考量监管公司责任心和借款人诚信,对借款人要求较高。

2. 独立监管融资

这种融资模式适合进口汽车、进口煤炭、进口铁矿石等交易,以及一些特大型钢厂设立的钢铁交易市场等。通常都是港口物流公司直接监管,属于港口提供增值服务,由于港口普遍实力非常强大,银行乐于与大型港口公司合作。或者由钢厂直接控制的交易市场进行监管,风险较小。

【案例 9 - 1】 兰州金属材料有限责任公司

兰州金属材料有限责任公司为八一钢铁有限公司全资子公司,专业从事仓储物流业务,具备相应资质;公司股东实力雄厚,经营管理规范,建立有严格的管理操作制度;拥有仓储和监管所需的仓库及电子化系统,库区面积和设施功能符合规定;在仓储监管方面,已有多年的与银行业务合作经验,未发生违约事件;企业资信良好,为甘肃钢铁物流仓储的龙头企业,在钢铁物流业占据绝对的市场份额,开展三方合作潜力较大。

由于兰州钢材行业的区域特殊性,银行开展的经销商客户群体以销售八一钢铁产品为主,八一钢铁有限公司作为供货商决定了以钢材质押开展的仓储监管业务只能与兰州金属材料有限公司开展合作。该公司作为仓储监管企业具有其他仓储机构不可替代的优势。

独立监管融资与存货输出监管质押授信最大的不同在于存货监管地。存货输出监管质押授信中存货监管地一般是在借款企业生产地,监管公司派专员在实地监管。而在实地监管会给银行带来很大风险,所以银行会要求企业以不动产抵押与动产质押相结合来给予融资,以平衡风险。

独立监管融资是指货物监管地不在借款企业经营场地,而是在第三方监管公司仓库中,相对较为安全。

独立监管融资与存货输出监管质押授信原理类似,客户以第三方物流企业开设仓库中原材料、半成品或产成品存货作为担保,银行再给予借款企业贷款，同样设置一个库存界限，借款企业在生产和销售过程中以款或者以货易货，只要保证仓库最低库存界限即可。在这种模式下，物流企业作用和责任要比存货质押授信中大得多。首先，存货输出监管质押授信中只需要派驻监管人员监管货物，而在独立监管融资中物流企业先要有自己的仓库。其次，物流企业还要承担货物运输、价值评估以及货物流动监管、存货保管等工作。因此，银行对第三方物流企业资质也会作出详细要求。办理这类业务客户通常都是由于周转贸易需要，存放在港口、交易码头、大型交易市场中的货物，例如铁矿石、煤炭、粮食等贸易商，这类客户通常规模较小，没有自己独立仓库。或者大型贸易公司，货物临时存放在异地港口。独立监管融资流程如图 9-4 所示。

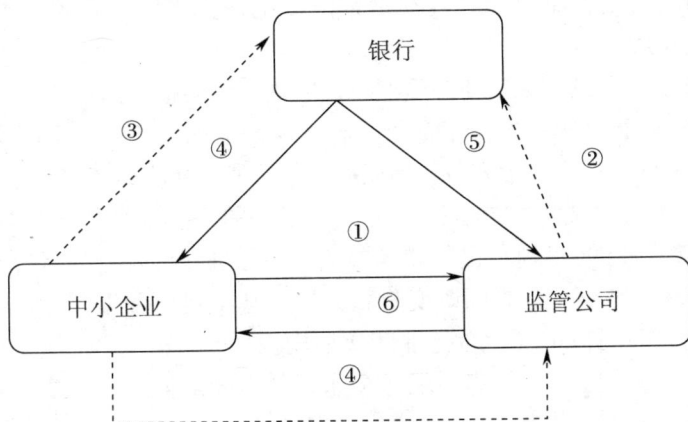

图 9-4　独立监管融资流程图

①借款企业、银行、第三方物流公司签订融资协议和仓库监管协议，借款企业将质押物存放到第三方物流公司仓库。

②第三方物流公司对存货价值进行核定后，向银行出具动产质押证明文件，通知银行发放贷款。

③银行根据第三方物流公司提供的单据，以及核定额度和存货种类，按照一定质押率给借款企业发放贷款。

④借款企业按经营过程需要自由使用货物，并分阶段向银行偿还贷款取得存货或者向监管仓库补充新物资以维持库存水平。

⑤银行通知第三方物流公司向借款企业发放与归还金额或补充物价值相等的货物。

⑥第三方物流公司发出货物，借款企业将所得货物用于生产或销售。

在这一融资模式中，银行是贷款提供方，客户是资金需求方和质押物监管方，第三方物流企业则是独立监管融资服务提供商。这种融资方式比较适合融资规模要求比较小、融资期限比较短的企业，也适合生产销售有较强季节性的企业。

存货质押授信和独立监管融资都是以存货为担保品，在风险控制上也是以存货为中心。在风险控制方面要注意以下五点：

• 质押物权核定。借款企业对货物所有权的真实性是重要风险控制点。银行、第三方物流公司可以通过核实货物与贸易合同和增值税发票或运输单、付款凭证是否相符进行确认。第三方物流企业要出具查复及出质确认书。

• 银行、借款企业、第三方物流企业三方签订合同。合同使用正确性、有效性、完整性以及规范性也是风险控制点。合同中要明确各方责任，尤其是借款方不能如期偿还贷款时对质押物的处置规定。

• 质押物价值核定。有质押物随市场变化价值波动较大，有质押物随着时间变化而增值或者贬值，对质押物价值核定也要不断变化。对质押物价值确定建立在对质押物质量核定上。

• 进库出库手续。设定动态质押时，借款企业会根据生产要求不断提货补货。一方面，银行与第三方物流企业要确认保证金和货物质押手续完善；另一方面，要求监管方审查手续齐备，确认换入货价值，并能如实控制库存界限。

• 质押物权实现。如果借款企业因经营问题不能如期偿还贷款，银行要注意如何保护自己的权利。银行要监视客户经营状况，客户有偏离常规做法时，银行要进行考察，并果断改变贷款方案，甚至退出合作。

3. 对监管公司授信（存货企业间接使用授信）

这种模式适合大型药品集中配送企业（如九州通）、钢铁交易市场（中铁物资和中储在各地交易市场）、石油化工市场（中化在各地市场）等。

对监管公司授信融资模式如图 9-5 所示。

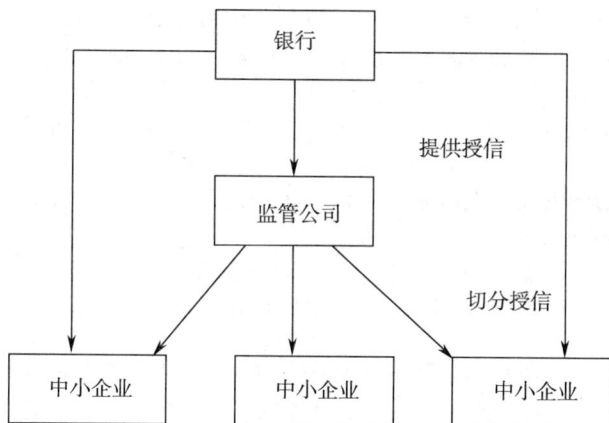

图 9-5 对监管公司授信融资模式

　　存货融资中存在一个问题就是质押贷款手续复杂、所需时间长，因此银行要考虑采用集中对监管公司授信方式。对监管公司授信（存货企业间接使用授信）就是银行根据长期合作物流企业规模、管理水平、运营情况把贷款额度直接授信给物流企业。物流企业再根据客户运营情况和担保物给予贷款，并且利用客户存放在监管仓库货物作为反担保。物流企业直接利用这些信贷额度向企业提供灵活质押贷款业务，银行基本上不参与质押贷款项目具体运作。该模式一方面有利于企业便捷地获得融资，减少一些烦琐手续和环节，另一方面有利于提高银行对质押贷款整个过程进行监控的能力，优化其质押贷款业务流程和工作环节，降低贷款风险。

　　对监管公司授信要求第三方物流企业有一定资质，一定是经营规模较大、股东背景较好、管理规范、有着足够履约能力的企业，而且在授信金额上也有一定限制。

　　（三）订单融资

　　主要有两种模式：存货融资与应收账款融资结合模式和全程封闭资金流订单融资模式。

　　1. 存货融资与应收账款融资结合模式

　　应收账款融资可以与存货融资结合起来，设立存货融资项下应收账款赎货机制，要求应收账款下游买家实力较强，有着极好履约能力。存货融资要求供应商以现金方式赎取抵（质）押给银行的货物，但是由于账期存在，供应商赎货保证金可能不足。在这种情况下，银行可以有选择地接受供应商销售产生的应收账款，作为赎货保证金替代。银行为提高自身收益率，可以要求企业组合提供质押品，即部分应收账款多配部分存单进行赎货。存货融资与应收账款融资结合模式流程如图 9-6 所示。

　　该种融资模式使得银行融资资产支持变成保证金、存货和应收账款结合，因此融资风险较低。该方式对客户进一步放松资金约束，银行则获得动产质押和应收账款融资两项业务收益。

　　2. 全程封闭资金流订单融资模式

　　全程封闭资金流订单融资模式是从应收账款融资扩展开来的一种新融资模式，主要可以分为两个阶段：

　　第一阶段，采购订单融资阶段，银行为供应商提供一部分采购订单金额融资或提供银行承兑汇票，供应商利用这些资金或银行承兑汇票组织生产并准备供货，属于原材料质押融资一种方式，在这个阶段，银行必须控制企业将融资用于订单项下采购，且商品真正交付到下游核心企业买家。

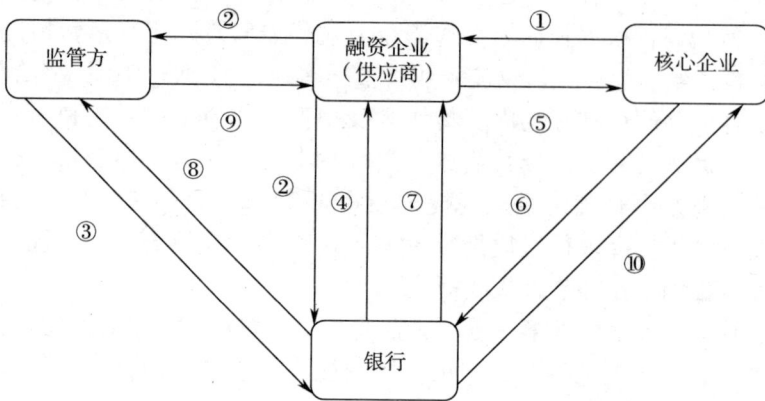

图9-6 存货融资与应收账款融资结合模式流程

①供应商与核心企业签订采购合同。

②客户向监管方交付抵（质）押物，并向银行提交存货融资申请。

③监管方向银行提供评估证明。

④银行为供应商提供授信，供应商利用这笔资金组织生产。

⑤供应商向核心企业发货。

⑥核心企业收到货物之后验收，将应收账款单据交给银行，并确认将来会支付货款。

⑦银行将应收账款情况告知供应商。

⑧如果供应商向银行申请将应收账款作为赎货保证金，银行通知监管方放货。

⑨监管方发货给供应商。

⑩在账期内，核心企业直接将应收账款支付给银行。

第二阶段，订单履约阶段，即应收账款融资阶段，与应收账款保理流程类似。可以以第二笔应收账款融资封闭第一笔银行承兑汇票敞口或归还第一笔贷款融资。

这两个阶段贷款利率不同，第一阶段要高于第二阶段。

全程封闭资金流订单融资模式流程如图9-7所示。

购销合一订单融资模式是一种应收账款融资与原材料库存质押融资相结合融资模式。与单纯应收账款融资相比，该模式对供应商进一步放松资金约束，而银行也获得更高收益，但同时也面临着一定风险。因此，银行要加强对采购订单审查，对供应商在途库存进行监控，避免出现供应商与核心企业共同欺诈问题。

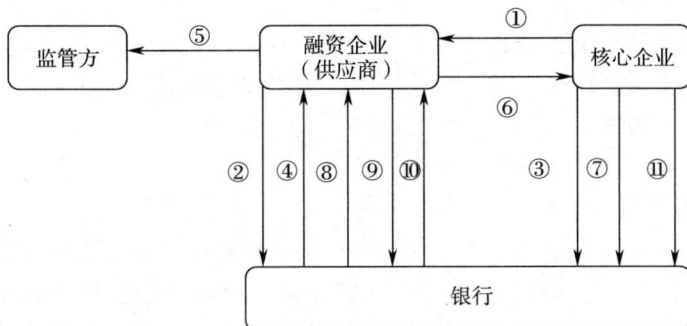

图9－7　全程封闭资金流订单融资模式流程

①供应商与核心企业签订采购合同。

②供应商持采购合同提交采购订单融资申请。

③核心企业确认该采购合同有效性。

④银行将采购合同金额按照一定折扣率和利率折现并扣除一定手续费，为供应商提供资金。

⑤供应商利用该笔资金向上游企业购买原材料，组织生产。

⑥生产完成后，供应商向核心企业交货。

⑦核心企业收到货物之后验收，将应收账款单据交给银行，并确认将来会支付货款。

⑧银行将应收账款情况告知供应商，并要求其确认是否要保理。

⑨供应商选择某些应收账款，申请保理。

⑩银行按照相对④较低利率和较高折扣率叙做应收账款保理，并扣除一定手续费，保理所得款项先用于偿还订单融资部分，余额再补充供应商流动资金。

⑪在账期内，核心企业直接将应收账款支付给银行。

（四）动产融资＋联保担保＋市场监管的混合融资

【案例9－2】南昌旺都贸易有限公司钢材动产融资方案

一、方案

申请人：南昌旺都贸易有限公司

质押物：螺纹钢、线材、型材、板材等

出质人：南昌旺都贸易有限公司

业务模式：现货质押

授信品种：银行承兑汇票串用国内信用证开立

供货方：南昌宝景物流有限公司、南昌厦鸿实业有限公司、南昌畅旺金属材料有限公司、南昌博重金属材料有限公司、南昌惠宁钢铁有限公司

货权形式：动产

监管人：中海华东物流有限公司

监管模式：输出监管

盯市渠道及取值方法：中华商务网

保证金比例：10%（银行承兑汇票、国内信用证项下）

质押率：70%

赎货期：不超过2个月

回购/担保安排：

1. 追加法人联保保证，即六个企业法人（南昌永炫实业有限公司、南昌惠宁钢铁有限公司、南昌旺都贸易有限公司、南昌雄晶实业有限公司、南昌轩展金属材料有限公司、南昌融保实业有限公司）组成一个联保小组，相互进行连带责任担保，六个企业法人中任何一个出现逾期，另外五个均承担还款责任。

2. 南昌银元实业有限公司连带责任担保。

3. 南昌银元实业有限公司法人代表夫妻双方个人连带责任担保。

4. 追加授信企业法人代表夫妻双方个人连带责任担保。

二、货押业务方案及流程

1. 企业经营模式：申请人从钢厂或者从一级代理商处采购钢材，货物发运至南昌银元实业有限公司指定堆场。

2. 银行本次授信方案：授信品种为银行承兑汇票串用国内信用证，担保方式是六户联保＋南昌银元实业有限公司连带责任担保＋借款人法人代表夫妻双方个人连带责任担保＋南昌银元实业有限公司法人代表夫妻双方个人连带责任担保。

3. 具体操作流程

（1）申请人将已入库的钢材质押给银行，银行为质押物核定最低库存量，由监管人进行输出监管。

（2）如果每次出库后的库存量不低于银行核定的最低库存量，申请人可不必向银行申请，直接由监管人为其办理出库。

（3）每批新进钢材须进入质押监管堆场，由中海华东物流有限公司核定库存总量。

（4）如当批出库后的钢材的库存量低于银行核定的最低库存量，申请人须先对差额进行补款，由银行货押中心核定新的最低库存量并出具出库单，由监管人根据出库单办理出库。

三、申请人情况

南昌旺都贸易有限公司注册资金：1 050万元；主营业务：根据营业执照规定；经营范围：建筑装饰材料、金属材料、五金交电等。

四、质押货物情况

（一）货物描述

1. 品种、规格、等级：螺纹钢、线材、型材、板材等。

2. 生产厂家：江苏如皋钢铁有限公司、南昌新庄轧钢厂。

3. 物理特性、包装及储藏条件：钢铁质量稳定，不易破坏，变质。

4. 质量标准：以供方出厂标准为准。

（二）价格分析

1. 近期供需状况：随着国家对产能过剩小型钢厂的整顿、关闭，供应量迅速减少，供不应求。

2. 市场价格

（1）市场价格获取渠道：中华商务网。

（2）目前价格：螺纹钢、线材平均价格为 4 400 元/吨。

（3）近期价格波动状况及趋势：市场价格呈平稳运行趋势，风险可控。

五、收益分析

根据借款人与银行达成的协议，预计银行给予授信额度 2 000 万元，由于赎货期仅有 2 个月，所以银行会有存款 6 000 万元左右。货押业务手续费按银行标准收取。

二、核心企业下游经销商融资模式

核心企业下游经销商往往处于弱势地位，核心企业对下游经销商规定销售任务，下游经销商需要先向核心企业支付预付货款，这形成巨大资金缺口。特别是在汽车、钢铁、家电等价值较高产品销售中，经销商资金有限，其自有资金不足以支付购买商品的流动资金。银行通过提供"未来提货权"作为一种担保，为经销商提供融资，这种融资模式统称为预付款融资。预付款融资比较常用的模式包括三方预付款融资模式和四方预付款融资模式。

（一）厂商银模式（三方预付款）

在这种融资模式中，核心企业、经销商以及银行三方签订合同，银行对经销商提供定向封闭融资，核心企业根据银行指示发货给经销商，经销商提货，在一些情况下又以核心企业回购承诺作为担保措施。

三方预付款融资流程如图 9 - 8 所示。

三方预付款模式通过核心企业和经销商参与，使得银行能够利用未来提货权作为担保，来实现融资业务。这就使得一些单位价值较高的产品的经销商能够利用银行资金来满足销售需求，降低缺货情况发生概率。

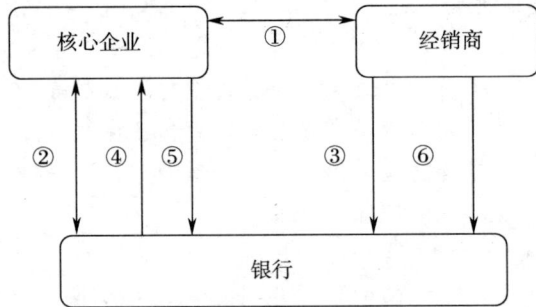

图 9-8　三方预付款融资流程

①核心企业与其经销商签订购销合同，并向银行申请三方预付款融资。

②银行审查核心企业资信情况、回购能力，与核心企业签订回购及质量保证协议。

③根据核心企业以及经销商资信情况，银行确定经销商缴纳保证金比例，而经销商根据该比例缴纳保证金。

④在经销商缴纳保证金基础上，银行签发以核心企业为收款人的银行承兑汇票或者向核心企业支付货款。

⑤核心企业向经销商发货，并将物品权属文件交与银行作为监管。

⑥经销商实现销售，需要提货时，向银行补足货款，银行将其物品权属文件交与经销商。

对于银行来说，三方预付款模式使得银行在办理银行承兑汇票的同时吸收保证金存款，而为生产商和经销商提供结算服务则为其带来中间业务收入。通过核心企业回购承诺，银行风险也得到控制，同时，通过核心企业可以向其多家经销商进行授信融资，扩大销售规模。

三方预付款融资模式被称为"厂商银模式"，在汽车销售行业中应用比较广泛，因为汽车销售是一个很典型行业，销售过程中必须实现汽车与合格证一同销售，一车一证，因此合格证可以作为一种监管方式。

（二）厂商仓银模式（四方预付款模式）

厂商仓银模式是由银行、核心企业、经销商、物流企业四方签订协议，在核心企业与经销商签订购销合同的基础上，经销商缴纳一定比例保证金，银行开出承兑汇票给核心企业，核心企业通过物流公司发货给经销商，而经销商分批交款赎货。在整个过程中，核心企业承担产品回购责任，物流公司提供控货责任，而经销商需要不断提供保证金填补银行承兑汇票敞口。

四方预付款融资流程如图 9-9 所示。

由于物流企业介入，四方预付款模式扩展预付款融资模式融资企业范围，从汽车销售行业扩展到一些购买大宗商品企业。借助预付款融资模式，这些企业就可以利用银行授信，在商品价格较低时大量购进产品，以锁定优惠价

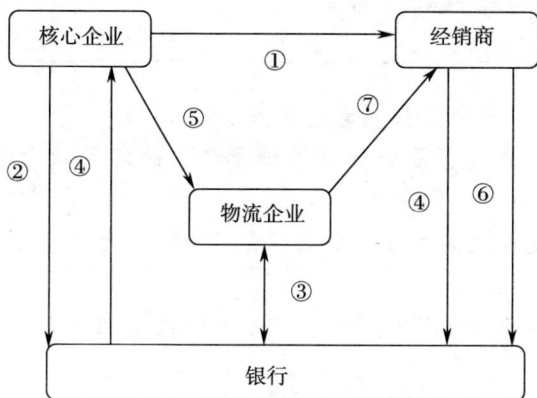

图 9 - 9　四方预付款融资流程

①核心企业与经销商签订购销合同，向银行申请办理预付款融资业务。
②银行对核心企业及经销商资信况进行评估，与核心企业签订回购及质量保证协议。
③银行与物流企业签订货物监管协议。
④经销商按照一定比例缴纳保证金，银行签发以核心企业为收款人的银行承兑汇票。
⑤核心企业在接到银行承兑汇票后，将货物发往物流企业指定仓库。
⑥经销商向银行缴纳提货保证金，银行释放相对应比例商品提货权给经销商。
⑦物流企业根据经销商获得的商品提货权，将货物发送给经销商。

格，而大批量采购也会带来更优惠贸易条款，如更低折扣等。

（三）预付款融资模式风险

• 经销商履约风险。原因在于，开展预付款融资业务的经销商是供应链中最靠近最终消费者的环节，消费者需求波动以及产品价格变化，都会直接影响经销商提货能力。有时候，经销商盲目囤货，会导致销售风险。

• 回购风险。当经销商订货量达不到购销协议中规定数量时，如无合同约束，核心企业往往会拒绝回购剩余产品。在签订四方协议时附加上核心企业回购条款，银行必须掌控核心企业回购能力，提前对核心企业核定授信额度，这个授信额度定向用于核心企业对货物回购。

• 货物监管风险。第三方物流企业管理水平直接关乎风险，银行必须选择管理水平较高、经营规范的大型物流企业。防止物流公司对于办理质押物出入库时因风险控制不到位而可能引起的货物监管风险。

风险转移。供应链融资中，动产是主要授信资产，银行要求借款企业为这些动产购买保险，第一受益人为银行，这能够实现风险转移。

在厂商银模式中，借款企业多为经销商，核心企业比较配合。在这个业务中，银行关注重点是核心企业行业地位及信用状况，以及三方协议中关于物流运输安排，即承运人资质等。

对于厂商银风险控制考虑点：

- 核心企业是否承担连带保证责任、约定付款责任或商品回购责任。
- 运输是否直接由核心企业自身完成，或者第三方承运人是否有足够资质。
- 在途风险的防范和损失责任是否明确由相关企业承担并在协议中明确。
- 提货单收货人或运单指定交收人等均为银行。

在保理融资模式中，风险控制的重点如下：

- 核心企业的行业地位、信用水平、履约能力。
- 若是明保理，要关注应收账款转让手续的合法性和有效性。回款账户是否锁定，是否在中国人民银行系统登记。
- 若为暗保理，由于暗保理下买方没有确认应收账款债权，要关注是否登记于人民银行系统，买卖合同中是否约定付款账户，应收账款是否存在不可转让的特别约定，应收账款是否已转让给第三方等。
- 若为保理池融资，要关注是否建立高效率的应收账款管理系统，对客户的销售回款情况进行监控，是否设置保理池的结构化比例限制，是否规定了应收账款池的有效单据要求，以保证应收账款的真实性。

核心企业行业地位及其在三方协议下的履约能力。在对各行业进行综合分析的基础上，确定各行业可接受核心企业名录。

第十课 银行操作动产融资要求

动产融资更加强调速度快、成本低、需求大。因此，在业务开展过程中，在质押物选择和监管以及服务对象范围等方面都存在着不同之处。

一、质押物要求

在动产融资业务中，对于质押物选择至关重要。在动产融资业务中，质押物既可以是便于流通产成品，也可以是特定企业所需要原材料。质押物应有通用性强、流通性强特点，即要求质押物市场需求量大而稳定，市场流通性好；物品市场价格涨跌不大，相对稳定。

动产融资提供短期授信，要求资金回收快，需要质押物具有通用性，易于变现，融资企业回款来源多样；流通性强保证融资企业能很快地将质押物变现，进而为回款提供保障。企业目的不是为囤货或者进行投机性投资，而是为对生产或者销售过程中流动资金缺口进行融资，其目的是使生产或者销售过程更加顺畅，避免由于缺货而造成生产停止或者销售机会丧失。在动产融资中要求质押物市场价格相对稳定，以免市场价格下跌而造成质押物价值缩水。

二、质押物监管特点

动产融资既要求授信之前审批流程快，又要求在操作过程中质押物价值核定、入库、出货等手续简便快捷，这就对质押物监管提出更高要求。需要质押物监管操作实现标准化和规范化。标准化和规范化是提高质押物监管工作效率基础，也是实现监管服务高水平的保障。

银行可以利用监管公司或者物流公司现有信息平台，实现质押物监管信息电子化，使融资企业、银行以及监管方都可以随时登录以查看质押物出库、入库情况，当质押物库存低于规定数量时，及时通知银行和融资企业，要求融资企业及时补充质押物或者归还银行贷款。信息电子化一方面使得银行、融资企业及监管企业可以及时了解质押物信息，控制监管质押物流动，另一方面也降低信息流通成本，不需要通过纸质报告来互通信息。

在供应链中，虽然有资金实力雄厚大企业，但是从产品最初原材料采购到最终产品交与顾客得到资金回流，整个过程仍然形成供应链中资金缺口。这就需要银行介入，从而形成银行信用，这是一种间接信用，是在商业信用基础上产生并发展起来的。同时，银行信用也克服商业信用局限性，是以货币资本借贷为经营内容，以银行及其他融资机构为主体，向企业提供信用。

银行、物流企业、中小企业能够在信用基础上开展动产融资，核心企业确立行业商业模式，银行在确定商业模式下承担信用放贷职责，物流业承担控制监督职责，中小企业承担信用还贷职责。

银行传统信贷业务风险高的主要原因之一是信息不对称。信息不对称是指在不完全信息市场中，交易双方所掌握相关信息是不对称分布，这会对市场交易行为产生影响，并且影响市场运行效率。纵使银行有再多人力资源和缜密调查要求，在信息不对称市场环境中，还是核心企业掌控整个产业链，比银行更多地了解配套小企业经营信息，因此可以真正掌控风险。

动产融资通过对贸易背景关注以及与第三方物流企业进行合作，可以有效地降低银行与企业之间信息不对称程度：首先，第三方物流加入，使得银行得以了解供应链中上下游不同企业信息，银行利用第三方物流和客户之间构成不可分割的供应链关系，提高信息可信度。其次，由于动产融资特点需要，银行会更加重视了解融资企业供应链贸易具体背景，通过供应链内资金流和物流信息相互对照，以及上下游不同企业信息对照，对信息进行相互印证，形成一个逻辑链条。这不仅可以降低银行信息收集成本，而且也会促使银行不断提高信息加工能力和利用效率。最后，融资企业在供应链中具有稳定上下游关系，在共同经营环境下，信用形象和业内美誉度高低意义重大，这就约束银行与企业之间由信息不对称产生企业道德风险行为。借助动产融资，银行建立一个共同承担和分享中小企业风险与利益特殊机制，这种激励相容机制有利于降低融资企业信用风险。

三、动产融资作用

在企业生产经营活动中，原材料采购和产成品销售普遍存在批量性和季节性特征，这些原材料及产成品库存往往占用大量流动资金。如果企业主要产品销售旺季为年末，产成品库存可能要从 5 月份开始逐渐增加。这不仅大量占用企业资金，有时还要租用临时仓库来保持一定库存水平，同样也需要支付仓储管理费用。而动产融资允许这些中小企业利用原材料或者在市场上流通商品作为质押物申请授信，有效地盘活中小企业沉淀资金，解决企业实现规模经营与扩大发展的融资问题。

1. 对银行作用

对于银行来说，动产融资可以有利于银行争夺更多具备实力的中小企业。

与传统贷款业务不同，动产融资服务对象是中小企业，在与专业担保公司担保贷款、联保贷款等方式比较中，动产融资优势明显。比专业担保公司担保成本更低，比联保贷款手续简单，风险要小些。有市场前景、利润率较高、价格承受能力较强的中小企业是动产融资业务需求主力。

动产融资有助于银行网络化地开发新客户群体，同时培育潜在优质客户。该业务要求银行深入了解质押物商品属性，了解企业资金链。在业务开展过程中，银行还可以吸收由此业务引发派生存款，同时还通过结算支付业务，为提高中间业务收入创造机会。

在动产融资中，物流企业作为第三方可以提供库存商品充分信息和可靠物资监管，降低信息不对称带来风险，还可以帮助银行更好地解决质押物价值评估、拍卖等难题，降低质押物评估过程产生高昂费用，使银行有可能对中小企业发放频数高、数额小的贷款。总之，动产融资可以帮助银行扩大贷款规模，降低信贷风险，增加中间业务收入，其生命力在于差异性，并将会成为银行新利润增长点。

2. 对融资企业作用

对融资企业来说，动产融资成本更低。与此同时，物流企业有效地融入企业原材料供应链和产成品分销供应链中，以其专业物流知识和丰富实际操作经验为企业提供优质综合物流服务，再加上可以全面负责企业供应、生产、销售及物流，为企业打造供应链一体化流程。这使得在动产融资中，质押物操作不但对融资企业正常产销活动没有影响，还可以通过物流企业提供综合方案来降低物流成本，进而专注于核心业务。

> 客户经理要学会引导企业使用授信产品：
>
> 单一产品使用功能的改善，主要是票据、贷款、保函和信用证，在产品的纵向使用功能上进行改善；这类产品使用是否得当，会给银行带来截然不同的存款回报和利息收入。同样是满足一个客户1 000万元的信贷需求，采用贷款方式，银行只能获得利息收入；采用银行承兑汇票，银行可以获得300万元保证金存款和5 000元手续费收入；一旦改成商业承兑汇票保贴产品，银行可以获得30万元贴现利息收入；换成1 000万元的商业承兑汇票保押产品，银行会有1 000万元的存款回报。

第十一课　供应链融资基本模式

一、物流企业监管动产融资模式

委托物流企业融资模式，是指融资企业与银行签订贷款合同，同时与物流企业三方签订仓储协议或者监管协议，融资企业所采购原材料或待销售产成品都交由第三方物流企业进行储存或者运输，同时向银行提出贷款申请；第三方物流企业负责进行货物验收、价值评估及监管，并据此向银行出具证明文件；银行根据贷款申请和价值评估报告按一定质押率向借款人发放贷款；融资企业照常销售其存放在物流企业仓库中产品；在确保融资企业销售产品收款账户为其在提供授信银行开设特定账户情况下，第三方物流企业予以发货；融资企业下游企业将货款打入融资企业在银行中开设特定账户后，银行从融资企业账户中扣除相应资金以偿还贷款。

如果融资企业不能履行或者不履行贷款债务时，银行有权从质押物中优先受偿。

银行实际上仅仅是向贷款企业提供融资（当然也会审查贷款企业信用状况），而不是直接向物流企业授信。银行需要委托第三方物流企业来实施大部分风险控制，比如质押物选择、质押物价值判断、质押物出入库管理、质押物在监管过程中价格波动等，这些都对银行开展此项业务风险产生直接影响，因此选择一家合适第三方物流企业比较重要。在选择第三方物流企业后，由于银行与物流企业之间存在着委托代理关系，因此银行能否有效激励和监督第三方物流工作非常关键。

物流企业监管动产融资流程如图 11-1 所示。

二、物流公司担保授信模式

银行根据物流企业规模、运营现状、经营业绩、客户结构以及信用程度，为第三方物流企业直接提供一定额度授信，而第三方物流企业又根据与其长期合作的中小企业信用状况，以这些企业存放在物流企业仓库中货物作为质押品或者反担保品，为这些中小企业提供融通资金。银行授信对象不是有资金需求企业，而是第三方物流企业。

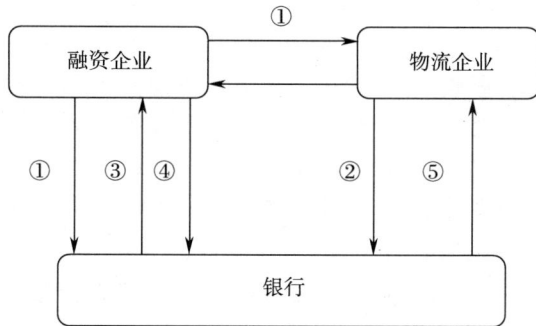

图 11 - 1　物流企业监管动产融资流程

①融资企业将质押物存放在银行指定第三方物流企业监管仓库中，第三方物流企业对其进行监管，同时向银行申请物流银行业务。

②物流企业对其质押物价值进行评估并反馈给银行。

③银行向融资企业发放贷款。

④融资企业向银行缴纳一定数量保证金。

⑤银行根据保证金数量通知物流企业释放相应数量质押物给融资企业。

物流公司担保授信流程如图 11 - 2 所示。

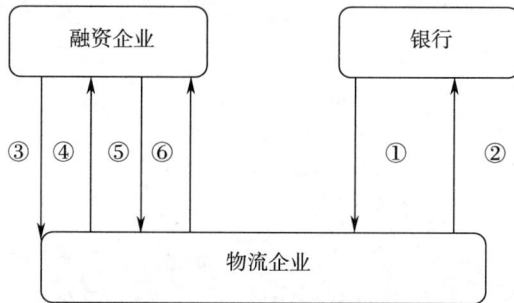

图 11 - 2　物流公司担保授信流程

①物流企业依据企业信用担保规定及银行要求向银行提供信用担保。

②银行综合考虑第三方物流企业状况给予一定额度授信。

③融资企业将原材料、产成品等存货作为质押物存入物流企业指定仓库中。

④根据质押物价值，物流企业以一定质押率向融资企业发放贷款。

⑤贷款到期后，融资企业向第三方物流企业归还贷款到指定账户。

⑥第三方物流企业在贷款企业归还贷款后，释放质押物。

与物流企业监管动产融资模式相比，物流公司担保授信模式存在着许多优点。

● 对融资企业来说，由于其用于质押的主要为原材料、产成品等动产，而这些动产正常周转对于企业生产和销售过程会产生重要影响，因此贷款企业能否在需要时及时获得质押物十分重要。在物流公司担保授信模式下，融资企业在质押产成品或者原材料阶段，若需要入库或者出库，只需向第三方物流企业出具入库单或出库单即可，不再需要经过银行确认、通知、协调和处理等许多环节，这就缩短入库和出库操作时间，在保证信用风险前提下，提高融资企业产销供应链运作效率。

● 对于银行来说，物流公司担保授信优点：首先，该种模式利用更加便捷出入库手续吸引更多中小企业申请动产融资，同时可以为信用状况较好企业提供更多、更便利信用服务，第三方物流企业自身信用担保安全也可得到保障。其次，物流公司担保授信模式动产融资将各种融资种类一并考虑，不再是同一银行系统内不同分支机构对同一客户进行分头授信，有效避免重复授信、超额授信等问题。最后，与第三方物流企业合作使得物流银行业务进一步简化，银行不用同时面对多个贷款企业，只需面对第三方物流企业即可。银行要重视对第三方物流企业评估和选择，这样会节省本来要对众多中小借款企业进行调查的成本。

● 对第三方物流企业来说，接受银行直接授信，在开展动产融资过程中会有更多自主权，能更好地将自身优势与银行资本优势相结合，进而获得更多利润。同时，在实行物流公司担保授信模式后，从某种意义上来讲，第三方物流企业扮演银行角色，其拥有客户也将不断增多。基于这种规模效应，第三方物流企业开展此项业务成本将不断降低。

三、未来提货权质押融资模式

未来提货权质押融资模式，银行直接为融资企业垫付货款，因此也被称为先票/款后货模式。而前两种模式中，融资企业要在拥有货物作为质押之后，才能获得贷款。在未来货权融资模式中，由于在银行提供资金时，货权仍没有转移给融资企业，银行要特别控制融资款项去向和用途，通常可以利用银行承兑汇票或商业承兑汇票方式来锁定资金去向。

该种模式与供应链融资中预付款模式类似，其不同点在于买方信贷模式动产融资一般不要求融资企业上游提供回购承诺，而需要第三方物流根据其质押物价值、流动性等特点，提供担保。

融资企业与上游生产商签订购销合同后，可通过向银行缴纳一定比率的保证金，申请开立银行承兑汇票，用于向上游生产商支付货款，生产商收到银行承兑汇票后，将货物转运至银行指定第三方物流企业仓库，此后转化为委托模式或者物流公司担保授信模式。

　　在这个过程中，融资企业及其上游企业、第三方物流企业、银行四方签署物流银行业务合作协议书，第三方物流企业需履行商品监管职责。在买方信贷模式中，资金注入点早于前两种模式，因此可以更大限度地解决中小企业融资问题，使得融资企业特别是经销型融资企业可以用少量资金采购大量商品，有利于经销商在销售旺季解决资金短缺问题。未来提货权质押融资流程如图 11 - 3 所示。

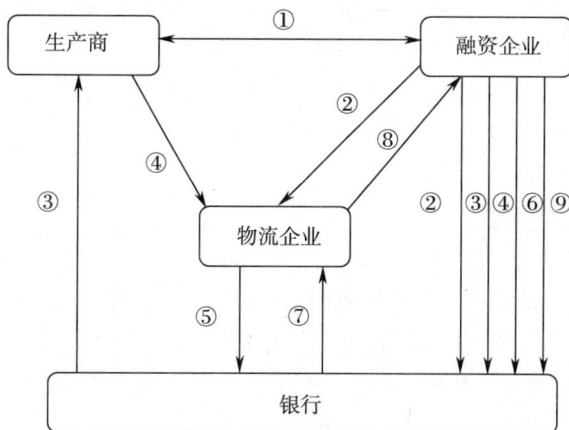

图 11 - 3　未来提货权质押融资流程

①融资企业与其生产商签订购销合同。

②融资企业向银行申请物流银行业务，并与物流企业签订仓储协议。

③融资企业向银行缴纳一定量保证金后，银行为其开具银行承兑汇票或者直接支付货款给上游生产企业。

④生产商收到银行相应货款或银行承兑汇票后，将货物发送至指定物流企业仓库。

⑤物流企业对货物进行验收，合格后入库保存并通知银行，货物转为委托模式下物流银行业务。

⑥当融资企业需要销售货物时，将相应数量保证金汇入银行指定账户。

⑦银行确认收到保证金后，通知物流企业释放相应数量货物给融资企业。

⑧物流企业按照银行下达的出库通知，发送货物给融资企业。

⑨贷款到期，若经销商归还全部贷款，银行通知物流企业释放所有货物；若经销商未缴纳足够保证金，物流企业承担回购责任。

　　在未来提货权质押融资模式下，银行起着主导作用，承受着较大风险。例如，由于对融资企业上游生产商经营状况不能很好地进行监控，银行在融资企业缴纳一定保证金后向其上游生产商开具银行承兑汇票，则面临由于融资企业违约而遭受损失风险，同时还面临着融资企业与其上游企业合谋骗取银行贷款风险。

四、动产融资

1. 生产企业动产融资

生产企业动产融资是针对生产型企业在生产过程中产生的资金缺口，在其原材料采购阶段，利用原材料未来或者现在货权作为担保而进行融资业务。生产企业一般经营模式：用一定量流动资金购买原材料，然后经生产、卖出后变成现金再次购买原材料进行生产。而在动产融资中，原材料买回来后，生产企业可以立即向银行申请物流银行业务，这样，原材料在仓库内就能立刻变成现金，随后把这笔现金再拿去作其他流动用途，这就提高生产企业资金流转率，盘活资金。

2. 经销商动产融资

经销商动产融资是针对销售型企业在向生产厂家进货过程中由于资金流入时间与资金支出时间差异所造成的资金缺口，以存放在银行监管范围内产成品作为担保，向银行申请融资业务。根据主导企业不同，又可以分为两种：一种是经销商提出融资申请，另一种是生产商为其销售网络中经销商提出融资申请。

在融资中，有一部分是经销商自己提出申请。这些经销商原来经营模式：在生产商那里存一定保证金，然后利用自己流动资金来购买产品，经销售后变成现金再次购买产品进行销售。而在动产融资中，销售型企业购买产品之后立即向银行申请物流贷款业务，在仓库内产品就能立刻变成现金，随后把这笔现金再拿去进货，这样，销售型企业便实现淡季优惠采购，旺季优价销售。

还有一部分大型生产企业，在全国各地拥有多家经销商，为支持这些经销商发展，避免其由于缺乏资金而造成缺货问题，这些生产企业可以通过产业链融资来解决自己及其经销商资金周转紧张问题。生产企业通过物流公司发货至各地物流仓库（第三方仓库），经销商将其向公司所购买商品作为抵押物质押给银行，就可以拿到银行贷款用来及时交付货款。

【案例】国泰超市酒类商品供应商融资案例

超市供应商普遍存在淡旺季之分。每年中秋、春节、元旦及五一、十一长假均为消费旺季，期间，由于超市账期、厂家休假需提前订货以及为备足库存，超市供应商此时流动资金缺口较大，存在相当大融资需求。由于银行网点布局及结算网络限制，超市供应商普遍在银行没有开户。部分超市供应商，如茅台酒、西凤酒、旺旺系列食品等公司在中山总经销，经营历史较长，所经营产品也具有一定市场竞争力，结算流量大，客户辐射面也较宽。银行在市场拓展中将该类客户锁定为目标客户，但短期内收效甚微。由于其没有房地产可抵押，或者有房地产但也已在他行获得一定授信，且银行网点和结算网络与他行相比也不具备优势，因此在信贷和结算上银行均无争取其到银行开户的突破口。后来，银行工作人员在和西凤酒经销商进行探讨时，谈到旺季备货时其库存要几倍于平时，而节假日超市又不结算，因此银行决定考虑是否可以为其提供旺季库存质押贷款。

关键问题：（1）酒类真假如何确认，价格如何确定，保存条件和质量如何界定。超市供应商能提供的质押物普遍为酒类、食品等有保质期要求商品。（2）一旦客户违约，库存如何处置，尤其酒类厂家不提供回购服务。（3）超市供应商仓库一般为租赁，仓储条件参差不齐。

银行决定引入第三方物流公司共同开展该项业务。威高物流是太原一家第三方物流公司，在充分调研超市供应商需求且全面介入供应商物流配送基础上，该公司愿意在一定金额（每家100万元至200万元）范围内对其存放在独立物流仓库内货物提供回购服务承诺。

银行贷审会在评估威高物流资信后，给予如下授信方案：给予存放于威高物流第三方独立仓库酒类、食品、日化产品等3 000万元库存质押贷款额度，由威高物流提供回购承诺，单户额度控制在200万元以内，具体客户需求采取报审方式。

在这个案例中，银行将一部分风险外包给更加专业的威高物流，威高物流提供回购承诺，银行弱化对质押物选择要求，从而通过该方案实现三赢：超市供应商得到旺季贷款，威高物流得到物流和仓储服务机会，银行则开发批量客户，且合理分摊风险和收益。

3. 从质押物角度考虑

从质押物角度考虑，动产融资可以分为基于权利质押模式以及基于流动货物质押模式。

（1）基于权利质押模式

这种动产融资是以代表物权仓单或者类仓单（如提单、质押入库单、质押货主通知单等）作为抵押品银行融资业务。仓单是物流企业为存货人开具的代表货物物权的凭据，这种凭证既是向物流企业提取委托寄存物品的证明文件，也可以作为寄托品转让及以此证券向银行等融资机构借款的凭证。因此，一些标准仓单是一种公认"有价证券"。

这种基于仓单物资银行批发业务融资企业一般是物流企业客户，该企业提出申请，并遵守业务规则，然后物流企业协助银行对需要融资企业进行资质认证和审核。符合要求融资企业与银行、物流企业签订三方协议，确定物流银行业务流程、费用标准、各方权利和义务等。签订协议后，企业便可以开展物流银行业务。然后，融资企业把作为质押货物运送到物流公司仓库，物流企业对货物进行验收和入库，并根据实际验收情况开具仓单交给货主。融资企业以该仓单作为质押物向银行申请贷款，银行根据物流企业出具仓单及其所拥有关于质押物价格评估等方面信息，根据协议质押率（或者根据具体情况确定质押贷款比例）确定贷款额，并在约定时间内将流动资金打入需要融资企业账户。物流企业根据协议，对其所出具仓单中货物进行监管，在质押期间，定期检查质押物状况，以配合银行对于质押物进行控制。当融资企业需要出库时，将保证金汇入银行指定账户，银行归还仓单或开具仓单分割提货单给融资企业，融资企业凭仓单或仓单分割单进行提货。

（2）基于流动货物质押模式

在物流银行业务实际操作中，融资企业不利用仓单进行质押，而直接将流通中货物作为质押物，存放在银行指定仓库进行监管。基于流动货物质押物资银行业务又可以分为两种类型：一种是静态质押，即融资企业将一批货物质押给银行进行融资，银行委托物流企业对这批质押物进行监管，在融资企业归还贷款之前，质押物不能出库。另一种是动态质押，是指融资企业将货物质押给银行之后，只要保持质物名称、质量、状况不变，而且在保持一定总量前提下，货物可以正常进出库，相当于用名称、质量、状况、数量相同物品来替换质押物。

在静态质押模式中，质押物在质押期间处于封闭状态，融资企业在质押期间不能取得质押物，直到质押物所担保贷款全部清偿为止。这种模式对质押物监管更为严格，使得质押物安全更有保障，但该模式限制不利于贷款企业及时取得原材料、产成品等动产，限制物资流动性，对贷款企业生产经营有一定影响。而动态质押模式则允许贷款企业根据自身经营需要，在保证存放在银行指定仓库质押物总体价值不低于要求情况下，可以与银行签订质押合同补充协议，采用以物易物和以保证金置换等方式，用新货物来置换全部或部分旧货物，使质押物保持流动状态，企业资产得以正常周转。当然，这种模式对物流企业管理水平和信用资信有更高要求。

基于流动货物质押模式动产融资流程为，融资企业先向银行提出动产融资申请，并将质押物存入物流企业仓库，物流企业按质押要求对货物进行验收，并确定质押物市场价值，银行结合质押物情况与物流企业提供信息确定授信额度及相应库存下限。然后，物流企业根据该库存下限对融资企业质押物进行监管，当质押物库存接近下限时，物流企业通知融资企业及银行。在银行规定范围内，融资企业可以自由地进行出入库，但当物资库存总量低于下限时，物流企业拒绝发货。此时，融资企业需要补充相同质押物验收入库或者归还部分贷款，得到银行提货指令后才可以提货。当融资企业归还全部贷款后，银行通知物流企业解除对质押物监控，融资企业便可以提取全部货物。

动态质押模式动产融资虽然可以使融资企业抓住市场销售有利时机，及时出售质押物获取利润，但是对银行来说，由于在质押期间质押物会不停地流动，银行很难对质押物进行实时监控。这就需要相应提高对第三方物流企业要求，并且需要信息技术等作为支撑，这些都大大增加银行实施此项业务交易成本；对第三方物流企业来说，要实现这种模式需要第三方物流在人力、物力、财力方面增加大量投入，引致管理成本增加。

4. 从监管主体角度考虑

从监管主体角度考虑，按照监管仓库所在位置不同，可以分为物流企业自有仓库、客户自有仓库、租用仓库以及异地仓库。

● 物流企业自有仓库，即质押物存放于物流企业自有仓库中，货物进出都需要经过物流企业中转。这种模式对于质押物监管较强，但对于生产型企业原材料物流银行业务不太适用，因为物流企业自有仓库与融资企业距离以及出入库手续，都会给客户出货带来不便，而原材料周转性比较强，运用物流企业自有仓库无疑会增加融资成本。

● 客户自有仓库，即质押物仍然位于客户自有仓库，物流公司派人对仓库进行监管。该种模式下方便融资企业出货，但是监管会存在风险。

● 租用仓库，即由于物流企业仓库离融资企业距离较远等原因，质押物由物流企业放在租用仓库里面，这样节省运输成本，但是监管仍然会存在风险。

● 异地仓库，即第三方物流企业利用自己全国仓储网络，就近进行质押监管。这种模式一般由第三方物流企业提供仓单，而企业利用该仓单向银行申请贷款，因此这种模式需要第三方物流企业具有一定实力。

5. 动产融资开展关键点

顾名思义，动产融资是大规模开展物流银行业务，而要实现规模化，就要做到高效率、低成本，并且风险可控。由于动产融资中以动产作为质押物，而动产流动性强等特点使得银行在质押物物流跟踪、仓储监管、手续办理、价格监控以及变现清偿等方面都面临着很大挑战。因此，在尽量避免质押物流动性损害前提下，对流动质押物实施有效监控，是动产融资实施关键点，具体来讲包括两个方面：一是与第三方物流公司合作；二是建立高效信息系统。

五、中介过桥融资

在中介模式中，银行负责提供授信，第三方物流企业负责提供物流服务，而借款人是资金需求方和质押物提供方，三方协商签订物流银行业务协议。借款人在融资银行开设专门账户，并选择该第三方物流企业提供物流服务；借款人采购原材料或待销售产成品直接存入第三方物流企业仓库，同时向银行提出贷款申请；第三方物流企业负责对货物进行验收、价值评估及监管，并据此向银行出具证明文件；银行根据贷款申请和价值评估报告确定质押率，根据该质押率向借款人发放贷款；借款人照常销售其存入第三方物流企业仓库内产品；第三方物流企业在确保其客户销售产品收款账户为借款人在融资银行开设专门账户情况下予以发货；融资企业收货方将货款打入融资企业在银行中开设的专门账户；银行从借款人账户中扣除相应资金以偿还贷款。如果借款人不履行或不能履行贷款债务，银行有权从质押物中优先受偿。

在该模式下，银行、中小企业以及第三方物流企业中，银行处于主导地位，第三方物流企业受银行委托，提供质押物验收、价值评估、仓储保管、货款流向监管及质押物拍卖处理等中介服务，收取物流服务费以及中介服务费，但不承担其他损失风险。

六、银行为物流公司提供付款融资模式

一些实力雄厚的第三方物流企业愿意成为集资金垫付和物流服务提供者于一身的综合融资服务企业，实现混合经营模式。当第三方物流企业为发货人承运一批货物时，第三方物流企业代提货人预付一部分货款，提货人取货之后将全部货款交付给第三方物流企业。在第三方物流企业将剩余货款交付给发货人之前，产生一个资金运动时间差，在这个时间段内，第三方物流企业需要向银行融资，甚至需要银行协助融资帮助提货人垫付资金。

物流企业可以更方便地拓展其业务，向有贷款要求的客户企业按动产质押物一定比例提供贷款，并负责质押物销售过程中货款结算，货款到账后扣除原先贷款和必要费用后，其余转入客户企业账户。

第十二课 订单融资 + 保理融资（接力融资）

【产品定义】

供应商在接到核心企业订单后，银行向客户提供封闭融资，用于组织生产和备货，向核心企业供货后，供应商将发票、发运单据、送检入库单等提交银行，银行为供应商办理应收账款保理融资，归还订单融资；应收账款到期，核心企业按商务合同约定支付货款到供应商在银行开设的专项收款账户，银行收回保理融资，从而完成供应链融资整套流程的一种组合融资业务。

【业务特点】

该方案针对核心企业与其供应商之间物流、信息流、资金流运作特点，为供应商提供采购、生产、销售全流程金融支持，有效克服中小企业担保能力不足、银企信息不对称等困难，并在营销模式、业务流程以及风险管理等多个方面进行创新，满足客户融资需求。

【办理流程】

供应商在网上接到沃尔玛订单后，向工商银行提出融资申请，用于组织生产和备货；获取融资并组织生产后，向沃尔玛供货，供应商将发票、送检入库单等提交工商银行，工商银行即可为其办理应收账款保理融资，归还订单融资。

应收账款到期，沃尔玛按约定支付货款到客户在工商银行开设的专项收款账户，工商银行收回保理融资，从而完成供应链融资整套办理流程。

供应商可以直接在工商银行柜面申请办理，工商银行柜面业务人员直接在沃尔玛供应链系统上查询确认应收账款，并在授信额度内根据订单或发票予以融资，快捷方便。

【业务亮点】

1. 风险管理模式创新。供应链融资突破传统评级授信、抵押担保等信贷准入条件限制，主要依托交易对手——沃尔玛公司信用，通过网络对供应链上物流、信息流、资金流进行跟踪，建立还款专户，锁定还款资金，有效控制融资风险，实实在在支持一批经营良好、产品畅销小企业发展。

2. 风险管理手段创新。依托强大结算平台，工商银行成功开发出现金流分析系统，详尽掌握沃尔玛与供应商之间现金往来记录，并进一步与沃尔玛供应链系统对接，实时掌握供应商在沃尔玛订单和应收账款情况，增加信息透明度，降低银行融资风险，同时为简化操作流程提供技术保障。

3. 业务流程创新。供应链金融单笔金额小、笔数多、频率快，按照银行现有融资流程，根本无法满足企业对时效性要求，同时贷款行也无力承担相关人力成本。工商银行创新性地提出柜台化办理思路，企业可以直接到工商银行柜面办理供应链融资业务，实时获得融资，就如同办理结算业务一样，极大地提高业务办理效率，满足企业时效性要求。

4. 营销模式创新。凭借自己强大的结算优势，工商银行批量筛选出沃尔玛供应商名单及其收款情况，准确定位该项业务目标客户。把传统单个客户营销模式转变为批量营销模式，组织沃尔玛供应商召开供应链融资方案推介会，一次推介会就有 50 个客户到场，有近一半客户在一个月内申请开办供应链融资业务，成功率达 45%。

> 银行客户经理设计授信方案应当首先考虑符合企业的经营需要，其次才是融资成本；企业首先要完成商业目标，其次才是降低成本。所以，银行的授信方案应当着眼于企业的短期资金问题，更应当关注企业的长远商业目标。

第十三课 应收账款保理业务营销技巧

保理业务是供应链融资的基础产品之一，有着非常广阔的市场应用，保理有两种营销思路：

（一）从供应商发起营销

这时，应收账款保理业务有以下特点：

第一，应收账款保理业务以有追索权为主。有追索权保理业务中，当融资企业与核心企业产生贸易纠纷或因清偿能力不足而拒绝支付货款时，银行有权要求卖方即融资企业回购应收账款，避免保理融资逾期风险。

第二，应收账款保理业务以暗保理为主。开展该项业务一般很难得到融资企业下游企业合作，因为它们认为供应商融资与自己无关，并且把应收账款转让给银行在还款方面会有很多限制，而商业信用在还款期限方面更加灵活。暗保理风险比较高，所以在执行时，银行一是在请核心企业确认应收账款时，如核心企业不配合，可采用 EMS 回执确认方式完成应收账款转让通知；二是将贸易合同上收款账户设定为融资企业在授信银行账户，以控制资金回流。

这种发起端在卖方的应收账款保理业务更像一种短期信用借款，其根本原因是在开展该项业务时，银行总是从融资企业即卖方角度出发，而没有从买方出发。这就使得银行常常无法全面了解买方资信状况。

（二）以买方核心企业作为营销发起端

给广大银行客户经理一个提示：

保理业务营销应从供应链核心企业出发，成片开发，为其供应商提供保理融资。这对核心企业来说也是有很大益处的，因为供应商可以利用核心企业较高信用评级获得低成本融资，必将会吸引更多优秀供应商为核心企业供货，巩固核心企业在供应链中的地位。

从银行角度讲，从核心企业出发，为其大部分供应商提供保理服务，这样还可以分散风险，只要核心企业运营正常，控制应收账款预付比例，即使个别供应商出现问题，一般也不会遭受损失。核心企业配合应收账款确认，授信风险评判重心就从中小企业转移到信用状况良好的核心企业。不需要中小企业提供额外抵押或担保，而且银行也相应简化手续，弱化财务要求，必将提高核心企业和中小供应商叙做保理积极性。

银行定价策略：

给核心企业两种利益：第一种利益就是延长账期。由于在核心企业配合情况下，供应商可以获得资金融通，就会减轻对核心企业催债压力，就可以有效延长应付账款账期；第二种利益就是可以获得一定的融资安排费，核心企业可以收取 0.3% 的融资安排费，按照银行给供应商融资比例收取，核心企业向银行推荐供应商就会非常有积极性。

> 客户经理要把行长当做我们的第一个客户，把自己看做一家公司，自己是这家公司的经营者。自己给自己打工，老板就是你的客户，就是你最大的客户。他们在花钱购买我们的服务。要做个有心人，你会发现上帝赐予我们的有多么丰厚，贷款受控，还有银行承兑汇票、信用证、委托贷款，只要你用心，资源无处不在。不要抱怨资源匮乏，要最大限度地创造资源，挖掘潜力。

案　　例

【案例一】 铭韵汽车销售有限公司厂商银模式

（一）铭韵公司简介

大同铭韵汽车有限公司经大同工商局批准注册成立，位于大同火炬开发区大岭汽车城。公司主营业务为江淮瑞风品牌汽车销售，另外还销售汽车用品、汽车零配件、汽车装饰品。此外，公司还负责汽车整车修理、总成修理、整车维护、小修、维修救援、专项修理等。铭韵获得江淮汽车股份有限公司（以下简称江淮汽车）授权，销售江淮汽车公司生产的瑞风、瑞鹰牌汽车，这家服务店是由铭韵集团投资并按四位一体标准建立的现代化特许销售服务店。

（二）企业资金需求

1. 公司销售布点

在国内商用 MPV 市场中，MPV 产品竞争不仅依赖品牌，而且也取决于包括外形、空间、性能、品质及价格在内的综合性价比竞争。自江淮汽车公司进入 MPV 市场以来，仅仅用了不到 2 年时间，瑞风就从当年市场黑马一跃成为全国前三甲，而江淮汽车也因此享有"MPV 制造专家"美誉。瑞风是江淮最早进军中高端 MPV 市场的产品，这种汽车在空间、性能、制造工艺与品质等方面性价比都具有明显优势。瑞风家族已形成由基础穿梭车型、中端彩色之旅车型、高端祥和车型三大系列十余款车型产品谱系，涵盖柴油、汽油等动力配置，长轴距、短轴距、6~12 座等类型，另外，江淮汽车更专为中小企业用户量身定制中小企业版瑞风商务车，已经成为谱系最为齐全的 MPV 车型，竞争优势明显。

正是依托江淮汽车准确市场定位，铭韵自成立以来，业务量不断攀升，国内商用车销售市场份额也在不断扩大。根据公司战略，铭韵正在新建一个网点，从选点、设计、构建到营业等都需要大量资金投入，因此，公司流动资金需求相当大。

2. 采购汽车

众所周知，汽车属于单值较高产品，根据行业惯例，汽车经销商一般都是批量订货，这样经销商在采购汽车时需要支付给厂家大量资金。对铭韵而言，虽然每周都可以向江淮汽车公司下订单，但是从下订单到汽车运送至铭韵公司仓库需要 10 天左右时间，而将这批汽车销售出去收回资金则需 1～3 个月时间。在此期间，由于客户需求不同，铭韵需要不断地按照顾客需求向厂家下订单，而每笔订单都要预先支付给厂家全部货款。因此，在收回资金之前，铭韵有较大资金压力。同时，为提高客户满意度，铭韵需要有一定库存，这占用其大量流动资金。因此，铭韵正寻求通过银行融资，以满足公司业务发展需要。

（三）供应链融资模式

同其他汽车销售商一样，铭韵资金需求主要来源于汽车采购。在了解铭韵融资需求后，银行对铭韵销售、经营等各个方面能力进行考核，认为对铭韵融资风险可控并对其叙做授信。

1. 原授信方案

银行对铭韵进行综合分析后，同意铭韵综合授信额度申请，其具体授信方案如下：同意对铭韵核定综合授信敞口额度人民币 1 500 万元，额度有效期一年，其中：流动资金贷款额度人民币 500 万元，利率按照基准利率上浮不低于 10% 执行；或商业承兑汇票贴现/可贴现敞口额度人民币 500 万元，可免保证金，敞口以评估价为 1 000 万元工业房产提供抵押担保，抵押率不超过 50%；银行承兑汇票敞口额度人民币 1 000 万元，保证金比例不低于 40%，敞口以"厂、商、银"模式操作，厂家指定为安徽江淮汽车股份有限公司，在银行开出银行承兑汇票后，汽车厂需在一定期限内将车发往指定仓库，相应汽车合格证则由其直接交与银行保管，而且厂家须对银行承兑汇票项下未售出汽车承担回购责任。追加法人代表个人连带保证担保。抵押物及所保管汽车合格证对应汽车均须购买第一受益人为华信足额保险。

所谓"厂、商、银"模式操作是指针对上游为"强势"企业商家专门设计授信方式，借助上游企业信用，使上下游企业和银行之间物流、资金流在封闭流程中运作，实现三方共赢。

银行、铭韵和江淮汽车公司签订三方协议。在三方协议中，规定厂家收到预付款以后向银行承担三种责任：一是按照银行指定仓库交付货物；二是如果贷款到期时，铭韵未足额提货，厂家须将未提货部分资金退还给银行，即所谓"差额返款责任"；三是铭韵已经提取货物如果在贷款到期时未全部实现销售，为保证按时归还贷款，由厂家提供回购服务。"厂、商、银"具体业务流程如图所示。

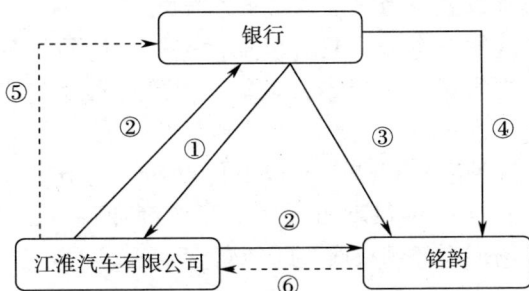

图 "厂、商、银"具体业务流程

①银行向江淮汽车公司预先支付货款（一般以银行承兑汇票支付）。

②江淮汽车公司收款或收到银行承兑汇票后在一定期限内发货，并通知银行货物到达情况。

③汽车公司直接将汽车合格证交与银行作为监管物，铭韵公司则在收到车辆后和银行一起核实车辆实物与合格证是否一致，同时银行不定期盘点汽车实物情况。

④铭韵将销售车辆款项汇入银行指定账户，银行则将相应汽车合格证还给铭韵。

⑤银行承兑汇票到期后，如铭韵公司没有提足车辆，则由江淮汽车公司将多余账款直接返还至银行。

⑥银行承兑汇票到期后，如车辆没有销售完毕，江淮汽车则对剩余车辆进行回购。

2. 融资后情况

最近几年，铭韵发展迅速，公司偿债能力、营运能力以及盈利能力也有一定程度的提高。

铭韵公司资产负债率呈下降趋势，流动比率和速动比率比较稳定，短期偿债能力较强。铭韵应收账款周转率、存货和总资产周转速度都比较合理，周转天数适中。这表明公司资产质量良好，营运能力也较为理想。销售利润率有所下降，这主要是在国际经济危机影响下，部分企业压缩或拖延购置商务车计划。但是，公司及时推出适合消费者需求家用小轿车，加上汽车维修保养方面及售后服务质量不断提高，企业盈利能力较为稳定。总的来说，铭韵公司有一定财务实力，产品线有一定竞争力，已成为银行重点客户之一。

（四）案例分析

1. 融资模式优势

本案例中所涉及融资模式是汽车销售行业中普遍采用的"厂、商、银"操作模式以及汽车合格证监管方式。

对银行而言，"厂、商、银"融资模式比较灵活，流动资金贷款方式可获得贷款利息，银行承兑汇票方式可获得保证金存款，商业承兑汇票可贴现方式下可兼收贴现利息和保证金存款。此外，也可以借助全国或区域性物流公司实现以点带面业务扩展，为银行带来业务增长。

对厂家而言，这种融资模式具有以下优点：通过预收款，锁定市场；降低财务成本，可获得大量生产资金，备货有保障；对经销体系注入资金，有利于扩大销售。

对铭韵而言，这种融资模式具有以下优点：解决担保难问题，借助银行融资扩大销售规模；通过预付款可以争取更多商业返利，提高销售利润率；有利于取得更大市场范围经销权或买断经营。

2. 合格证监管风险

上述融资模式风险除一般贷款需防范经营风险、财务风险及行业风险等外，还有合格证监管这一特殊风险。

汽车合格证是机动车整车出厂合格证明，是消费者购车后办理机动车注册登记、投保、注销等手续时必须提交的法定证明文件之一。正是由于汽车合格证唯一性，很多银行对汽车销售商融资时采用"厂、商、银"融资模式和汽车合格证监管替代实物监管风险担保方式。该模式已比较成熟，操作起来也比较方便。但是，随着该业务广泛展开，一些汽车经销商并没有严格遵守行业规则，出现一些对消费者不利问题。

某市在6月、7月、8月三个月内因消费者买车时没有同期拿到汽车合格证而引发纠纷达到50多起，这几乎占该市举报中心汽车消费投诉总量60%。出现"缺证卖车"纠纷主要原因是"厂、商、银"模式导致合格证"滞留"。银行向经销商贷款时同时要监管厂家提供汽车合格证，以免经销商卖车收钱但不还款。但是，由于消费者对汽车合格证缺乏足够重视，有些车商向买车人承诺几天内给合格证，可事实是一旦车主付全款，这个期限就会不断延长。因为这些经销商拿到车款后并没有还贷赎证，而是继续从厂家进车盈利，这就相当于从买主身上获得"无息贷款"。

对消费者来说，没有汽车合格证就不能给汽车上牌照。对没有挂牌新购汽车，在没有任何保险前提下，一旦出事故，所有责任都由消费者自己承担。即使提前买商业保险也没有用，因为在盗抢险免责条款中规定：车辆无公安交通管理部门核发行驶证或车牌号，或未按规定检验、检验不合格车辆，都不在理赔范围之内。在这种情况下，消费者权益将无法得到保障。

因此，广大汽车消费者在购买汽车时一定要加强对汽车合格证重视，确保同时提取汽车合格证和汽车。此外，厂家应该加强对经销商监管，防止经销商在缺证情况下销售汽车。银行也要加强对销售商经营状况监控，确保每笔汽车销售款及时用于赎证并交付购车人用于办理相关手续，防止销售商将货款用于他处。

【案例二】COOL 王牌电器（佛山）有限公司与供应商 "1＋N" 保理融资（家电制造企业供应商保理模式）

一、买方基本情况介绍

COOL 王牌电器（佛山）有限公司注册资本 2.56 亿港元。公司是 COOL 集团下属核心子公司，也是 COOL 集团下属集研、产、销于一体的大型高新技术企业。公司主营业务为"COOL 王牌"系列彩电、数字机顶盒、计算机显示器、数字电视仪器机以及家庭影院系列研发、生产和销售等。COOL 品牌彩电获得睿福全球排行榜中彩电业"中国最有价值品牌排行榜"第一品牌，并于以 417.38 亿元品牌价值蝉联年度中国彩电业第一品牌。

COOL 王牌实现销售收入 228 亿元人民币，同比增长 29.5%；净利润 5.01 亿元人民币，归属母公司净利润 4.14 亿元；应付账款 43.33 亿元，应付账款周转天数为 61 天。

二、COOL 王牌与供应商合作情况介绍

COOL 王牌年度采购量为 130 亿 ~ 150 亿元，其中国内占比约为 45%，国外占比约为 55%；国内采购商品主要有塑胶料、五金结构件、线插、线路板等电视机组装材料；国外采购主要是屏和半导体等贵价料。

COOL 王牌上游供应商数量众多，有 400 多家，其中国内 300 余家，国外 100 多家；与主力供应商平均合作时间多在两年以上，占比 98%。COOL 王牌拥有相对稳定的主力供应商群体。

COOL 王牌国内采购主要向供应商采购电视机组装材料，包括塑料外壳、液晶面板、液晶模组电子元器件等。采购通过内部 SAP 系统进行统一管理。具体下订单有时通过传真，有时通过系统，但所有订单均在 COOL 王牌 SAP 系统里生成。各供应商可以申请成为会员，通过系统查询订单并自行打印，也可以通过收发传真作为订单。供应商收到订单后通常需在 1~2 周内发货给 COOL 王牌，COOL 王牌收到货物后验收入库。COOL 王牌每月与供应商对账，并按合同约定时间，比如 30 天、60 天或 90 天期限付款，付款方式以电汇和银行承兑汇票为主。COOL 王牌国内采购流程如图所示。

COOL 王牌应付账款达 43.33 亿元人民币，应付账款周转天数为 61 天。本次保理方案 COOL 王牌推荐 46 家供应商。COOL 王牌对此 46 家供应商应付账款合计约达 8 亿，付款条件为收货验货 1~3 个月后电汇或开立 6 个月银

1. SAP 系统生成订单；3. COOL 王牌收货验货后与供应商每月对账；5. COOL 王牌验收货物后按合同约定 1～3 个月后电汇或支付 6 个月银行承兑汇票。

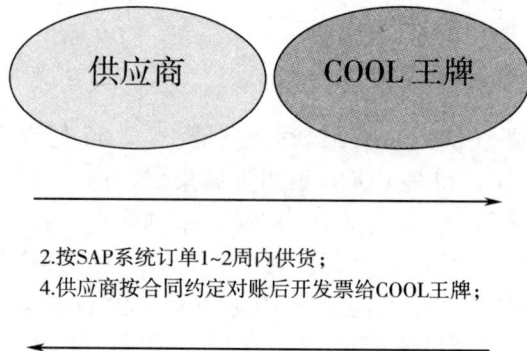

供应商

COOL 王牌

2.按SAP系统订单1~2周内供货；
4.供应商按合同约定对账后开发票给COOL王牌；

图　COOL 王牌国内采购流程

行承兑汇票。

三、集团公司在银行授信情况

COOL 王牌与银行建立信贷关系。获批授信额度 4 亿元，授信品种为流动资金贷款、贸易融资额度（保函）、银行承兑汇票、商业承兑汇票。除商业承兑汇票额度外，其余额度使用充分。公司在银行日均存款 1.3 亿元，实现对公中间业务收入 50 万元；第一季度实现贸易资金项下中间业务收入 40 万元。

COOL 集团授信额度方案已获总行审批，总额度 10 亿元，其中 6 亿元贸易融资综合授信额度。经银行积极营销，进口开证、国内信用证、非融资类保函等产品将得到充分使用，集团公司银行业务量及中间业务收入均将有较大增长。

四、"1＋N" 保理业务操作方案

根据 COOL 王牌基础交易模式和供应商实际需求，拟为 COOL 王牌申请 "1＋N" 保理项下买方信用担保额度 8 亿元人民币，具体产品和方案要素如下：

（一）有追索权表内融资

1. 表内融资品种：流动资金贷款。

2. 供应商：供应商将由 COOL 王牌推荐并由总行贸金部对供应商进行债项评级后确定。供应商融资额度以及表内融资品种确定后，原则上在额度有效期内单一供应商仅使用一种融资品种。

3. 应收账款通知时间：融资前通知。

4. 应收账款通知方式：COOL 王牌书面确认 "1＋N" 保理业务应收账款

转让确认协议和"1＋N"保理业务项下核心企业应付供应商款项明细表。

5. 融资期限：不超过 180 天（具体依据合同）。

6. 融资比例：95%。

7. 融资利率：按银行规定。

8. 保理手续费率：不低于 0.2%。

9. 协议文本：经修改后"1＋N"保理业务应收账款转让确认协议。

10. 回款账户监管：要求 COOL 王牌推荐供应商在银行开立保理监管账户，COOL 王牌到期将款项电汇至银行保理监管账户，由银行归还保理融资后，余款划入供应商结算账户；银行承兑汇票结算方式下，由银行客户经理亲自去公司取票，并在银行贴现后首先归还保理融资，余款划入供应商结算账户。

（二）有追索权表外融资

1. 表外融资品种：银行承兑汇票、国内信用证开证授信等，且可串用。

2. 供应商：供应商将由 COOL 王牌推荐并由总行贸金部对供应商进行债项评级后确定。供应商融资额度以及表外融资品种确定后，原则上在额度有效期内单一供应商仅使用一种融资品种。

3. 应收账款通知时间：融资前通知。

4. 应收账款通知方式：COOL 王牌书面确认"1＋N"保理业务应收账款转让确认协议和"1＋N"保理业务项下核心企业应付供应商款项明细表。

5. 保证金比例：10%。

6. 应收账款期限：转让给银行应收账款付款期限原则上不超过 150 天，到期日原则上早于银行所开立银行承兑汇票或国内信用证到期日 30 天。

7. 表外融资期限：开立银行承兑汇票或国内信用证期限不超过 180 天或半年（具体依据合同）。

8. 融资比例：敞口部分 95%。

9. 融资利率：按银行规定。

10. 保理手续费率：不低于 0.6%。

11. 协议文本：经修改后"1＋N"保理业务应收账款转让确认协议。

12. 回款账户监管：要求 COOL 王牌推荐供应商在银行开立保理监管账户，COOL 王牌到期将款项电汇至银行保理监管账户，由银行归还保理融资后，余款划入供应商结算账户。银行承兑汇票结算方式下，由银行客户经理亲自去公司取票，并在银行贴现后首先归还保理融资，余款划入供应商结算账户。

（三）无追索权保理

1. 无追索权保理业务品种：坏账担保。

2. 担保比例：100%。

3. 保理手续费率：每月 0.05% 收取。

4. 期限：不超过 6 个月。

5. 协议文本：经修改后"1 + N"保理业务应收账款转让确认协议、供应商签署银行标准版本中国银行无追索权"1 + N"保理融资服务协议。

五、综合收益测算

1. 表内融资收益测算

测算假设条件：额度 8 亿元，融资期限 180 天，利率基准（4.86%），保理手续费率 0.2%，额度充分使用，则：

全年保理融资利息收入 3 888 万元；保理手续费收入 320 万元；少量回款沉淀日均存款。

2. 表外融资收益测算

测算假设条件：额度 8 亿元，融资期限 180 天，保证金比例 10%，保理手续费率敞口部分 0.6%，额度充分使用，则：

全年保理手续费收入 960 万元人民币，保证金存款沉淀、回款周转沉淀存款日均 3 亿元以上，信用证项下中间业务收入 200 万元以上人民币。

3. 其他综合收益

通过"1 + N"保理业务，建立与核心企业 COOL 王牌深度合作关系，扩大包括进口开证、国内信用证融资等贸金产品在银行使用量，争取成为其主流合作银行之一。

通过"1 + N"保理业务批量、批发授信营销，建立与主力供应商合作关系，其中优良客户可纵深其合作关系，实现交叉营销，公私联动，扩大银行综合收益，并带动核心客户数、中小企业客户数有效增长，扩大银行基础客户群体。另外，对巩固银行在国内保理业务市场中的占比有积极作用。

> 银行客户经理一定要把时间精力放在最有回报的事情上，一个时期只有一个重点，一次只做一件事情，你的时间放在哪里，你的成就就出在哪里，你的存款就出现在哪里。种瓜得瓜，种豆得豆。

【案例三】 北京湘客隆商业集团链式融资方案 （超市供应商批量授信模式）

一、融资服务方案背景

北京湘客隆商业集团股份有限公司为典型"配套型"中小企业核心供销企业，上游供应商多达 3 000 余家。此类中小企业为核心企业湘客隆提供各类食品、副食品、日用百货、五金交电等近三万个品种，与湘客隆业务关系稳定，上游中小企业稳定性和成长性均比较明显。

围绕核心企业湘客隆供销链延伸营销，提供以"1＋N"保理为主链式融资服务，批量为其供货商提供融资支持，提高银行业务量和收益。同时，依靠真实贸易背景及核心企业增信，使风险得到有效缓释。

二、核心企业情况

北京湘客隆商业集团股份有限公司前身是国有商业企业，注册资本 4.12 亿元。湘客隆在香港联交所创业板成功上市并成功转入主板。湘客隆进入 500 强企业，连锁零售企业 30 强，北京市百强企业。该集团具有北京市国资委背景，是北京市重点扶持企业，在京行业内处于龙头地位，市场占有率较高，并具有较高市场知名度。集团旗下拥有朝批商贸有限公司、欣阳通力商业设备有限公司、湘客隆（廊坊）有限公司和北京湘客隆超市连锁有限公司 4 家控股子公司，发展迅速、经营稳健。

（一）经营情况

湘客隆经营业态以连锁经营为主，采取新建、租赁、加盟和托管等多种形式扩大企业规模，并依托湘客隆品牌优势，形成区域购物中心、大卖场、综合超市、便利店四种经营业态统筹发展态势，从建设初期 7 家店铺发展到 243 家，营业面积 33 万平方米，遍及北京 18 个区县及廊坊地区。

湘客隆主要经营销售食品、副食品、日用百货、五金交电等近三万种商品，属大型批发及零售连锁企业。该企业经营情况良好，每年经营性现金流入近 90 亿元，销售额为 70.1 亿元，利润达到 2.8 亿元，同比增长 19.53%。其中，零售额实现 37 亿元，同比增加 9.27 亿元，增长 20%；批发额实现 32 亿元，同比增加 6.85 亿元，增长 19.01%，实现利润 2.76 亿元。总销售规模达到 50 余亿元，预计全年销售总额将达到 110 亿元，利润总额 3.2 亿元。

（二）财务情况

企业预计实现销售收入 110 亿元（不含税），利润总额 3.2 亿元，由于销售体系完善、供应商整体实力较强，货源稳定，企业整体发展前景乐观。该企业在银行信用评级为 AA 级，企业正处于稳步发展阶段，各项财务指标呈现出更好的发展趋势。

三、主要合作目标客户情况

湘客隆与各供货渠道均有着多年合作关系，采购量大，在购销活动中多处于主导地位，贸易模式适合银行供应链项下融资产品。湘客隆对已纳入 QS 强制认证范围产品全部实施 QS 市场准入制度，对供货商实行严格筛选。

已与银行开展业务的供应商有 5 家，分别是北京朝批中得商贸有限公司、北京朝批京隆油脂销售有限公司、北京朝批调味品有限责任公司、北京朝批双隆酒业销售有限责任公司和北京市朝批清饮料有限责任公司，均为开立国内信用证及议付业务公司。链式融资业务目标客户还包括宝洁、可口可乐、雀巢、联合利华等大型知名生产厂家，各厂家规模庞大，实力雄厚，资信资质较好。

在湘客隆全部供应商中，中小企业占比 80% 以上，业务量占比约 60%，其中不乏燕京、统一、三元、和路雪等知名品牌，若能批量开展合作，效益可观，同时也能积累更多客户资源。

四、"1＋N"保理批发授信融资方案

（一）供应商基本条件和要求

1. 符合国家产业政策要求，信誉良好，无违约记录。

2. 具有专业化、大批量生产和模块化供货能力；与核心企业形成长期稳定供应链关系，而非单笔交易；或具有向多家制造企业平行供货能力。

3. 列入核心企业《银行"1＋N"保理业务供应商名单》。

4. 在银行开立一般结算账户。

（二）业务办理流程

1. 向总行报备北京湘客隆商业集团股份有限公司链式融资项下中小企业融资服务方案。

2. 业务采取先审批业务操作方案，后报批授信额度模式，操作方案由总行贸易融资部负责审批。

3. 由相关有权部门按照银行法人客户授信管理规定对湘客隆付款担保额度审批，该额度核定以内部授信为主。

4. 在湘客隆担保额度内，中小企业部负责核定每个供应商"1＋N"保理融资额度，进行单一额度管理。

5. 在授信审批部门核准担保额度内，且供应商在核心企业银行"1＋N"保理业务供应商名单内，银行中小企业部可负责核定北京地区和异地供应商"1＋N"保理融资额度。

6. 供应商融资额度核准后，由经办行客户部门负责对供应商融资额度CECM 系统启用及维护。

（三）风险防范措施

1. 对客户要求

（1）供应商针对湘客隆应收账款必须全部转让给银行，且湘客隆对供应商应收账款整体转让出具书面确认；

（2）湘客隆同意放弃对应收账款争议并与银行签署应收账款转让确认协议；

（3）融资到期后，核心企业须将款项直接付至银行保理专户或供应商在银行开立监管账户；

（4）湘客隆应在银行开立一般结算账户。

2. 设置额度、期限控制

（1）对供应商"1＋N"保理融资比例原则上不超过发票金额80%；

（2）对供应商"1＋N"保理融资期限不超过180 天；

（3）对供应商总体"1＋N"保理融资额度不超过对湘客隆"1＋N"保理付款担保额度。

3. 设置风险处理机制

（1）业务操作过程中，出现下列情况应暂停对供应商融资，银行贸金部和中小企业部应在一个工作日之内填写"1＋N"保理业务异常情况报告表报总行贸易融资部备案，待总行核准后再行融资：

A. 核心企业对供应商应收账款转让提出异议；

B. 核心企业付款超过到期日后30 天；

C. 核心企业未将付款划入主办行保理专户或供应商在主办行开立监管账户；

D. 主办行提出对核心企业风险预警；

E. 其他不利于银行融资情况。

（2）当发现以下情况时，银行向主管部门提出停止融资、削减甚至撤销核心企业"1＋N"保理付款担保额度要求，并报总行贸金部备案：

A. 核心企业出现风险预警；

B. 核心企业与供应商之间存在串通欺诈嫌疑;

C. 其他可能存在风险。

【案例四】安徽庆星铜业动产融资方案（铜金属货押模式）

一、融资背景

安徽庆星铜业是新近建成投产的一家民营大型铜冶炼企业（完全投产后年产 40 万吨电解铜，居全国第三位），工艺在国内领先，大大高于国家环保强制标准，所需原料铜精矿全部从国外进口，是安徽银行一直跟踪重点营销客户。在其建设过程中，由于考虑到其民营背景、自有资金相对不足、国家行业政策趋紧、项目建设存在风险等因素，银行未参与其项目银团。近年来铜价一路走高，一期项目投产后市场形势很好，但企业兼顾一期生产和二期建设，在原料采购等方面仍存在较大周转资金缺口。根据企业申请，总行与银行联合实地调研论证，并与中远物流共同设计，结合企业生产经营特点，综合运用信用证项下商品质押、滚动质押融资等多种动产融资模式，以远期信用证为融资工具，为庆星铜业开办了采购、生产全程物流监控下动产融资业务。第一笔业务已完成，融资金额为 2 420 万美元。

二、融资方案结构

参与方：银行聊城分行为开证行（贷款方）、质权人

安徽阳谷庆星铜业有限公司为借款方、出质人

青岛中远物流有限公司为质押商品监管人

融资工具：远期信用证及其项下融资

质押商品：铜精矿（原材料）

阳极铜板（半成品）

融资流程：（1）庆星铜业向银行聊城分行提出开立远期信用证申请，存入 20% 保证金，并由相关企业提供 10% 融资担保；（2）银行聊城分行以保证金和准备采购铜精矿（未来货权）为质押，向国内铜精矿卖方开出远期信用证；（3）卖方装船发货，中远物流组织监装验货；（4）保单、提单、商检证明等全套货运单据到达后转给中远物流，委托其待货物到港后办理船代、货代、卸代、清关等手续；（5）清关后中远物流监管现货并向银行聊城分行出具质物清单；（6）中远物流组织并监管铜精矿铁路运输；（7）铜精矿运至祥光工厂后，中远物流在工厂区仓库实施对铜精矿及其炼制阳极铜板、阴极铜

板全程监管；　（8）远期信用证到期，祥光通过银行聊城分行对外付款；（9）通知中远物流解除质押监管。

监管范围：由铜精矿装船起运开始，包括装货港验货监装→海上船舶货物信息跟踪→货物抵港后船代、货代→卸货港货物储存→铁路运输监管→原材料仓库监管→半成品库监管→成品库监管。

庆星铜业动产融资监管范围如图所示。

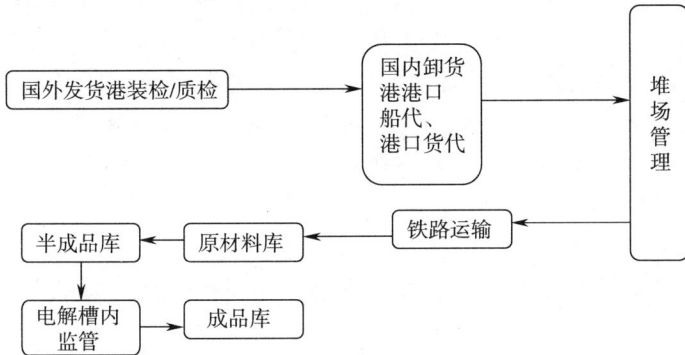

图　庆星铜业动产融资监管范围简图

三、业务风险点及其防范

该项业务结合多种动产融资基础模式并进行创新，在物流全程监管基础上实现未来货权、提单、仓储状态商品、运输状态商品、加工后商品多种状态质押和转换，具有较高技术水平和管理要求。其主要风险点在于：

第一，卖方交货风险。包括卖方无法交货和货物质量问题风险。因采用远期信用证结算，如卖方无法交款，则祥光（银行聊城分行）无付款义务，因而此风险可以规避。而中远物流海外代理提供装货港验货和监装服务，辅之以单据不符点审查，规避货物质量风险。

第二，商品储运过程质押监管风险。风险主要来源于商品（铜精矿）经过多次装卸、运输、堆集，流转环节较多。其防范方法主要是由中远物流提供国外验货监装、海上信息跟踪、全面负责船代、货代、清关和铁路运输一整套到港后服务，同时辅之以保险。中远物流具有专业水平和偿付能力，才能避开储运过程质押风险。

第三，质物变换中价值控制风险。风险来源于生产过程中铜精矿、阳极铜板和阴极铜板质物变化，规避方法主要是银行确定三种商品价格和最低值，并实现对原料库、半成品库、成品库和冶炼车间全程控制和进出记录。

第四，企业违约风险。风险来源于庆星铜业出现经营困难，无法按期还款。由于质押商品价值足额覆盖授信敞口，企业违约成本高，而其全程监管可以及时有效地发现企业生产经营问题，因此这一风险可以防范。

四、几点启示

第一，全流程监控下动产融资是物流融资发展重要方向。该业务模式实现跨国界、跨区域、跨生产过程质押监控，为企业提供一体化物流服务，能够最大限度地提高质押商品变现能力，具备很高增值性。

第二，与大型物流企业合作，能有效地推进物流融资水平。此业务模式主要难点在于全程监管和物流服务，能够实现这一点，有赖于中远全球资源和专业化物流服务能力。与大型专业物流企业合作，能够有效地带动物流融资业务创新和发展。

【案例五】 天津交通基础设施建设贷款资金监管模式

一、案例背景

随着天津交通基础设施建设力度的不断加大，本地施工企业迎来良好发展机遇，但在项目履约过程中，存在项目业主担心施工承包商将预付款挪作他用、项目材料供应商担心供货后货款不能及时回笼、施工承包商担心材料供应质量等问题，通过设计什么样的产品，向客户提供何种服务，能够促进项目建设顺利进行，解决项目业主、材料供应商、施工承包商各自担心的问题，成为银行深度营销交通行业客户，扩大市场份额营销关键。

二、银行切入点分析

经过与项目各方多次深入研讨，某银行以链式营销为依托，创新设计"项目采购银行监管四方合作"方式，有效地解决了在工程建设过程中各方所担心问题，得到客户一致肯定，最终与银行签订四方协议。

三、项目采购银行监管业务流程

（1）项目业主、银行、材料供应商、施工承包商四方签订合作协议，项目业主、材料供应商、施工承包商分别在银行开立材料款结算账户。

（2）施工承包商根据项目施工需要，向材料供应商发出采购清单，同时将不少于采购材料20%货款转入施工承包商在银行开立监管账户中，作为采购备付金，并注明该笔款项具体用途。

（3）银行在确定施工承包商款项实际到账后，向材料供应商发出到账通知。

（4）材料供应商接到银行到账通知后自行按与施工承包商签订材料购销合同要求组织材料供应给施工承包商。

（5）项目业主依据验收合格清单以及施工承包商提交预付款申请表，即将该批次材料款80%划转到施工承包商在银行开立的监管账户上。

（6）银行根据施工承包商划付委托书和项目业主提供预付款申请表，结合施工承包商预存当批次材料备付款，待施工承包商材料采购银行监管指定账户余额达到需支付当批次材料款100%后，直接将该款项划转到材料供应商在银行开立的账户中。

四、综合效益

把项目业主、施工承包商、材料供应商三方资金统一归集在银行，形成稳定、封闭资金流，扩大存款来源。由于天津市正处于交通基础设施建设大热阶段，可通过批量营销复制，扩大营销范围，延伸客户链。

五、营销启示

（1）充分了解客户及客户所处行业运行情况，始终把"以客户为中心"服务理念贯穿于整个营销过程。新民支行在对工程建设施工行业进行深入了解和透彻分析后，抓住工程建设施工各方所处市场地位及交易特点，制定量体裁衣服务方案，取得业务新进展。

（2）大胆创新，把传统业务与新产品、新业务结合起来，增强对公业务竞争能力。项目采购银行监管业务并未形成真正链式融资，但巧妙利用链式营销思路，实质上是银行通过账户监管实现对客户链式营销。

（3）下一步，建议综合运用法人账户透支、流动资金贷款、银行承兑汇票、保函等融资融信产品，强化交叉销售，提高营销收益。

【案例六】合肥银行潍源电器国内跨行式无追索权保理业务

一、企业概况

安徽潍源电器股份有限公司，注册资本为人民币8 200万元，公司具有年产50 000台（套）新型电控及输电设备和工业自动化系统装置能力，属于国家重点发展技术密集型和劳动密集型行业。

公司累计签订销售合同 7.15 亿元，实现主营业务收入 3.8 亿元。根据铁路及城市轨道建设等市场需求，公司制订经营计划：公司合同总量达 8 亿元，实现销售收入 4.2 亿元，净利润 3 800 万元。公司近几年来，一直保持高速增长势头，相继签订并成功履行北京地铁 1、2、4、5、10 号线以及国家体育馆等 22 个奥运场馆、中央电视台、中国银行、新华社、中国国际展览中心、北京铁路南站等一批国家级大型工程项目订单，在经济危机影响下为刺激经济发展，国家加大加快铁路建设，公司又成功承接武汉至广州铁路客运专线、石家庄至太原铁路客运专线、郑州至太原铁路客运专线、福州至厦门铁路专线、甬台温铁路专线等一批铁路客运专线建设订单，极大地增强了公司品牌市场影响力，也为公司以后持续、稳定发展奠定了坚实的市场基础。

二、某银行与企业历史合作情况及面临问题

该公司产品大多为非标产品，原材料中除常用规格钢板、铜排和部分辅助材料外，所有元器件只有在签订订单后，方可知道需要采购元器件具体规格型号和数量，才能按照订单进行原材料采购和组织生产，故销售规模越大，未履行完毕订单越多，存货金额就越高。根据公司现有业务模式，产品须在发出、安装调试验收合格后才能确认销售收入并结转成本。合同中约定付款方式一般为 1:4:4:1，即 10% 预付，40% 料款或到货款，40% 调试款，10% 尾款。公司与客户签订合同后一般需要 1~3 个月生产时间，以及 2~3 个月左右运输、安装调试时间，安装调试完成后确认销售收入，金额较大合同从开始生产到确认收入时间会更长，因而导致公司存货、应收账款金额较大。

三、合作契机

客户续授信启用后，某银行客户经理在与潍源电器财务人员交谈中得知该客户有减少应收账款需求，随即与贸金产品经理联系。根据财政部下发的《关于企业与银行等金融机构之间从事应收债权融资等有关业务会计处理的暂行规定》（财会〔2003〕14 号）文件规定，企业卖断给银行应收账款可记入企业银行存款即作为销售收入，因此可有效改善企业财务报表，且某银行无追索权保理融资不记入贷款企业贷款卡，经共同探讨商定通过无追索权保理产品帮助企业达成减少应收账款、改善企业财务报表这一目标。

经过进一步深入了解，根据申请人订单情况，某银行与企业共同选定中铁电气化局集团武广客运专线集成事业部作为叙做国内无追索权保理业务买方客户。

四、最后拟订保理业务方案

业务类型：国内跨行式隐蔽型无追索权保理。

协议文本：某银行标准国内无追索权保理业务协议及应收账款质押协议。

买方：中铁电气化局集团武广客运专线集成事业部。

销售商品：箱式变电柜。

融资比例：56%。

融资期限：最长不超过发票日后180天。

应收账款转让通知时间：融资前通知。

应收账款转让通知方式：邮寄应收账款转让通知书和商业发票。

买方付款方式：电汇监管账户。

特殊处理：由于该公司买方客户属异地强势企业，配合某银行需要提供授信资料完成买方授信额度审批难度较大，同时某银行隐蔽型无追索权保理业务规定需对买卖双方核定授信额度。占用某银行对中铁电气化局集团的授信额度，审批其保理买方授信额度。

【点评】

1. 无追索保理中买方授信为关键点，特别是买方较多且为异地客户时，针对这些较为强势买方在无法配合某银行进行授信情况下，可通过占用买方企业在某银行当地银行未使用授信额度方式审批其保理买方授信额度。

2. 根据企业需求、交易背景等因素合理选择产品。

3. 在产品方案设计上，不要拘泥于既有规定、模式，应突破思维局限，探讨模式变化可能，并注意方案设计实际应用性。但无论如何变化方案，应始终坚持以资金安全性为核心。

4. 当某银行产品可切实满足企业迫切需求时，企业将愿意承担相应财务成本，某银行可因此争取良好授信资产收益。

【案例七】成品油产业链业务营销（未来货权质押融资）

一、本业务涉及方

1. 经销商：南京都运石化储运实业有限公司（以下简称都运石化）。

2. 核心厂商：秦皇岛中油湘鑫销售有限公司；中油河北销售秦皇岛分公司。

3. 主办行：某银行。

二、企业简介

1. 都运石化：该企业为江苏省社会类油品仓储企业排名第一位企业，储罐容量达 20 万吨，产品以各类汽油、柴油、煤油、燃料油、重油、石脑油沥青等。企业信用等级为 AA 级，连续三年被南京市政府确定为油料定点采购单位，拥有进出口贸易资格。

2. 秦皇岛中油湘鑫销售有限公司：其控股大股东为石油天然气股份有限公司。

3. 中油河北销售秦皇岛分公司：该公司由中石油直接控股，统一管理，已建好 11.4 万立方油罐，是中石油第一大油品仓储地。

三、授信方案

根据买卖双方签订的购销合同，按年核定额度，提供授信额度总额为 15 000 万元，期限在 12 个月以内，每笔放款期限不超过三个月，由秦皇岛中油湘鑫销售有限公司、中油河北销售秦皇岛分公司提供成品油提货单质押，承担相应回购责任。

四、业务流程

1. 都运石化与秦皇岛中油湘鑫销售有限公司、中油河北销售秦皇岛分公司签订正式成品油（如各类汽油、柴油等）供销协议。

2. 都运石化自筹货款 30%。

3. 银行以货款 70% 发放贷款。

4. 银行要求秦皇岛中油湘鑫销售有限公司、中油河北销售秦皇岛分公司在合同项下货款收到之前将等值提货单加盖公章后用指定传真机号先传真至银行（提货单须注明本提货单是提取油品唯一凭证，银行可凭提货单提取相对等值油品，通过拍卖中心进行拍卖），银行将合同款项汇出至指定账户。该提货单原件将在 5 日内邮寄至银行专人接收，经与传真件核对无误后入库保管。秦皇岛中油湘鑫销售有限公司、中油河北销售秦皇岛分公司承诺在银行未收到原件之前，传真件与原件效力一致，并出具相关承诺书。银行在未收到提货单原件之前，可根据秦皇岛中油湘鑫销售有限公司、中油河北销售秦皇岛分公司向银行出具的函件及提货单传真件保留向秦皇岛中油湘鑫销售有限公司提取提货单所示油品的权利。

5. 都运石化将整个购销合同金额通过电汇方式汇至收款人——秦皇岛中

油湘鑫销售有限公司、中油河北销售秦皇岛分公司指定账户。

6. 都运石化作为货权人背书转让给银行，并与银行签订质押合同。

7. 都运石化销售货物，并将货款划入银行保证金账户，待全额覆盖银行贷款敞口，银行将提货单交与都运石化自行处理。

8. 如若款项在贷款周期内未能足额或及时到账，银行可根据提货单向秦皇岛中油湘鑫销售有限公司、中油河北销售秦皇岛分公司提取相对等值油品进行变现来偿还银行贷款。

9. 银行建立专人盯市制度，同时与都运石化签署"如遇油价下跌，由都运石化补齐差额"补充协议。

五、风险控制

此项业务风险控制在于保证贸易背景真实性及操作风险：银行将根据买卖双方签署购销合同发放贷款，锁定贷款资金流向，同时收取等值提货单，并查证其真实性及有效性；与都运石化签订补充协议，如遇油价下跌，由都运石化补齐差额。

六、效益分析

都运石化成品油链式融资业务从开展以来，累计发放贷款7.6亿元，取得利息收入近600万元，派生日均存款15 000万元，同时通过资金封闭循环及对货权控制将银行信用有效注入产业链中下游经销商企业，控制经销商履约风险。

【案例八】黑龙江省交通厅交通行业供应链营销
（贷款划转上游并监管使用）

一、基本情况

黑龙江省交通厅负责黑龙江省内高速公路建设、施工、资金筹措、资金管理、收费等业务。黑龙江省交通厅对黑龙江省高速公路建设和运营坚持实行集中统一管理体制，即统一制订规划、统一组织建设、统一收费还贷、统一运营管理。各项规费收入128亿元，累计利用贷款554亿元，累计偿还贷款77亿元，高速公路贷款余额477亿元。

黑龙江省交通厅是银行核心客户，除传统业务存款、贷款及结算外，双方在利率互换、信托理财及公路票据通业务方面均进行合作。该客户在银行贷款规模约 36 亿元，日均存款 19 亿元，结算资金规模 300 亿元，办理票据通 2.3 亿元，办理信托理财 50 亿元，实现利率互换收益 1 228 万元，单户全年净收益约 9 000 万元。

二、案例分析

（一）产业链条架构

上游客户：钢材供应商、水泥供应商、沥青供应商。

核心客户：黑龙江省交通厅、黑龙江省高速公路管理局、黑龙江省高速公路建设局。

下游客户：各大施工企业、工程承包商。

（二）融资方案设计

1. 上游客户融资方案

黑龙江省交通厅为确保重要工程质量，有选择地统一采购钢铁、水泥、沥青等原料。在采购过程中，可应用保函、货押融资、应收账款质押、隐蔽型保理等融资产品。以沥青供应商为例，相关公司参与高速公路投标，需开具投标保函。中标后，授信品种主要是进口开证或开立国内信用证，可进行现货或进行未来货权质押（可采用到港监管再转至现货质押）。

2. 核心客户融资方案

黑龙江省交通厅为统贷统还式管理，贷款资金到账后，将划至黑龙江省高速公路建设局，用于支付施工和材料费用。由于黑龙江省交通厅在各家银行授信较多，传统贷款方式对其缺乏吸引力。为此，银行认真分析交通厅需求，从降低财务费用角度出发，设计如下方案：

（1）中长期流动资金贷款。随着高速公路逐步竣工和运营，项目融资陆续到期，道路养护日益重要，在此阶段，适合做中长期流动资金贷款。

（2）公路票据通。由于贷款规模加大，交通厅财务负担较为沉重。因此，对于工程承包款项和劳务款项，可采用票据付款方式，降低财务成本。具体操作，以黑龙江省交通厅作为授信主体，授权其下属单位黑龙江省高速公路建设局使用其授信额度，办理银行承兑汇票及配套买方付息贴现业务，向供应商付款。丹通线已经使用此类公路票据通业务。

（3）公路建设资金监管。由于建筑施工企业挪用项目建设资金、拖欠工人工资等现象时有发生。为此，银行可根据高建局资金监管要求，协助监管相应建设资金。具体操作，银行为交通厅发放贷款，划入高建局专户，银行与高建局约定，委托银行对项目资金进行管理，银行与施工企业签订资金监管协议，对项目资金进行管理，对符合高建局规定资金予以支付。

3. 下游客户融资方案

建筑类施工企业在参与高速公路建设中可应用银行产品较多，如开立信贷证明进行资格预审，缴纳投标保证金（可进行贷款）或开立投标保函，中标后开立履约保函和预付款保函并交纳履约保证金（可进行贷款）。在工程建设过程中，黑龙江省高建局按工程进度拨付资金，银行可根据工程进度提供中短期流动资金贷款或保理。

三、案例点评

1. 银行改变传统项目贷款融资方式，以交通厅为核心客户，成功拓展上游材料供应商、下游施工单位，针对资金支付与管理要求，设计流动资金贷款、银行承兑汇票、买方付息票据贴现、保理、保函等多项融资产品和资金监管产品，降低客户财务成本，提高银行综合收益，具有较好示范效应。

2. 全行有多家银行与当地交通厅合作关系紧密，各银行应以银行案例为参考，积极推动各地区交通行业供应链营销。同时，高速公路建设涉及全国各地大型建筑施工企业、材料供应企业。银行间可以积极配合，做好本地区企业营销工作，形成资金在银行体内循环与沉淀。

【案例九】 手机经销商批发授信供应链融资（电信供应商保理）

一、案例分析

1. 行业基本情况：国内三大电信运营商主要通过本地手机代理商采购手机，并在此采购合作基础上，开展全方位合作。

营业厅合作：运营商利用本地手机批发商在各地铺面、柜面进行业务办理，业务由运营商进行管理，并在一定时间内统一结算。

大客户拓展合作：运营商与本地手机批发商共同营销本地大型企业事业单位，批发商提供终端以及售后服务。最终结算资金由运营商统一向手机批发商结算。

通过以上合作，运营商充分利用手机批发商在本地资源进行业务拓展，节约人力、房租等成本，并可延伸至二级城市较偏远地区；手机批发商依靠运营商增大批发业务。由于运营商与批发商合作是排他性的，即一家批发商只允许与一个运营商合作，该合作比较稳定。

2. 合作切入点：由于运营商付款有一定滞后性，一般在 3 个月或 6 个月之内，导致批发商有大量应收账款。银行通过保理业务切入，给予手机批发商一定比例短期融资，并锁定运营商回款账户，该方式得到运营商、批发商共同认可。

3. 风险控制：运营商回款账户均改为银行授信类账户，批发商收到货款直接进入银行保理专户，银行可对回款情况进行监督，确保企业应收账款资金正常回笼，保证信贷资金安全。

4. 目标客户：银行对成都手机市场作实地考察，集中对成都手机市场集聚地进行营销。通过对市场研究与判断，认为批发商选定应该包括以下五个条件：与三家运营商有一年以上合作关系，签立战略合作协议，年度排名为前三名或荣获年度一等奖；成立时间3年以上；净资产1 000万元以上；销售收入1亿元以上；需追加实际控制人个人无限连带责任保证。

5. 授信方案设计：针对具体客户实际情况，银行授信方案有一定差异，包括保理、应收账款质押以及一般授信，但均以核心企业——三大运营商回款作为银行还款来源。

手机经销商批发授信供应链融资流程如图所示。

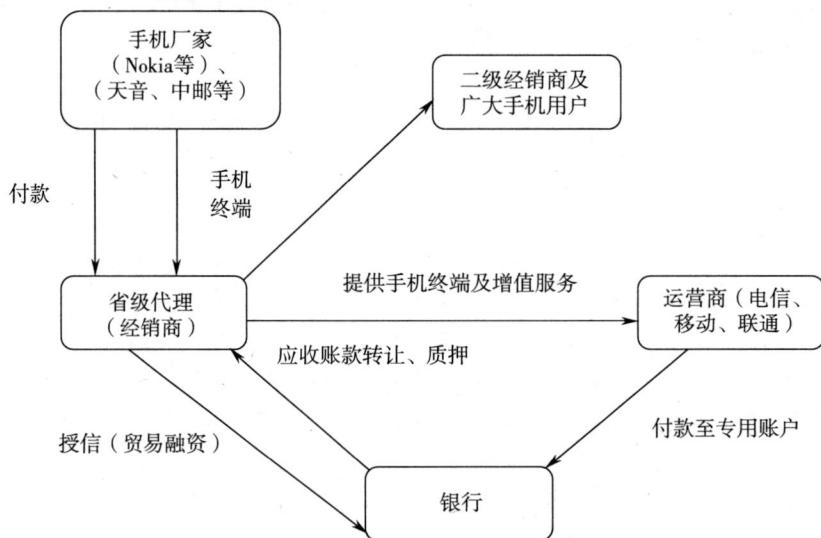

图 手机经销商批发授信供应链融资流程

6. 综合收益：在成都手机市场中，大型经销商银行已几乎访遍，包括龙头企业迅捷通信、泰立通信以及印象通信等已建立初步合作意向。已合作4家授信客户在银行总存款为3 000万元，对私存款约200万元，全部在银行办理POS机具、信用卡等业务。

以"超强电信"为例：银行先给予其 1 500 万元敞口保理融资额度，由于锁定回款账户，该企业提款后将本金全额还清，后又全额提款。即在不到 2 个月时间内已将银行授信滚动两次，银行利率 4.374%，保理手续费 0.2%，如果保守估计按照其 3 个月周转两次计算，一年综合收益为 5.974%，相当于利率上浮 23%。另外，该企业在银行开出全额银行承兑汇票已超过 1 000 万元，银行将同时锁定其零售方面回款，再加上保理融资风险资产占用按 50% 计算，故该笔融资在银行综合回报是比较理想的。

二、案例总结

1. 通过批发授信供应链融资，银行成功突破手机批发行业合作瓶颈。面对银行业内客户，银行是其唯一或主要授信银行，具有较强议价能力。通过深入合作，发现该类客户现金流充足，结算资金、信用卡、代发工资等业务合作潜力较大，能够获得较高综合回报。

2. 手机批发行业授信模式，营销目标明确，风险控制措施到位，可以进行批量营销和操作，具有较强复制和借鉴效应。各银行可直接将该模式用于本地区手机批发行业营销中，同时，可复制到类似批发零售行业中。

【案例十】 北京海源清集团有限公司批发授信方案
（买方信贷模式）

一、企业基本概况

北京海源清集团有限公司是一家专业生产注塑机的高新技术企业，是国内最大塑料机械生产基地。该公司生产的塑料机械在国内销售市场占比 25%，其中小型机与中型机市场占有率为 15%，而大型机器市场占有率则高达 60%。北京海源清集团有限公司有下属控股子公司数十家，拥有 20 多家国际销售代理商，在全球 80 多个国家及地区设有 60 个分销点，客户超过 3 万家。公司控股方海天国际控股有限公司在香港证券交易所（SEHK）挂牌上市，北京海源清集团有限公司为其核心企业。

企业资产总额 52.6 亿元，负债总额 20.2 亿元，负债率仅 38.4%，无银行借款，货币资金高达 16.4 亿元，相对负债规模，货币资金充裕，对外支付能力强。销售收入 38.39 亿元，毛利率 25.1%，净利率 12.8%，保持较好盈利水平。作为国内注塑机制造行业"领头羊"，该集团一直以来是各家银行积极营销对象，由于自身财务状况良好，融资需求较少，银行营销初期较难打开合作突破口。

二、银行切入点分析

1. 该企业营销中面临问题和机遇

营销面临问题：企业自身现金流充足，债务负担轻，融资需求少。

营销面临机遇：企业下游设备购买企业大多资金实力不强，一般需采用2~3年期分期付款方式支付设备款，对企业造成应收账款资金压力，且存在一定后续管理难度。企业应收账款总额5.9亿元，接近月平均销售量2倍，存在借助融资产品进行应收账款管理需求。

针对企业销售模式及应收款回笼情况，银行向其推出设备买方信贷业务，即银行依据企业推荐和设备购买商申请，为设备购买商提供2~3年期贷款，专项用于向集团支付设备款，贷款由企业承担无条件连带担保责任。该业务既有助于企业扩大销售、提前实现资金回笼，又能依托融资业务平台督促下游客户及时支付货款，受到企业积极响应，首期2亿元额度已顺利获批并正式启用。该方案中，银行对企业下游采购商作如下准入规定：

（1）购买核心企业生产机械设备，并已支付30%以上合同价款；

（2）由核心企业推荐，核心企业愿意为其提供全程连带保证责任担保；

（3）日常经营正常，无明显不良影响因素；

（4）实际控制人品行良好，未发现不良信用记录；

（5）在银行开立结算账户，用于还本付息及日常结算；

（6）银行规定其他条件。

2. 该客户营销目标，通过批发授信经营推广拟达到目标。

三、银企合作情况

通过设备买方信贷业务平台，银行成功与区域行业龙头企业建立信贷合作关系，银行已为该企业156家下游采购商累计发放1.2亿元贷款，贷款利率普遍上浮20%，尚未发生一笔不良贷款，企业也在银行派生活期存款1.1亿元。该项业务既解决企业应收款管理及销售资金回笼问题，也为银行扩大中小企业业务规模提供便捷业务渠道，银企合作效益良好、基础坚实。设备机械为本地区优势产业，下一步，银行拟以该业务为合作契机，在机械设备制造行业及上下游产业，积极开展批发授信营销推广，扩大客户合作群体，培育银行在该领域竞争优势。

面对八分的事情，以九分的态度、十分的努力去做，没有什么做不成的，只要你有一个梦想，只要你相信奇迹，梦想必可成真。去做客户经理吧，实现轰轰烈烈的人生。

【案例十一】 河北物繁响汽车销售服务有限公司货押业务

一、企业基本情况

河北物繁响汽车销售服务有限公司，注册资本 1 000 万元，河北物繁响汽车贸易有限公司成立近 20 年以来发展迅速，销售网络遍布全国，连续多年销售额在 25 亿元以上，是华北地区最大的汽车经销商之一。

物繁响公司的上游供货商为北京奔驰汽车有限公司和梅赛德斯—奔驰（中国）汽车销售有限公司，分别供应国产奔驰汽车和进口奔驰汽车，采购协议均为一年一签，每年采购数量由上年年末确定，每月根据不同车型在河北销售情况调整采购计划。物繁响公司现在均采用现款方式购买国产和进口奔驰汽车，经企业与厂家沟通，北京奔驰汽车有限公司允许其支付银行承兑汇票，而购买进口车必须现款支付，不能使用票据。物繁响公司的下游客户均为终端个人消费者。具体情况如表所示。

（1）上游主要供货商

表　　　　　　　　上游主要供货商业务情况表

供货商名称	交易货物品种	上年交易金额	占申请人总购买额比重	合作年限	备注
北京奔驰汽车有限公司	国产奔驰汽车	5 955 万元	12.29%	5 年	
梅赛德斯—奔驰（中国）汽车销售有限公司	进口奔驰汽车	42 476 万元	87.7%	5 年	

（2）下游主要客户：个人消费者

（3）存货明细及存货周转情况

物繁响公司库存进口奔驰汽车 78 辆，总价值（以进货价格核算）5 261 万元，国产奔驰汽车 60 辆，总价值 2 395 万元。奔驰汽车销售情况良好，且进口车销量好于国产车，基本无滞销车型，其存货周转较快，无明显淡旺季现象，平均在 45 天左右。

（4）应收、应付账款明细及应收账款周转情况

物繁响公司应收账款余额为887万元，主要为应收车辆消费贷款，应收账款周转天数为6天；应付账款余额为6 370万元，主要为应付戴姆勒—克莱斯勒汽车融资（中国）有限公司货款。物繁响公司应收账款余额为832万元，应付账款余额为7 812万元。

二、授信方案

（一）方案

申请人：河北物繁响汽车销售服务有限公司

质押物：进口奔驰汽车

出质人：河北物繁响汽车销售服务有限公司

业务模式：现货质押

授信品种：流动资金贷款

供货方：北京奔驰汽车有限公司——国产车

梅赛德斯—奔驰（中国）汽车销售有限公司——进口车

货权形式：动产

仓库位置：河北市江北区渝澳大道110号

河北市江北区鸿恩寺停车库

监管人：中物现代物流科技股份有限公司成都分公司

监管模式：输出监管

监管合同：标准合同

盯市渠道及取值方法：汽车之家网站　　http：//www. autohome. com. cn/，参照申请人进货发票取值

质押率：70%

赎货期：90天

回购/担保安排：无

（二）货押业务方案流程描述

1. 银行与申请人、监管人签订仓储监管协议，委托监管人对申请人质押给银行自有动产——进口奔驰汽车进行输出监管。

2. 银行与申请人共同向监管人发出查询及出质通知书，监管人按照通知书列明内容核查申请人交付货物及现有库存。核对无误后，监管人接收申请人交付货物时，质物转移占有完成。

3. 转移占有完成后，申请人与监管人向银行签发质物清单（附质押确认回执），确认质物名称、规格、数量、单价、最低价值/最低数量等基本信息。

4. 银行按照盯市取值方法确定质物价格后，按照不高于 70% 质押率向申请人发放流动资金贷款。

5. 监管人每天以书面或电邮方式向银行报送监管报表，报表内容包括前日仓库出入库数量、库存结余和库存总价值。

6. 仓储期间，因质物市场价格下跌导致质物价值低于质物清单（附质押确认回执）中确定最低价值时，银行有权对质押物价格进行调整，并向监管人和申请人出具质物价格确定/调整通知书，申请人须在接到银行通知之日起 5 个工作日内通过补足保证金、归还贷款或追加足额质物方式，将质押率恢复到 70% 以内；如果质押率超过 85%，银行有权提前终止合同并直接拍卖或变卖质物，拍卖或变卖所得款项用于归还银行贷款本息。

7. 仓储期间，当质物价值高于确定最低价值时，申请人就超出部分可直接向监管人提货。当质物价值接近或等于质物最低价值时，监管人通知银行和申请人，若申请人不能保证有质物进库，且要提取货物时应事先向银行提出提货申请，补充保证金或归还贷款后由银行向监管人签发提货通知书下调质物最低价值，申请人方可提货。无论是否提货，申请人每次融资后需在规定赎货期内归还贷款。

8. 银行严格按照货押业务相关要求，每月查库至少一次，定期或不定期地对申请人库存进行核查。

（三）质押货物情况

用于本次货押的质押物全部为进口奔驰汽车，生产厂家为德国奔驰汽车公司；汽车物理特性稳定，仓储条件无特殊要求；进口车以进口货物证明书（即关单）及车辆检验单作为质量标准。

河北已经成为继北京、上海、广州之后奢侈品消费最有潜力地区之一，河北豪华车消费增幅达 17%，位列全国第一。奔驰汽车在河北保有量在 2 500 辆左右，在华北地区遥遥领先。河北地区奔驰汽车销售主要由 2 家经销商垄断，物繁响公司销售奔驰汽车占河北奔驰汽车销售市场的 60%，每年采购数量由上年年末确定，每月根据不同车型在河北销售情况调整采购计划，其销售目标明确，进口车销售情况好于国产车，存货周转较快。1~9 月销售汽车909 辆，且无明显淡旺季现象，平均每月销售 100 辆左右。部分新上市及热门车型市场需求无法得到充分满足，河北市场上销量较高的进口奔驰车型主要包括 B 级、C 级、E 级、S 级以及 ML 车型。

由于物繁响公司仅提供各类型库存车辆合计进价（不含税），因此银行仅能根据库存数量判断各类型车进货均价，而以上市场指导价以汽车之家网站公布指导价为准。各类型奔驰汽车价格差异较大，市场销售价格从 20 多万元到 200 多万元不等；而且各类型车由于配置不同，价格差异也较大，如 S 级轿车价格为 93 万元至 259.8 万元。通常河北市场奔驰汽车销售价格执行市场指导价，且价格基本稳定，部分紧俏车型价格还会提价销售。豪华品牌汽车对于降价销售策略非常慎重，单一车型更新换代周期约为 2 年，新车型推出，老款售价会有调整，但出于延续新旧车型价格考虑，不会出现超出 10% 的降幅。

（四）监管库情况

1. 仓库类型：包括自有车库和租用车库。

2. 仓库位置：自有车库位于河北市江北区渝澳大道 68 号，即 3S 店内；租用车库位于河北市江北区鸿恩寺停车库。两个车库均在市主城中心区，相距 10 分钟车程。

3. 库容：自有车库库容 117 辆车位，租用车库租用 100 辆车位。

4. 所有权人：自有车库所有权人为物繁响公司，租用车库所有权人为江北区公共停车管理办公室。

5. 仓库分析：仓储储存条件完善，符合输出监管要求。

（五）风险点及控制措施

1. 货物控制

银行通过控制质押物最低价值来控制货物。银行用申请人实际敞口除以 70% 质押率确定质物最低价值，并向监管人进行通知确认。仓储期间，当质物价值高于确定最低价值时，申请人就超出部分可直接向监管人提货。当质物价值接近或等于质物最低价值时，监管人通知银行和申请人，若申请人不能保证有质物进库，且要提取货物时应事先向银行提出申请，补充保证金或归还贷款后由银行向监管人签发提货通知书下调质物最低价值，申请人方可提货。

监管人除监管车辆，还需将进口货物证明书（即关单）、车辆检验单及车钥匙交现场监管人员入保险箱保管，凭银行签发提货通知书出库，与质押车辆一并交付给申请人。

2. 质量控制、保险等

要求申请人为质押车辆办理保险，保险第一受益人为银行河北分行。保险期限至少 1 年，保险金额不低于银行授信要求质押物总额。

（六）收益分析

银行拟对物繁响公司核定货押授信额度 4 000 万元，每年按不低于授信总额 0.9% 收取货押业务管理费，预计可实现中间业务收入 36 万元。此外，企业在银行开通银联 POS 机，将银行账户作为其销售结算账户，预计可新增存款日均1 000万元。

【案例十二】南宁祥云物资供应有限公司供应链融资
（锁定下游回款账户模式）

一、企业基本情况

南宁祥云物资供应有限公司是一家民营大型企业，注册资本2 810万元，公司主营金属材料、建筑材料，是武汉钢铁股份有限公司一级代理商，连续多年被武钢评为星级客户和特约直供商，以经营冷轧板、热轧极等产品为重点。公司总资产约2.2亿元，年销售量达15万吨，年销售额达7亿元。

南宁祥云物资供应有限公司主要业务是从武汉钢铁股份有限公司采购冷轧、热轧等产品，然后根据与其下游直供客户中石油润滑油公司签订购销合同，为中石油润滑油公司下游配套企业提供钢材，配套企业包括兰州昆仑桶业、兰州兴业桶厂、无锡四方桶厂、昆山曼氏桶厂。

其业务运转流程：

1. 祥云公司、武钢、中石油润滑油公司签订月度或年度协议。

2. 中石油润滑油公司根据润滑油每月产量确定四家桶厂制桶量，向祥云公司订购所需武钢钢材，价格、数量由中石油润滑油公司确定。

3. 祥云公司根据月度合同提前向武钢付款。

4. 武钢收到付款后组织生产，45天后发货，货到指定四家桶厂。

5. 70～90天，货到四家桶厂，验收合格。

6. 祥云公司向四家桶厂开具发票。

7. 四家桶厂根据发票金额向祥云公司付款。

8. 四家桶厂将发票及验收合格单传真至润滑油厂，润滑油厂再付款给桶厂。

二、融资切入点

武钢销售特点是先款后货，要求直供商提前45天打预付款，武钢收到银行承兑汇票或现金后即组织生产，45天后才能够发货。而中石油润滑油公司下游配套企业由于是生产企业，从采购、生产、销售到结算有一定时间，因此中石油润滑油公司必须选择一家实力较强的直供商完成其采购环节，保证生产顺利进行。南宁祥云物资供应有限公司从武钢采购钢材供应给中石油润滑油公司下游配套生产企业，完成钢铁供应链连接。根据南宁祥云物资供应有限公司经营模式，某银行设计授信方案如下：

1. 资金流控制措施

（1）定向支付。银行为祥云公司开出银行承兑汇票，指定武钢为收款人。

（2）封闭回款。银行与祥云公司及其下游企业签订资金封闭回款协议，协议中约定，祥云公司销售给四家桶厂回笼货款，全部汇入祥云在银行所开立指定账户中，作为银行承兑汇票敞口部分还款来源。

2. 货物流向控制

（1）采购物流。祥云公司与中石油润滑油公司和武钢签订月度或年度协议，银行承兑汇票收款人限定为武钢股份，定向开票保障贸易背景真实性。

（2）销售物流。银行审定祥云公司申请开立银行承兑汇票收款人为武钢股份前提下，收货人必须是中石油润滑油公司指定四家桶厂，保证货物流向安全性。

三、银企合作情况

根据客户业务流程特点，某银行设计供应链融资方案如下：

1. 银行向祥云公司提供 5 000 万元授信额度，根据祥云公司与中石油润滑油公司签订购销合同，按 40% 保证金比例开出银行承兑汇票，银行承兑汇票收款人为武汉钢铁股份公司。

2. 银行与祥云公司及其下游企业中石油润滑油公司配套生产企业四家桶厂签订资金封闭运行回款协议。

3. 祥云公司下游中石油润滑油公司所指定四家桶厂每月按合同协议货款回笼到银行指定监管账户。

4. 回笼资金填满最近一笔到期敞口即释放额度，依次循环滚动操作。

四、综合收益情况

1. 直接效益

（1）存款方面：保证金存款达到日均约 2 000 万元，封闭回款带来其他现金回笼，日均增加在 1 000 万元以上。

（2）中间业务方面，通过开立银行承兑汇票可产生手续费和风险敞口承诺费近 20 万元。

（3）通过此次授信延伸开发对私业务（如办理 VIP、私人存款）、网上银行等业务。

2. 间接效益

（1）对于该客户融资，提高银行在武钢大型钢材经销商中声誉，使得银行供应链融资模式成为切入武钢上下游客户有力措施，提升银行在钢铁行业融资市场中份额。

（2）对于经销商融资，增加武钢在银行销售存款，提高银行武汉钢铁集团中业务占比，更有利于营销核心客户。

【点评】

1. 中石油润滑油公司实力强大，是本授信业务信用风险控制核心。

2. 对于铁桶生产企业生产能力和供应品质充分认定，保证供应链流程不会中断。

3. 武钢有保障供应能力和钢材品质保证，确保铁桶生产企业原料供应。

4. 现金流在支付环节和回款环节封闭运行，防范资金风险。

5. 现金流与货物流匹配设计，把握和控制贸易过程中相关各方资金需求。

6. 银行采取两头抓，一头抓上游核心客户合作方式，选择武钢等大型钢厂为收款人，锁定上游采购渠道，防止资金被挪用；一头选择支付能力较强、规模较大、国内外知名品牌下游客户，签订资金封闭协议，使资金在银行授信范围内封闭运行，以稳定销售回笼来填补银行承兑汇票敞口，保障银行资金安全。

依托核心客户，选择有影响力供应商和经销商。钢铁行业是典型资金密集型基础行业，炼钢企业处于供应链核心地位，依托其作为核心客户，上下游延伸发展营销，是银行供应链营销重点。

【案例十三】 联想电脑区域总代理商货押业务方案
（电脑质押模式）

一、企业基本情况

唐山信源电子有限责任公司注册资本 5 000 万元，主营业务为联想电脑销售及售后服务，公司实现营业收入 41 462.9 万元，利润 568.12 万元，资产负债率 24.82%，存货周转天数 35.63 天，应收账款周转天数 10.11 天，主营业务利润率 1.72%。

二、授信方案

申请人：唐山信源电子有限责任公司

质物：台式机电脑、笔记本电脑

出质人：唐山信源电子有限责任公司

业务模式：现货质押

授信品种：银行承兑汇票

供货方：联想（唐山）有限公司

货权形式：动产质押

仓库位置：唐山市经济技术开发区凤城一路

监管人：陕西省德邦速递物流有限公司

监管模式：独立监管

监管合同及厂、商、银合作协议：监管合同为标准合同

盯市渠道及取值方法：质押物价值按照联想（唐山）有限公司开立增值税发票与通过互联网在联想网站获取价格孰低确定。

保证金比例：30%

质押率：70%

赎货期：3个月

回购/担保安排：无

三、货押业务方案及流程

银行本次授信方案：开立银行承兑汇票授信，以联想（唐山）有限公司台式机电脑、笔记本电脑为动产质押，资金流向限定为给上游供应商联想（唐山）有限公司开立银行承兑汇票，以申请人销售回款归还授信敞口。具体流程包括：

1. 申请人将联想品牌台式机电脑、笔记本电脑质押给银行，申请人、监管人与银行签订监管协议，确定监管模式，银行拟采用动态监管模式，即银行根据授信额度敞口需要，以及质押率确定一个最低质押物价值，同时核定一个最低质押物库存量（质押物库存量＝根据质押率确定满足授信敞口价值/银行确定质押物单价），申请人应将质押物总量控制范围内全部联想品牌台式机电脑、笔记本电脑和每批进入监管场地联想品牌台式机电脑、笔记本电脑全部质押给银行。

2. 监管人陕西省德邦速递物流有限公司接管申请人库存管理后，按最低质押物库存量出具质押物清单（总行标准制式），将质押货物相关信息进行登

记，包括品名、规格、存货期限及其他基本信息。申请人向银行办理质押手续，并存入30%保证金，银行为申请人开立收款人为联想（唐山）有限公司的银行承兑汇票用于购买联想品牌电脑。

3. 监管人根据每日出入库情况，每天制作一份库存质押物明细清单发送至银行指定邮箱，该明细清单内容至少要包括库存电脑数量、型号、价格（申请人与监管人共同使用系统软件会在每一台电脑入库时将最新进货发票价格录入，同时刷新该型号库存电脑价格）、库存质押物总价值，并保证任何一个时点库存质押物价值不低于规定最低质押物价值。

4. 每次入库质押物价格分为两个档次，分别核定价格。在库存质押物价值高于规定额度情况下，申请人可直接办理出库手续。在库存质押物价值等于或低于规定额度情况下，每次出库前，申请人须先存入相应比例保证金，即提取质物价值70%保证金补足敞口，由银行货押中心出具出库单，由监管人凭出库单为申请人办理出库。

5. 该笔货押业务赎货期为3个月，监管人必须按照质押物先进先出原则进行出库，德邦物流使用系统可以做到这一点，因为每次货物入库都将被扫入条码，当出库时，如果出后入库质押物，则当出库扫码时系统就会提示相同型号质押物还有更早入库的，监管人便进行调整，同时监管人一旦发现所押货物存货日期大于3个月，必须立即通知银行，银行有权利要求申请人更换该质押物或向银行存入保证金将该质押物赎回。如果在赎货期内申请人没有赎完所押货物，则必须要求申请人说明原因，同时停止继续为申请人开立银行承兑汇票，并在银行承兑汇票到期日前将货物全部赎完，否则银行有权处置质押物。

6. 日常监管过程中，应保证任一时点质押物价格跌幅不能超过5%，同时质押率不高于70%。

四、唐山信源电子有限责任公司物流基本流程

1. 商品入库验收流程

采供部根据业务计划与联想签订采购合同—采供部在联想商品发运时在系统中生成采购订单—货物到库时库房陕西德邦速递物流公司依据采购订单及联想商品配送单验收商品并在系统中生成商品入库单（扫描条码）—财务部根据商品入库单办理付款手续。

2. 商品出库流程

销售人员根据客户购买意向与客户签订销售合同—销售人员同时在系统中生成销售清单—财务人员根据销售单办理结款手续—库房陕西德邦速递物流公

司依据销售清单生成商品出库单并办理商品出库手续（扫描条码）。

3. 商品管理

每周五陕西德邦速递物流公司报本周商品自盘表——每月 1 日陕西德邦速递物流公司与信源公司财务人员共同盘点确认商品盘点结果。

4. 市场管理

保持正常商品周转控制手段：

（1）销售保障

因与信源公司合作客户，其盈利模式也主要以返点为主，所以完成年初签约任务是下游渠道盈利保障，加之 IT 市场连续十年高速增长，所以，信源公司年度营业额可实现保障性较强，这对科学规划库存提供基础，杜绝盲目采购。

（2）采购内部控制保障

在强大数据电算化基础上，信源公司每周根据最新销售数据动态监控库存数据，采购部在购买商品时严格按照"良性库存原则"对于库存周转天数大于一定天数商品，严禁再次购买。

（3）库房条码管理

信源公司对商品管理采取"条码单品管理"，系统会按照先进先出原则，提醒操作人员将库龄较长商品优先出库，避免人为错误。

5. 销售折扣使用

销售折扣是指在完成一定销售额后，厂商的一种返利行为。协议约定折扣不返还现金，以抵进货款形式返还，每次返还本次进货额 10%～30% 不等，基于以上原因，存货账面价格会略低于市场现行价格。

五、质押货物情况

1. 货物描述

联想品牌台式机电脑、笔记本电脑。

2. 价格分析

由于银行采用质押物价格确定是根据联想（唐山）有限公司开立增值税发票与通过互联网在联想网站获取价格孰低确定，而联想（唐山）有限公司开立增值税发票价格是扣掉给唐山信源电子有限责任公司返点来确定，所以比在网上公开渠道取得价格要低。

六、监管人情况

（一）基本情况

1. 名称：陕西省德邦速递物流有限公司

2. 企业类型：有限责任公司

3. 经营资质和主要服务项目：第三方物流、信息咨询、供应链方案设计

4. 股权结构：无

（二）经营情况

1. 行业地位

（1）总公司连续四年被评为全国物流企业三强之一。

（2）陕西物流协会会员。

（3）陕西货运代理协会会员。

（4）省内传统性大型物流企业，在物流行业内处于龙头地位。

2. 货押业务监管制度和监管经验

陕西分公司暂无，总公司直属上海、香港分公司具备相关经验，已经将其相关规章制度参考使用。

七、监管库情况

1. 仓库类型：轻钢框架永久型库房

2. 仓库位置：唐山凤城一路西段 C 一区

3. 库容（仓储面积）：8 000 平方米

4. 经营资质：航空二级代理资质，航运代理资质

5. 作业能力

（1）7×24 小时不间断作业。

（2）独立作业场地。

（3）员工 160 名，其中库内作业 44 人。

（4）拥有各类运输车辆 44 辆。

八、风险点及控制措施

1. 货物控制：该业务为独立监管，质押物由监管人实施 24 小时监管，并严格执行银行事先制定的提货出库流程。监管人有专门监管货物电子台账，监管人将每日库存情况明细表发送至银行指定邮箱，每月与银行对账。

2. 质量控制、保险等：质押物限定为联想品牌电脑，有保险。

3. 企业资金流控制：要求企业将下游销售电脑回款打入银行账户。

4. 其他管理措施：

盯市：银行货押中心人员按照总行盯市制度每天盯市，由于质押物被分为两个档次，故主要盯相关档次质押物里出质价格最低质押物，当价格有变化时及时计算动态质押率，并及时通知监管人重新核定安全库存量。设定跌

价警戒线为5%，价格跌幅超过5%时，要求出质人于3个工作日内，补足相应保证金，以确保银行质押率恢复正常70%以下。

出货监控：质押物出入库严格按质押监管协议规定流程执行，监管人必须保证质押物存货期超过3个月时立即通知银行，该部分监管方责任在仓储监管协议中予以明确。客户部门和货押团队对申请人出货行为进行跟踪，如果发现异常，及时与申请人联系。并在授信到期前10天，负责通知申请人及时打款赎货。

质押物处置：如果在授信期内申请人没有赎完所押货物，则必须要求申请人说明原因，同时停止继续为申请人办理新授信，并在原授信到期日前将货物全部赎完，如果还未赎完质押物，银行将按照以下方法处置质押物：联系申请人，让其协助银行处置质押物；或联系总行货押中心，请其寻找相关客户群处置质押物；或联系该申请人下游客户，处置质押物。同时要求申请人在处置质押物过程中全面配合。

查库：银行货押中心及营销部客户经理将按每月一次频率现场查库。

九、收益分析

每次开立银行承兑汇票手续费＋货押手续费＋资金结算沉淀存款＋保证金存款。

十、其他需要说明事项

由于该质押物不允许开封检验，针对该问题特与监管机构沟通，提出以下防范风险措施：

1. 申请人从联想（唐山）有限公司所购买联想品牌电脑是由联想集团统一指定物流企业天勤志远物流有限公司负责统一配送，申请人从进货直到销售并不接触货物，而是由监管人陕西德邦物流有限责任公司负责入库验收，及销售后配送，所以可以从统一供货物流公司环节加以保证。

2. 每一台联想品牌电脑外包装上都有联想专用防伪标签及联想专用包装胶带。

3. 每一台联想品牌电脑外包装上都有产品编码，是唯一的，可以在网上进行查询。

4. 陕西中邮物流有限责任公司有专用X光机，可以对每一台电脑进行扫描。

5. 每一台电脑外包装两侧都有开口，可以看到里面货物。

6. 陕西德邦物流有限责任公司会对所要入库产品进行重量核查，根据外包装上标注重量信息，重量误差在 50 克以内认为正常，重量误差在 50 克以外认为不正常，可以进行开封检查。

7. 陕西德邦物流有限责任公司有一定比例开拆验试权利。

【案例十四】湖北中三股份有限公司供应链融资方案
（订单动产融资模式）

一、核心企业湖北中三股份有限公司基本情况

湖北中三股份有限公司是经湖北省政府批准成立的一家主营工程机械制造的股份制企业，是湖北省民营企业龙头企业，是重点客户。湖北中三已成为全国最大混凝土输送设备制造基地和品种日益齐备的工程机械产业基地。

近三年，企业抓住行业大发展机遇，获得快速增长，进一步稳固混凝土机械领域领导地位，在产品链延伸和国际业务开拓方面取得实质性突破：

该公司总资产为 59.17 亿元，净资产为 26.47 亿元，净资产收益率为 21.05%。该公司实现主营业务收入 45.74 亿元；实现净利润 5.57 亿元。该公司不断巩固和提升混凝土机械国内强势地位，产品质量已达到国际先进水准，成为行业内最强的混凝土成套设备供应商。在稳步提升国内市场占有率的同时，公司积极开拓国际市场，公司国际业务已覆盖 132 个国家，产品出口 60 个国家。公司实现营业收入 69.75 亿元，净利润为 13.45 亿元，较上年同期分别增长 80.48% 和 157.82%。

二、供应商信源公司基本情况

湖北信源钢管有限公司，注册资金 1 000 万元。公司主业为无缝钢管贸易，经过多年发展，公司已与国内主要无缝钢管生产商建立了代理关系，如公司是鞍钢集团无缝钢管一级代理商，是湖北新冶钢公司、攀钢集团江西洪都钢厂、江苏振达钢管集团、南昌大洪人钢管有限公司等国内大型钢铁企业无缝钢管特约经销商。质优价廉资源采购优势加上专业化服务、个性化服务与细分市场造就该公司在无缝钢管领域竞争力，该公司是湖北省内销售额最大的无缝钢管经销商，并已成为湖北中三、中联重科、江麓机械等大型企业无缝钢管供应商，与其都签有长年协议，信源公司占有湖北中三钢管供应量 60%、中联重科钢管供应量 40% 以上供应份额。

公司资产总额 4 822 万元，负债总额 1 443 万元，资产负债率 30%，流动比率 3.17，速动比率 1.08，公司偿债能力较强，存货量较大，能满足公司 50

天销售需要，但其流动性非常好，可随时变现。

三、销售模式

信源公司主要服务的大客户有湖北中三及其下属子公司三一重机、上海三一、娄底中兴液压件有限公司、中联重科及其下属子公司中旺机械、特力液压等。由于无缝钢管不同于一般建材用钢，其规格、型号、形状要求较严，信源公司根据客户订单向钢管生产厂家下单，付款方式为先款后货，厂家生产周期一般为 30 ~ 45 天，信源公司委托钢管厂家配套运输公司将货物运回设在长沙一力物流园内自有仓库，并按订单要求分批向客户发货，除湖北中三娄底中兴公司自提外，其余均由信源公司负责送货，根据以往结算记录，在收货后两个月左右时间付清货款，其中现金、银行承兑汇票比例为 6:4。

信源公司对钢管生产厂家实行先款后货，而对客户则是先货后款，这样公司大量资金长时间处于垫付状态，而三一、中联这几年来发展势头十分迅猛，对原材料要求也逐年大幅上升，信源公司受制于资金相对不足，业务无法迅速扩张。

四、银行链式融资方案

针对信源公司经营情况及其贸易背景，银行拟为其设计以下供应链融资方案：

业务当事人：授信主体（信源）、上游企业（湖北冶钢）、下游企业（湖北中三）、仓储方（一力物流）、银行

操作流程：

1. 银行根据信源销售规模及需要核定授信额度 3 000 万元（授信品种为银行承兑汇票，保证金 50%，1 500 万元敞口）。信源在授信额度内开出银行承兑汇票，收款人锁定为湖北大冶特钢，期限最长不超过 5 个月。

2. 湖北冶钢对银行出具承诺：在收到银行开出上述银行承兑汇票后，只能发货至指定仓库（一力物流）或直接发货至湖北中三。

3. 一力物流向银行出具承诺，由其保管的信源货物仅能发货至湖北中三和湖北中三娄底公司，发往湖北中三的货物由一力物流园负责运输。

4. 湖北中三向银行出具承诺，其应付给信源货款只能支付到信源在银行开立的账户，银行在该公司使用前优先补充银行承兑汇票保证金。

5. 信源在银行的授信额度在其销售回笼款项中优先归垫保证金，释放敞口部分可在授信期限内循环使用。

五、授信风险点及风险控制措施

1. 厂商无法按时供货风险、产品质量风险

根据信源公司与湖北冶钢所签订长期框架协议，冶钢必须保障信源公司订单生产，供货环节不会存在较大问题。而信源公司所经营钢管不同于一般建筑类用钢，每批货中包含几十种规格与型号，湖北冶钢作为国内知名无缝钢管生产厂家，不可能同时在几十种规格钢管中出现质量问题，根据以往经验，不排除在某个规格某个产品中出现质量问题，但相对金额很小，不会形成较大影响。

2. 运输过程中风险

货物从湖北运往长沙是由湖北冶钢签约运输公司湖北金诚物流有限公司承运，从一力物流园仓库运往湖北中三是由一力物流园车队负责，合同中均已明确规定在运输过程中发生货物损毁、丢失均由运输公司负责。此外，运输公司在钢厂存放有一定量保证金，另一方面钢管也不比其他类商品，不易损毁，因此此类风险也相对可控。

3. 仓储风险

货物运至一力物流园仓库后，信源公司将购买保险，并明确银行为保单受益人，以此规避这一风险。

4. 销售资金回笼监控风险

首先，湖北中三作为银行总行级重点客户已与银行形成战略合作关系，可确保所有与信源货款结算均支付至银行。其次，信源公司与湖北中三之间销售量很大，而银行授信所涉及货物仅占其中一部分（如需深加工钢管就未涉及），而湖北中三将把所有结算货款全部支付至银行，信源公司也承诺所有回笼货款优先归垫保证金，这样银行可监控到现金回款（剔除银行承兑汇票外）将大大高于银行授信敞口。最后，信源公司除三一外其他大客户也为银行授信客户，如中联重科、江麓机械厂等，银行在必要时也有能力通过控制这一部分现金流来归还银行授信。

除以上几点外，银行还将通过以下几个方面措施来控制风险：

（1）银行定期盘库，核对保证金及发往湖北中三货物，做到授信项下商品总量管理、保证金浮动管理和逐笔账实管理。

（2）银行开出银行承兑汇票由银行寄往湖北冶钢，湖北中三若以银行承兑汇票付款，由银行人员前往收取，由银行进行代保管或者由信源补充相应金额现金。

（3）仓储方保管商品办理财产综合保险，受益人为银行。

（4）银行承兑汇票到期前10天，信源公司必须利用销售款将保证金全部归垫完毕，如有敞口，公司必须以自有资金垫付，否则银行将强制要求信源公司贴现银行代保管银行承兑汇票。

【案例十五】钢铁供应链商商银营销授信方案（商商保兑仓）

一、企业基本情况

四川副绿星实业有限公司是四川全物集团有限公司控股子公司四川新源再生产业有限公司全资子公司，四川副绿星注册资本2 000万元，总资产9亿元，净资产1亿元，年销售收入16亿元，利润1 000多万元。在银行已获授信4亿元，累计出票5亿元，日均存款近3亿元。副绿星与楚雄钢铁签订不低于50万吨钢材采购量合同，每月需向楚雄钢铁采购钢材4万吨以上。其销售结构中50%对自有终端项目，50%批发给二级经销商。

四川全物集团是经四川省国资委批准，由原四川物资集团正式更名成立的从事流通领域生产经营服务的综合性现代物流企业集团。集团由四川省人民政府出资和授权经营，受四川省人民政府国有资产监督管理委员会监管。

二、银行切入点分析

"钢铁供应链商商银业务"通过支持具备实力的楚雄钢铁一级经销商下游经销商（二级经销商），进一步锁定楚雄钢铁钢材销售环节物流和资金流向，以达到延伸供应链条、扩展客户渠道目的。"钢铁供应链商商银业务"作为一项新产品，率先在行内向钢铁行业一级经销商下游进行供应链产品设计。

"钢铁供应链商商银业务"是以银行承兑汇票为结算工具，楚雄钢铁一级经销商及其下游二级经销商、仓储监管方、银行、特定担保方五方协议约定，由银行控制货权、仓储监管方受托保管货物、特定担保方连带责任担保、银行为二级经销商开出银行承兑汇票，购买一级经销商钢材的链式融资产品。

银行开展"钢铁供应链商商银业务"选定与银行合作"钢铁供应链业务"的楚雄钢铁一级经销商——四川副绿星实业有限公司进行合作，由其控股股东——四川全物集团有限公司提供连带责任担保，同时引入四川全物集团有限公司控股的四川鑫盛物流有限公司作为仓储监管方。

三、银企合作情况

银行"钢铁供应链业务"是基于楚雄钢铁回购给予一级经销商授信，形成一级经销商对楚雄钢铁依赖。二级经销商由于不具备从楚雄钢铁直接提货资格，因此其采购来源于市场，为获得及时稳定货源和品种，更多则需要依托楚雄钢铁一级经销商。因此每一个一级经销商总有一批稳定的下游二级经销商客户，由于相互间依赖关系，使得业务合作稳定程度和信誉程度都较高。如果银行介入对一级经销商稳定下游二级经销商授信，一方面受到二级经销商欢迎，但更为重要的是强化一级经销商对其下游控制力，增加下游经销商稳定性。为做到这一点，就必须在一级经销商层面搭建一个平台，既形成对二级经销商支持，又形成二级经销商对这一平台依赖。因此，银行引入四川全物集团作为连带责任担保方，对最后因为二级经销商不能按期回补敞口风险问题予以解决。

在锁定物流和资金流向基础上引入货押、盯市等措施进行风险控制。同时在"钢铁供应链商商银业务"项下捆绑现金管理、买方付息票据贴现等产品，可实现资金在银行从二级经销商到一级经销商再到楚雄钢铁封闭运行。

在整个业务方案中，四川副绿星须履行发货义务并承担相应责任，仓储监管方需要对物流实施监管，在得到银行出具出库通知书后才予以发货。因此，方案需要突破的难点在于如何对四川全物集团连带责任担保额度进行核定。

银行储备客户 11 户，其中 6 户已经完成授信审批，批复金额为 1.6 亿元，待四川全物集团履行完其应承担的连带担保责任向四川省国资委备案并取得复函后，即可出账，余下 5 户正在进行材料收集，预计在明年 1 月完成全部审批工作。由于该业务从出票到贴现均在银行封闭运作，资金可实现从二级经销商到四川副绿星再到楚雄钢铁均在银行体系内，因此，预计贴现利息收入 3 000 万元以上，派生存款 3 亿元。

【点评】

营销感悟和心得体会：

1. "钢铁供应链商商银业务"方案得以形成，在于主办经营机构对楚雄钢铁销售流程和销售政策进行深入研究，对楚雄钢铁产品在市场流转及价格体系有细致了解和分析，通过对资金流和物流观察找到业务创新要点。

2. 尽管楚雄钢铁对一级经销商向银行融资提供回购增信措施，但是一级经销商在获得支持的同时也必须接受楚雄钢铁要求一级经销商承担的责任和义务。因此，其中一些一级经销商也在渴望找到新融资模式。银行"钢铁供应链商商银业务"正是探查到这些一级经销商需求，并有针对性地进行营销和业务方案设计才得以成功，更为重要的是也得到四川副绿星控股股东四川全物集团支持，银行得以与四川全物集团建立从无到有的合作关系。

要做个会算账的客户经理，哪种方式使用授信回报最大，就按照那种方式去销售银行的授信产品。其实，我们就是销售人员，销售我们的信贷资源，要按照回报最大的方式销售，卖出一个好价钱。银行的授信资源非常珍贵，要懂得珍惜。

附录1 真实客户案例

【真实案例一】 西安陕鼓动力股份有限公司买方信贷

西安陕鼓动力股份有限公司关于
产品销售金融合作设备回购担保的公告

本公司董事会及全体董事保证本公告内容不存在任何虚假记载、误导性陈述或者重大遗漏，并对其内容真实性、准确性和完整性承担个别及连带责任。

一、产品销售金融合作业务概述

西安陕鼓动力股份有限公司（以下简称公司）为解决在公司产品销售过程中信誉良好且需融资支持客户付款问题，为客户提供包括金融服务在内系统解决问题方案，为用户提供解决融资难问题有效途径。

1. 银行部分融资模式

购货方购买公司产品，向公司首付产品总价一定比例（一般为40%以上）货款，并以该产品为抵押向银行申请不超过所购产品总价一定比例贷款，银行向购货方发放贷款实行专款专用、封闭运行，专项用于向公司支付产品货款。当购货方当期未清偿贷款本金或利息，银行有权单方面终止借款合同并要求购货方提前偿还全部贷款本息。如购货方无力支付对银行所欠全部贷款本息，则银行有权将该产品作为抵押产品，全部收回予以处置用于抵偿购货方所欠贷款本息，此时银行按照与购货方签订的抵押合同及与公司签订的金融合作补充协议要求购货方将抵押物（即设备）折价转让给公司，购货方无条件同意公司将抵押物折价转让价款交付银行用于抵偿购货方拖欠借款本息。公司同意无条件按照金融合作补充协议约定折价受让抵押物，其中抵押物折价转让价格确定方法如下：

折价价款 =（产品原值 – 折旧）×60%（第一年）

折价价款 =（产品原值 – 折旧）×40%（第二年）

折价价款 =（产品原值 − 折旧）×30%（第三年）

为消除上述业务可能产生的风险，公司制定产品销售金融合作项目管理办法，建立产品销售金融合作服务决策机构、风险监控机构、项目领导小组、项目工作小组，分别履行项目决策、风险监控、领导与实施职能。制定并实施一整套业务流程，主要包括项目前期调查、项目决策、项目执行、项目后续管理等环节。对客户资信和执行协议能力确认后方签订产品销售金融合作协议。

2. 融资租赁模式

融资租赁模式为大型机械制造行业较为常见销售方式之一，根据近期客户提出需求，公司拟采用该销售方式以满足客户需求。用户向租赁公司提出设备租赁要求，租赁公司负责融资并向公司采购相应设备，然后交付用户使用，用户按期向租赁公司交付租金，租赁期满用户取得设备所有权。在租赁期内，如果用户出现连续几期或累计达到一定期数未付租金，公司对租赁公司履行回购义务，向租赁公司偿付用户未付租金部分并取得租赁抵押物所有权。

二、被担保人基本情况

信誉良好且具备银行贷款条件法人客户。

三、担保安排主要内容

1. 银行部分融资模式

本次银行部分融资模式对应设备销售合同金额为 9 868 万元，对中信银行承担设备回购担保金额为 4 901 万元。

上述项目合作期限均为 2 年，用户以所购公司设备向中信银行股份有限公司西安分行或民生金融租赁股份有限公司作抵押担保，公司向中信银行股份有限公司西安分行和民生金融租赁股份有限公司承诺：如用户出现逾期贷款，公司将回购用户作抵押担保设备。

2. 融资租赁模式

本次融资租赁模式对应设备销售合同金额为 4 540 万元，对民生租赁公司承担设备回购担保金额为 4 540 万元。

本公司与上述交易各方不存在关联关系。

四、董事会意见

在前期采用金融机构贷款模式融资项目中，均没有出现逾期还本付息现象，风险度较小，公司融资销售模式得到市场高度认可。

该项业务实施可以促进销售收入增长，确保公司长期持续发展。

五、累计对外担保数量及逾期担保数量

截至本公告披露日，本公司及控股子公司担保总额 38 934.5 万元，占公司最近一期经审计净资产比例为 14.99%，担保贷款余额为 33 356.63 万元。本公司对控股子公司没有提供担保。无逾期担保。

六、备查文件目录

西安陕鼓动力股份有限公司第四届董事会第二十五次董事会决议。

特此公告。

西安陕鼓动力股份有限公司董事会

2010 年 12 月 20 日

注：本案例选自巨潮资讯网。

【真实案例二】天津赛象科技股份有限公司按揭贷款

天津赛象科技股份有限公司关于向山东德瑞宝轮胎
有限公司销售产品提供按揭贷款回购担保的公告

本公司及董事会全体成员保证信息披露内容真实、准确、完整，没有虚假记载、误导性陈述或重大遗漏。

一、担保情况概述

2011 年 2 月 1 日，天津赛象科技股份有限公司（以下简称公司）与中国民生银行股份有限公司天津分行（以下简称民生银行）、山东德瑞宝轮胎有限公司（以下简称德瑞宝）在天津签订设备按揭贷款回购协议，为公司向德瑞宝销售产品提供设备按揭贷款回购担保，担保金额为 2 125 万元。

此前，公司 2010 年 2 月已与德瑞宝签订产品销售合同，其中二期交付部分包括挤出线等子午线轮胎关键设备，产品货值约 3 134 万元。

上述担保事项已经 2011 年 2 月 9 日公司第四届董事会第六次会议审议通过，取得全体董事一致同意。

二、被担保方基本情况

1. 被担保方：山东德瑞宝轮胎有限公司，成立日期：2009 年 12 月 14 日；注册地点：东营市广饶县经济开发区；法定代表人：袁廷行；注册资本：21 000万元；经营范围：前置许可经营项目：无。

一般经营项目：全钢、半钢、载重轮胎子午线生产销售；经核准自营和代理进出口业务（以上经营事项涉及法律法规规定需报批，凭批准证书经营）。公司与德瑞宝不存在关联关系。

2. 截至 2010 年 12 月 31 日，德瑞宝总资产 323 782 916.07 元，总负债 113 762 887.97 元，净资产 210 020 028.10 元，资产负债率 35.14%，公司于 2009 年 12 月 14 日成立，尚处于建设期内，未产生经济效益，2010 年度实现营业外收入 20 028.10 元（以上数据未经审计）。

三、担保协议主要内容

德瑞宝向民生银行申请设备按揭贷款 2 500 万元，专项用于支付公司货款，公司同意承担其净敞口 2 125 万元阶段性担保及回购担保责任，期限 3 年。在德瑞宝按揭贷款还款期内，如德瑞宝违约，民生银行要求公司回购时，公司同意回购债权，同时相应设备抵押权由民生银行转至公司。由公司与民生银行、德瑞宝签署阶段性担保协议（三方协议）、子午线轮胎关键设备按揭贷款回购协议（三方协议），并由民生银行与德瑞宝签署流动资金贷款借款合同。

本次担保有反担保措施。

四、董事会意见

1. 提供担保原因：开拓市场，拓展多种营销模式，适应市场需求，适应公司业务发展需要。

2. 对担保事项风险判断：在德瑞宝向民生银行存入 375 万元保证金条件下，山东昊龙集团有限公司、山东昊龙集团有限公司和德瑞宝双方法定代表人及其财产共有人、山东昊龙集团有限公司和德瑞宝双方股东也为德瑞宝向民生银行申请贷款提供连带责任担保，并与民生银行签署保证合同。同时，公司所售产品交付后由德瑞宝办理动产抵押给民生银行。

被担保人是 2009 年年末新成立公司，至今在银行系统没有发生不良信用记录，资产负债率为 35.14%。对于公司为其担保第一笔借款，被担保人已按时履行过第一期还款。被担保人已和若干下游客户/代理商签订合作合同，预期未来产品销售渠道有所保障，从而进一步保障其偿债能力。

注：本案例选自巨潮资讯网。

【真实案例三】唐山冀东水泥股份有限公司关于开展保兑仓业务并为客户提供担保的公告

本公司及董事会全体成员保证公告内容真实、准确、完整，没有虚假记载、误导性陈述或者重大遗漏。

一、担保情况概述

为促进公司产品销售与回款，公司拟与客户、华夏银行、兴业银行合作开展保兑仓业务，2011 年度拟为保兑仓业务提供不超过 21 000 万元担保，其中，为本次保兑仓业务提供 13 440 万元担保，并授权董事长代表公司签署有关合作协议。

保兑仓业务模式实质上是客户按融资总额一定比例向银行存入保证金，银行将全部融资额以承兑汇票形式交付给公司，公司为客户提供银行承兑汇票保证金以外差额部分融资担保。本次办理保兑仓业务，公司为客户提供 13 440 万元连带责任保证。具体为客户提供担保额度如下：

序号	客户名称	担保金额（万元）
1	北京住总商品混凝土中心	1 750.00
2	北京城建九混凝土有限公司	1 400.00
3	北京京辉混凝土有限公司	1 400.00
4	天津滨涛混凝土有限公司	1 400.00
5	天津市中凝佳业混凝土有限公司	1 400.00
6	天津欣洲万隆商贸有限公司	1 400.00
7	北京盛和诚信混凝土有限公司	700.00
8	北京双良混凝土有限公司	700.00
9	北京铁建永泰新型建材有限公司	700.00
10	唐山昌坤商贸有限公司	700.00
11	天津宏瑞混凝土有限公司	700.00
12	天津华跃基业混凝土有限公司	700.00
13	北京看丹合力混凝土有限公司	490.00
合计		13 440.00

鉴于保兑仓业务同时属于公司对外担保业务，为保证本公司合法权益，保兑仓客户为本次对外担保提供相关资产抵押、第三方反担保。本公司授权期限为2010年度股东大会通过之日起到2011年度股东大会召开之日止。

上述公司开展保兑仓业务议案已经公司第六届董事会第三十三次会议审议通过，鉴于公司对外担保累计总额已经超过公司最近一期经审计净资产50%，上述担保尚需经公司2010年度股东大会审议通过。

二、被担保客户基本情况

（一）北京住总商品混凝土中心

成立日期：2000年5月10日

注册地点：北京市朝阳区十里堡壁板厂1号北段

法定代表人：段伯强

注册资本：2 562.54万元

经营范围：生产混凝土、建筑材料；销售混凝土、建筑材料；土建试验。

截至2010年12月31日，北京住总商品混凝土中心资产总额为40 612万元，负债总额为35 083万元，资产负债率为86.4%，净资产5 529万元。2010年度，实现营业收入46 901万元，实现净利润360万元。

该公司与本公司不存在任何关联关系。

（二）北京城建九混凝土有限公司

成立日期：2002年12月11日

注册地点：北京市海淀区什邡院甲1号

法定代表人：施亚兵

注册资本：2 000万元

经营范围：制造混凝土、混凝土防冻剂、混凝土高效减水剂。

截至2010年12月31日，北京城建九混凝土有限公司资产总额为10 242万元，负债总额为7 362万元，资产负债率为71.9%，净资产2 880万元。2010年度，实现营业收入16 517.9万元，实现净利润8.3万元。

该公司与本公司不存在任何关联关系。

（三）北京京辉混凝土有限公司

成立时间：2001年8月23日

注册地点：北京市丰台区花乡白盆窑村南1号乙

法定代表人：汤国辉

注册资本：2 000万元

主营业务：货物专用运输；专业承包；销售建筑材料、装饰材料、金属材料、机械设备、电器设备、混凝土添加剂（国家有关部门另需审批项目除外）；建筑机械设备租赁。

截至 2010 年 12 月 31 日，北京京辉混凝土有限公司资产总额为 29 838 万元，负债总额为 15 714 万元，资产负债率为 52.7%，净资产 14 124 万元。2010 年度，实现营业收入 15 945 万元，实现净利润 1 281 万元。

该公司与本公司不存在任何关联关系。

（四）天津市滨涛混凝土有限公司

成立日期：2001 年 1 月 15 日

注册地点：宝坻区尔王庄乡西杜庄

法定代表人：杜兴来

注册资本：2 000 万元

主营业务：预拌商品混凝土；普通货物运输；建筑材料、民用钢材、汽车配件、五金、交电、化工产品（危险品、易制毒品及含金银产品除外）、纺织品（批发兼零售）；室内外装饰；与建筑工程设施配套线路、管道、设备安装；混凝土预制构件制造；土石方工程（国家规定许可证资质证或有关部门审批项目经营资格及限期以证或审批为准）。

截至 2010 年 12 月 31 日，天津市滨涛混凝土有限公司资产总额为 35 375 万元，负债总额为 31 071 万元，资产负债率为 87.8%，净资产 4 304 万元。2010 年度，实现营业收入 36 600 万元，实现净利润 991.2 万元。

该公司与本公司不存在任何关联关系。

（五）天津市中凝佳业混凝土有限公司

成立时间：2004 年 8 月 27 日

注册地点：天津市西青区中北镇雷庄村内

法定代表人：郭向英

注册资本：2 000 万元

经营范围：商品混凝土制造、销售。

截至 2010 年 12 月 31 日，天津市中凝佳业混凝土有限公司资产总额为 21 259 万元，负债总额为 16 653 万元，资产负债率为 78.3%，净资产 4 672 万元。2010 年度，实现营业收入 35 826 万元，实现净利润 766 万元。

该公司与本公司不存在任何关联关系。

（六）天津欣洲万隆商贸有限公司

成立时间：2005 年 12 月 15 日

注册地点：塘沽区好望角商界 A 区 -8

法定代表人：刘宏伟

注册资本：2 000 万元

经营范围：水泥制品、建筑材料、机电产品批发兼零售；土石方工程；建筑安装；国内货运代理服务。国家有专营专项规定的按专营专项规定办理。

截至 2010 年 12 月 31 日，天津欣洲万隆商贸有限公司资产总额为 6 066 万元，负债总额为 1 757 万元，资产负债率为 28.9%，净资产 4 890 万元。2010 年度，实现营业收入 26 865 万元，实现净利润 499 万元。

该公司与本公司不存在任何关联关系。

（七）北京盛和诚信混凝土有限公司

成立时间：2000 年 3 月 8 日

注册地点：北京市朝阳区孙河乡北甸村和平构件厂院内

法定代表人：司光明

注册资本：2 500 万元

经营范围：制造、加工商品混凝土、小型混凝土构件、轻体转。

截至 2010 年 12 月 31 日，北京盛和诚信混凝土有限公司资产总额为 12 192 万元，负债总额为 5 330 万元，资产负债率为 43.7%，净资产 4 362 万元。2010 年度，实现营业收入 23 565 万元，实现净利润 1 499 万元。

该公司与本公司不存在任何关联关系。

（八）北京双良混凝土有限公司

成立时间：2000 年 3 月 8 日

注册地点：北京市朝阳区双桥路 9 号

法定代表人：牛明群

注册资本：2 150 万元

经营范围：制造、加工商品混凝土。

截至 2010 年 12 月 31 日，北京双良混凝土有限公司资产总额为 10 300 万元，负债总额为 5 941 万元，资产负债率为 57.7%，净资产 4 359 万元。2010 年度，实现营业收入 7 362 万元，实现净利润 467 万元。

该公司与本公司不存在任何关联关系。

（九）北京铁建永泰新型建材有限公司

成立时间：2003 年 8 月 22 日

注册地点：北京市通州区张家湾镇三间房村村委会北 1 500 米

法定代表人：朱慧

注册资本：1 000 万元

经营范围：加工制造商品混凝土。

截至 2010 年 12 月 31 日，北京铁建永泰资产新型建材有限公司资产总额为 6 159 万元，负债总额为 4 184 万元，资产负债率为 67.9%，净资产 1 941 万元。2010 年度，实现营业收入 9 042 万元，实现净利润 1 572 万元。

该公司与本公司不存在任何关联关系。

（十）唐山昌坤商贸有限公司

成立时间：2006 年 6 月 19 日

注册地点：唐山路北区学院路 23 号

法定代表人：王纪柱

注册资本：600 万元

经营范围：钢材、铜铝材、通用及专用设备、办公设备、文具用品、五金、果菜批发、销售；建筑工程机械租赁、维修。

截至 2010 年 12 月 31 日，唐山昌坤商贸有限公司资产总额为 7 788 万元，负债总额为 2 452 万元，资产负债率为 31.5%，净资产 5 335 万元。2010 年度，实现营业收入 8 752 万元，实现净利润 671 万元。

该公司与本公司不存在任何关联关系。

（十一）天津宏瑞混凝土有限公司

成立时间：2006 年 6 月 9 日

注册地点：塘沽区闸南路（大东化工厂院内）

法定代表人：张淑华

注册资本：2 000 万元

经营范围：预制商品混凝土生产、销售、泵送；混凝土试验；建筑材料批发兼零售。国家有专项专营规定的按规定执行。

截至 2010 年 12 月 31 日，天津市宏瑞混凝土有限公司资产总额为 14 185 万元，负债总额为 7 781 万元，资产负债率为 54.8%，净资产 3 924 万元。2010 年度，实现营业收入 23 754 万元，实现净利润 1 432 万元。

该公司与本公司不存在任何关联关系。

（十二）天津华跃基业混凝土有限公司

成立日期：2006 年 11 月 2 日

注册地点：天津开发区第二大街 27 号 A 座 203 室

法定代表人：霍跃华

注册资本：1 200 万元

经营范围：预制商品混凝土泵送、生产、销售；混凝土制品销售；混凝土外加剂生产销售；基础、市政建筑工程。

截至 2010 年 12 月 31 日，天津华跃基业混凝土有限公司资产总额为 7 402 万元，负债总额为 4 400 万元，资产负债率为 69.2%，净资产 3 002 万元。

2010 年度，实现营业收入 8 232 万元，实现净利润 802 万元。

该公司与本公司不存在任何关联关系。

（十三）北京看丹合力混凝土有限公司

成立时间：2003 年 4 月 25 日

注册地点：北京市丰台区看丹村看杨路

法定代表人：耿辉

注册资本：2 000 万元

经营范围：货物运输（罐式）；预拌商品混凝土专业二级；建筑设备租赁；销售建筑材料、装饰材料。

截至 2010 年 12 月 31 日，北京看丹合力混凝土有限公司资产总额为 10 300 万元，负债总额为 3 673 万元，资产负债率为 35.7%，净资产 6 663 万元。2010 年度，实现营业收入 9 004 万元，实现净利润 905 万元。

该公司与本公司不存在任何关联关系。

三、被担保客户为本公司提供反担保情况及担保合同内容情况

（1）反担保情况

序号	客户名称	客户反担保情况
1	北京住总商品混凝土中心	北京市住宅建设设备物资公司提供担保
2	北京城建九混凝土有限公司	提供房产及车辆抵押登记、提供北京翰林伟业投资有限公司担保
3	北京京辉混凝土有限公司	北京泓辉典当行、鄯善鑫益铁业公司提供担保
4	天津滨涛混凝土有限公司	天津怀友房地产有限公司提供担保
5	天津市中凝佳业混凝土有限公司	东兆长泰投资集团有限公司提供担保
6	天津欣洲万隆商贸有限公司	天津欣洲万通混凝土有限公司、天津志达混凝土搅拌有限公司、唐山新诚运输有限公司及刘宏伟个人提供担保
7	北京盛和诚信混凝土有限公司	提供车辆抵押登记
8	北京双良混凝土有限公司	提供房产及车辆抵押登记
9	北京铁建永泰新型建材有限公司	提供车辆抵押登记
10	天津宏瑞混凝土有限公司	天津市第五建筑工程有限公司、天津泰富置业有限公司、天津永信担保咨询有限公司提供担保
11	天津华跃基业混凝土有限公司	中冶天工建设有限公司提供担保
12	唐山昌坤商贸有限公司	唐山市金马启新水泥有限公司提供担保
13	北京看丹合力混凝土有限公司	提供车辆及房产抵押登记

（2）担保合同主要内容由公司、客户及银行三方共同协商确定。

四、董事会意见

公司办理保兑仓业务是为促进公司产品销售与回款。北京住总商品混凝土中心等13家客户与本公司合作都在3年以上，每年年末货款回收率均为100%，上述客户对本公司产品需求量大，供需关系稳定且客户为本次担保提供资产抵押、第三方反担保。鉴于以上情况，董事会同意开展保兑仓业务，并为其提供担保。

五、累计对外担保数量及逾期担保数量

截至2011年3月31日，公司实际担保金额695 196万元，占公司最近一期经审计净资产807 949万元的86.04%。其中公司为子公司实际担保金额687 461万元，开展保兑仓业务对外担保金额为7 735万元。

截至本公告日，本公司无逾期担保。

唐山冀东水泥股份有限公司董事会
2011年4月13日

注：本案例选自巨潮资讯网。

【真实案例四】软控股份有限公司买方信贷

软控股份有限公司关于为公司及子公司产品
销售向客户提供回购担保进展情况的公告

本公司及董事会全体成员保证公告内容真实、准确和完整，对公告虚假记载、误导性陈述或者重大遗漏负连带责任。

一、回购担保情况概述

1. 为山东奥戈瑞轮胎有限公司提供回购担保

2009年9月，公司及全资子公司青岛软控机电工程有限公司（以下简称软控机电）与山东奥戈瑞轮胎有限公司（以下简称奥戈瑞轮胎）签署设备采购合同，采购配料系统、成型机、钢丝帘布裁断机、内衬层和薄胶片压延生产线以及检测设备等，合同价款共计人民币8 015万元。

根据2009年度股东大会授权，公司经营层同意为奥戈瑞轮胎向银行贷款购买上述产品提供回购担保，并于2010年5月27日与深圳发展银行青岛分行、奥戈瑞轮胎签署设备按揭贷款业务合作协议和保证担保合同。同时，深圳发展银行青岛分行、奥戈瑞轮胎签署贷款合同，本次回购担保金额为 5 600 万元，期限两年。

2. 为潍坊华东橡胶有限公司提供回购担保

2009 年 7 月，公司及全资子公司软控机电与潍坊华东橡胶有限公司（以下简称潍坊华东）签署设备采购合同，采购配料系统、成型机、钢丝帘布裁断机、内衬层压延生产线以及载重胎 X 射线检测机等设备，合同价款共计人民币 4 320 万元。

根据 2009 年度股东大会授权，公司经营层同意为潍坊华东向银行贷款购买上述产品提供回购担保，并于 2010 年 5 月 26 日与中国银行青岛正阳路支行、潍坊华东签署《软控股份有限公司、中国银行关于建立橡胶机械金融网合作协议从属协议》。同时，中国银行青岛正阳路支行与潍坊华东签署借款合同和抵押合同，本次回购担保金额为 3 456 万元，期限两年。

二、被担保方基本情况

1. 公司名称：山东奥戈瑞轮胎有限公司
注册地址：东营市广饶县西水工业园
法定代表人：王子荣
注册资本和实收资本：8 000 万元
经营范围：载重子午线轮胎设计、生产、销售及服务；橡胶制品销售等。
2. 公司名称：潍坊市华东橡胶有限公司
注册地址：潍坊寿光市台头镇刘家河头村
法定代表人：王绍成
注册资本和实收资本：3 158 万元人民币
经营范围：制造、销售全钢子午线轮胎、工程车轮胎、农用车轮胎、半钢子午线轮胎、载重汽车轮胎、轻卡汽车轮胎、橡胶制品、非织造布、轮胎及非织造布原辅材料。

三、风险防范措施

1. 在提供回购担保前，被担保方支付回购担保对应产品 20% ~ 30% 预付款。
2. 被担保方将回购担保对应产品向贷款银行进行抵押。
3. 签署反担保合同：
（1）公司及全资子公司软控机电与奥戈瑞轮胎法定代表人王子荣先生签

署保证合同，王子荣先生对公司提供回购担保提供连带责任担保；与第三方兴源轮胎集团有限公司、山东奥戈瑞车轮有限公司签署保证合同，上述两公司对本公司提供回购担保提供连带责任担保。

（2）公司与潍坊市华东橡胶有限公司法定代表人王绍成先生及其配偶郑冠英女士签署保证合同，王绍成先生及其配偶郑冠英对公司提供回购担保提供连带责任担保，与第三方潍坊市金盾轮胎有限公司签署保证合同，金盾轮胎有限公司对公司提供回购担保提供连带责任担保。

四、累计提供回购担保金额及回购金额

截至公告日，公司为客户提供回购担保余额为人民币 18 779.88 万元（包括本次回购担保），其中为潍坊市华东橡胶有限公司提供回购担保余额为 3 624 万元（包括本次为其提供回购担保 3 456 万元），为山东豪克国际橡胶工业有限公司提供回购担保余额为 2 243 万元，为赛轮股份提供融资租赁回购担保余额为 2 738.25 万元，为好友轮胎提供融资租赁回购担保余额为 2 454.63 万元，为青岛光明轮胎提供回购担保额 2 120 万元，本次为奥戈瑞提供回购担保 5 600 万元。

五、备查文件

1. 软控股份有限公司、深圳发展银行青岛分行签订的《设备按揭贷款业务合作协议》。

2.《软控股份有限公司、中国银行关于建立橡胶机械金融网合作协议从属协议》。

3. 奥戈瑞轮胎、深圳发展银行青岛分行签订的贷款合同。

4. 潍坊华东、中国银行正阳路支行签订借款合同。

5. 公司及全资子公司软控机电与奥戈瑞轮胎法定代表人王子荣先生以及与兴源轮胎集团有限公司、山东奥戈瑞车轮有限公司签署的保证合同。

6. 公司与潍坊华东法定代表人王绍成先生及其配偶郑冠英女士，以及与潍坊市金盾轮胎有限公司签署的保证合同。

特此公告。

软控股份有限公司董事会
2010 年 5 月 31 日

现在很多银行热衷于做小企业，其实无论是大企业或者小企业都可以给银行带来巨大的财富，银行不要随风飘，找准能服务好的企业，坚持不懈最重要。就如同追流行，你永远都不一定能追上，找到最适合自己的就是最好的。

【真实案例五】重庆力帆丰顺汽车销售有限公司汽车销售网络融资

力帆股份关于控股子公司重庆力帆丰顺汽车销售有限公司对汽车经销商提供回购担保的公告

一、担保情况概述

本公司全资子公司重庆力帆丰顺汽车销售有限公司（以下简称力帆丰顺）为方便与汽车经销商结算，拟由力帆丰顺、经销商和指定银行签署合作协议，经销商按最低不少于票面金额 30% 标准向指定银行申请开立银行承兑汇票，该银行承兑汇票用于向力帆丰顺支付购车款，经销商在银行承兑汇票到期日前 30 天必须存入足额资金至保证金账户。否则由力帆丰顺在银行承兑汇票到期前 20 天，按照库存车辆原始发票金额 70% 进行回购。

审议通过《关于力帆实业（集团）股份有限公司控股子公司——重庆力帆丰顺汽车销售有限公司对汽车经销商提供回购担保议案》，同意力帆丰顺为信誉良好且具备银行贷款条件汽车经销商（法人客户）提供回购担保。根据《力帆实业（集团）股份有限公司章程》规定，该议案无须提交公司股东大会审议。

二、被担保人基本情况

信誉良好且具备银行贷款条件汽车经销商（法人客户）。

三、担保主要内容

力帆丰顺拟就上述事宜与指定银行、经销商签署银企合作协议书，该协议主要内容如下：

（1）重庆银行股份有限公司授信额度：总计人民币 20 000 万元；期限：2011 年 6 月至 2012 年 6 月。湛江市银行股份有限公司重庆分行授信额度：总计人民币 8 000 万元；期限：2011 年 5 月至 2012 年 5 月。

（2）指定银行在经销商符合授信要求前提下与其签订承兑协议，经销商在指定银行开立保证金账户，向指定银行申请签发银行承兑汇票时，交付保证金比例不得低于其所申请银行承兑汇票票面金额 30%，并承诺以该银行承兑汇票为预付款购买汽车全部销售款逐笔存入该账户，该保证金账户内资金作为经销商在指定银行处授信质押担保。

（3）银行承兑汇票到期前 30 天，经销商应及时足额地偿付银行承兑汇票款项至保证金账户，否则力帆丰顺在银行承兑汇票到期前 20 天，按照库存车辆原始发票金额 70% 进行回购。

（4）若经销商未按约定在银行承兑汇票到期前 30 天向指定银行足额交存银行承兑汇票票款，则无论经销商是否将库存车回购通知书对应车辆、退税发票、运输费用等交付力帆丰顺，在银行承兑汇票到期前 10 天，力帆丰顺都应在收到指定银行退还融资车辆合格证原件后 3 个工作日内将回购款直接划入经销商在指定银行开立的保证金账户，用于偿付经销商到期应付银行承兑汇票票款，否则，每逾期一天，将按力帆丰顺未付款项每日 3‰ 标准向指定银行支付违约金。

（5）重庆力帆乘用车有限公司对力帆丰顺上述回购担保义务承担连带责任。

四、董事会意见

公司董事会认为，公司为重点经销商提供回购担保，是行业内较常见汽车融资销售方式。该项业务实施能够达到对经销商融资支持并实现风险共担，从而有效拉动公司销售稳定增长，确保公司长期持续发展。同时，要求公司经营层督促销售部门加强对该业务管理。

【真实案例六】 张家港富瑞特种装备股份有限公司特种车辆融资

张家港富瑞特种装备股份有限公司关于控股子公司
张家港韩中深冷科技有限公司车辆销售客户提供对外担保公告

一、担保情况概述

张家港富瑞特种装备股份有限公司（以下简称公司）控股子公司张家港韩中深冷科技有限公司（以下简称韩中深冷）客户吉林海融物流有限公司

（以下简称海融物流）拟向韩中深冷购置 6 辆 LNG 半挂运输车，总金额 373.8 万元，由于客户需以贷款购车方式进行融资，在首付 30% 后，余款由贷款银行以车辆抵押贷款支付，同时，韩中深冷向银行承担不超过 300 万元额度回购责任担保，担保时间为 3 年，公司向银行提供连带责任保证，并且，海融物流拟寻求具备担保能力企业与韩中深冷签订反担保合同。

二、被担保人基本情况

被担保人名称：吉林海融物流有限公司

成立日期：2006 年 9 月 21 日

注册地点：吉林省吉林市龙潭区龙北路 1 号

法定代表人：段文广

注册资本：1 000 万元

公司类型：有限责任公司（外商投资企业）

经营范围：道路普通货物运输、危险货物运输（2 类 1 项）、危险货物运输（3 类）；普通货物仓储；五金、交电、化工产品（不含危险化学品）经销；汽车租赁服务（道路运输经营许可证有效期至 2014 年 9 月 2 日）。

与公司关联关系：与公司无关联关系。

主要财务状况（未经审计）：

截至 2010 年 12 月 31 日，该公司资产总额 1 423.10 万元，负债总额 71.04 万元，净资产 1 352.06 万元，资产负债率为 4.99%。2010 年度实现营业收入 1 290.22 万元，利润总额 202.06 万元，净利润 202.06 万元。

截至 2011 年 6 月 30 日，该公司资产总额 1 495.57 万元，负债总额 452.62 万元，净资产 1 042.95 万元，资产负债率为 30.26%，2011 年上半年实现营业收入 337.47 万元，利润总额 29.85 万元，净利润 29.85 万元。

三、担保协议主要内容

担保方式：回购责任担保

担保期限：自相关担保协议签署之日起 3 年

担保金额：不超过 300 万元人民币

四、董事会意见

公司董事会认为：此种担保模式在车辆销售行业较为常见，有利于韩中深冷开拓市场客户，且能降低韩中深冷应收款。在贷款未还清前，车辆产权登记权证将被注明他项权利事项，不能再次用于转让和抵押等产权转移事项。

同时，还将要求贷款人寻找具备担保能力企业，为韩中深冷提供连带责任反担保保证。如客户不能按期还款，韩中深冷回购后还可再次出售，也可要求反担保人履行反担保责任，不会出现重大经济损失风险，为其提供担保财务风险处于公司可控制范围之内，不存在与证监发〔2005〕120号文《关于规范上市公司对外担保行为的通知》相违背的情况。

【真实案例七】东风汽车关于汽车回购担保的公告

一、担保情况概述

东风汽车股份有限公司（以下简称公司）为解决在公司产品销售过程中信誉良好且具备银行贷款条件经销商付款问题，由公司、经销商及指定银行签订汽车销售金融服务网络三方合作协议。根据协议，公司将承担汽车回购担保义务。

公司于2011年3月24日召开第三届十九次董事会，经审议一致通过《关于申请23.2亿元汽车回购担保额度议案》，同意公司为信誉良好且具备银行贷款条件的经销商提供汽车回购担保，并将该议案提交至公司2010年度股东大会审议。

二、被担保人基本情况

信誉良好且具备银行贷款条件的经销商或法人客户。

三、担保主要内容

本公司拟与指定银行签订汽车销售金融服务网络三方合作协议，主要内容如下：

1. 由经销商向合作银行提供完整、齐全、合法、有效授信业务合同文本及其他授信资料，并缴存票面金额20%～50%资金作为出票保证金，银行审定经销商可用授信额度及保证金缴存状况后开立银行承兑汇票。

2. 出票当日，银行向公司交付银行承兑汇票，公司收票并确认后，由经销商向公司提报购车计划，公司为其发车。

3. 经销商向银行滚动回款，银行承兑汇票到期及时兑付。

4. 在银行承兑汇票到期后经销商无法交存足额票款发生银行垫款，且有该银行承兑汇票项下未售完汽车库存时，银行应在银行承兑汇票期满后5个工作日内以回购通知书书面形式上门送达通知，公司以合同价一定折扣回购与合格证相对应车辆，并将确定款项划至银行专户。

四、期限及额度

1. 授权期限：2011 年 1 月 1 日至 2011 年 12 月 31 日。
2. 额度（余额）：总计人民币 23.2 亿元。

五、董事会意见

公司董事会认为，公司为重点经销商提供汽车回购担保，是行业内较常见汽车融资销售方式。该项业务实施能够达到对经销商融资支持并实现风险共担，从而有效拉动公司销售稳定增长，确保公司长期持续发展。同时，要求公司经营层督促销售部门加强对该业务管理。

独立董事对该事项发表独立意见，同意该事项。

六、备查文件目录

1. 东风汽车股份有限公司第三届董事会第十九次会议决议。
2. 独立董事意见。

特此公告。

东风汽车股份有限公司董事会

2011 年 3 月 26 日

附录 2　优秀客户经理感言：要成功营销客户，首先要与客户成为朋友

营销是门艺术，需要智慧和技巧。有时强攻不下，迂回包抄反而可能成功。

一次，行领导决定营销某省某大型烟草公司，A 是小组成员之一。这家企业是所有银行梦寐以求的大金矿。在没有任何业务往来和人际关系情况下，A 与行长到企业进行陌生拜访，但公司财务负责人以工作忙为由，并不给银行面谈机会。

碰壁之后，银行没有退缩，而以宣传银行理财产品等多种理由继续约见，去几次，都被安排在办公室外等待，有时一等就是两三个小时，企业都下班了，也见不到人。不知去了多少次，财务总监终于接待了 A，但不同意在银行开户。A 就不谈业务，只聊家常。谈话中，A 了解到她有一个正上初三的儿子，由于他们夫妻俩平时太忙，对儿子照顾少，孩子学习成绩差，而且性格叛逆，请很多家教都束手无策。眼看中考临近，上高中无望，孩子成了她的一块心病。

聊到这里，A 心里一动，"我一个中央财经大学优等生，教初三孩子还是有把握的。"于是，主动请缨当家教。为保证辅导质量，在繁忙工作之余，A 利用中午、晚上时间，重新复习初中课本。功夫不负有心人，经过两个多月艰辛努力，孩子成绩显著提高，中考成绩提高了 150 分，顺利考入高中。财务总监非常高兴，她说，从你身上看到了真诚与执著，企业愿意与你行合作。

营销看起来简单，但真正做好，不仅业务要熟练，而且知识面还要广博。所以，银行客户经理需要学习，头脑里东西多，就容易和各种客户都找到共同感兴趣的话题，这样，客户才能把你当朋友，一旦成为好朋友，业务合作也就成功了一半。

商业模式：从拉存款到创造存款。拉存款靠的不是关系营销，靠的不是酒精营销，现在银行要智慧经营，要从如何提供高质服务这个角度出发来想办法，寻找到能够为客户创造价值的最好模式。

银行应当放弃一般意义上的大客户和小客户单独营销模式，应当选择以产业链开发为基础，把核心厂商的上游（供应商）、下游（经销商）和核心生产厂商捆绑在一起的流线型商业模式，这个模式有封闭运转、交易真实的特点，在以动产为质物的授信条件下，大型的核心厂商承担交易不成功或损失的风险。在这个过程中，银行几乎没有市场风险（但有道德风险），不但能获得以交易为背景的巨大结算量和沉淀的巨大存款，还能成功利用信息不对称在上游客户中获得高收益。

银行客户经理就像一个充满激情与梦想却又脚踏实地从点滴做起的探矿者，他把自己的工程师，把自己的客户都视做潜力巨大的矿藏。

第二部分

供应链融资行业

　　本部分给广大银行客户经理详细介绍供应链融资在一些具体行业的应用案例，供大家参考使用。

第十四课 家电行业三方保兑仓

【产品定义】

家电行业三方保兑仓业务指在家电行业，银行利用自身信用，通过部分保证金银行承兑汇票业务支持中小家电经销商融资服务业务。

在该业务中，银行提供融资的同时控制货权，家电生产厂家以货物回购或退款承诺为担保措施，中小家电经销商利用银行信用支付预付款，随缴保证金随提货。

【营销策略】

营销对象为知名家电品牌销售部门，通过该业务借助核心家电生产厂家信誉支持，帮助经销商在银行获得定向采购融资，在支持经销商发展同时，促进产品销售，销售部门最容易接受，由销售部门影响财务部门，从上而下达到批量开发目的，解决信息不对称难题，降低营销成本。或通过某个经销商为切入点，与核心厂家达成合作意向，结合银行网点分布对特定区域内经销商进行批量开发。

在各地格力、美的总代理商都可以按照本产品介绍开展营销。

【业务提示】

家电行业大致分为白色家电（冰箱、洗衣机、空调等）、黑色家电（电视为主）、小家电（微波炉、饮水机、电水壶等）三大类。其中白色家电和黑色家电利润较低、销售额较大，小家电利润相对较高、销售额相对较小。部分保证金银行承兑汇票业务较适合于白色家电和黑色家电，存款拉动效应明显，贷款业务较适合小家电，贷款收益有保障。

家电行业竞争激烈，白色家电对性价比要求较高，黑色家电受技术升级影响较大，小家电对便利度要求较高，因此要选择有实力家电生产厂家及其下游经销商。

【风险提示】

品牌风险——客户风险。该业务基于核心厂家信誉和实力，因此核心厂家风险是主要客户风险。

品种风险——市场风险。经营空调会受到天气影响，不同品种家电面临不同市场风险。

流程风险——操作风险。该业务中银行控制货权，业务操作是否规范直接影响银行实现对货权控制。

【业务流程】

中小家电经销商、核心家电生产厂家、银行签订三方协议。

中小家电经销商提交购销合同并向银行缴存规定比例保证金，银行为其签发以核心家电生产厂家为收款人的银行承兑汇票。

银行将上述银行承兑汇票直接交付核心家电生产厂家，同时书面通知核心家电生产厂家可发货金额。

中小家电经销商回款至保证金账户，银行根据回款金额向核心家电生产厂家发出书面通知，厂家按银行指令放货，如此循环直至保证金全部回满，该笔业务结束。

如果在银行承兑汇票到期前中小家电经销商仍有敞口未还，则核心家电生产厂家对未还敞口部分承担回购或退款责任。

【案例】奇迹商贸有限公司三方保兑仓业务

1. 企业基本情况

奇迹商贸有限公司注册资金300万元，是一家省级家电经销商，形成以省会为中心，业务覆盖省内大部分地区家电批发体系。公司经销品种有西门子冰箱和洗衣机、星星冰箱和冷柜、容声冰箱和冷柜、威力洗衣机以及科龙空调等中低端品牌，主要市场分布在县级以下农村地区。上年销售额1.35亿元，随着销售规模扩大，资金需求强烈。

2. 银行切入点分析

该客户是典型的资产小、销售大的贸易型企业，超亿元销售将会给银行带来大量结算存款。某家银行通过分析其上游客户，最终选定上游鑫鑫集团（生产冰箱和冰柜，市场占有率10%，产品价格较低，主要面向农村市场），为奇迹商贸公司提供"家电行业三方保兑仓"业务。

3. 银企合作情况

某银行为奇迹商贸公司提供"家电行业三方保兑仓"授信敞口500万元，保证金比例50%，指定收款人为上游鑫鑫集团，用于采购鑫鑫集团生产的冰箱和冰柜。授信后，某银行关联营销贴现、代发工资、银行卡等业务，客户结算资金80%以上通过某银行办理，日均存款达到1 200万元，存贷比2.4:1，实现了较高综合收益。

【点评】

家电行业是典型资金密集型行业，融资需求大，家电经销商通常自身实力较小，表现为注册资金较低，资产规模较小，难以取得银行融资。但这类经销商销售规模都很大，一般省级经销商年销售额过亿元，大型经销商年销售额可达10亿元以上，对银行而言是负债业务目标客户。从上述案例可以看出，通过"家电行业三方保兑仓"可以在有限风险下最大限度地吸收经销商运动存款，500万元授信取得1 200万元日均存款，是经典的"以小博大"案例。

第十五课　家电行业四方保兑仓

【产品定义】

家电行业四方保兑仓业务指在家电行业，银行利用自身信用，通过部分保证金银行承兑汇票业务支持中小家电经销商融资服务业务。

在该业务中，银行提供融资的同时控制货权，卖方（销售公司或者工厂）以货物回购或退款承诺为担保措施，家电集团或上市股份公司对卖方回购或退款责任承担连带担保责任，中小家电经销商利用银行信用支付预付款，随缴保证金随提货。

【营销策略】

对于有些家电生产集团或股份公司，下设一家销售公司或按产品设立多家工厂，下游经销商不直接向集团或股份公司采购，而是通过中间销售公司或工厂采购。这些销售公司或工厂或刚刚成立或刚刚被收购来，实力相对较弱，为保证银行利益，更有效地借助核心厂商实力与信誉，在原有三方保兑仓基础上，增加集团或股份公司对卖方回购或退款责任承担连带担保责任。

在四方保兑仓业务中涉及四个主体：家电经销商、卖方（即家电经销商直接交易对手）、卖方集团或股份公司、融资银行。

【业务流程】

中小家电经销商、卖方、卖方所属集团或股份公司、银行签订四方协议。

中小家电经销商提交购销合同并向银行缴存规定比例保证金，银行为其签发以卖方为收款人的银行承兑汇票。

银行将上述银行承兑汇票直接交付卖方，同时书面通知卖方可发货金额。

中小家电经销商回款至保证金账户，银行根据回款金额向卖方发出书面通知，卖方按银行指令放货，如此循环直至保证金全部回满，该笔业务结束。

如果在银行承兑汇票到期前中小家电经销商仍有敞口未还，则卖方对未还敞口部分承担回购或退款责任。

如果卖方不能承担回购或退款责任，根据四方协议由卖方所属集团或股份公司承担连带责任。

【案例】青令制冷有限公司四方保兑仓业务

1. 企业基本情况

青令制冷有限公司注册资金1 000万元，是国内某知名空调品牌一级经销商，业务范围覆盖省内四个地区，在省内四家一级经销商中排名第一，上年销售额近5亿元。公司扩大销售品种，增加冰箱、洗衣机系列产品，随着销售规模扩大，资金需求十分强烈。

2. 银行切入点分析

该客户在家电经销领域有十余年从业经验，伴随着中国家电行业成长，从前经销十几个品牌，随着家电市场优胜劣汰，最终被国内排名第二的空调品牌选中，成为一级经销商。从公司发展历史看，其行业经验丰富，经营家电品牌有较高市场占有率和市场知名度，授信主体经营风险相对较低。其交易对手一为广东美心公司（空调），广东美心公司是国内知名家电上市公司美丽电器全资销售公司；交易对手二为合肥荣盛冰洗公司（冰箱、洗衣机），合肥荣盛冰洗公司是美丽电器刚刚收购的冰箱和洗衣机生产工厂。美丽电器近几年发展迅猛，在做大做强原有空调业务的同时，不断进行兼并收购，产品延伸至冰箱、洗衣机，随着业务规模扩大，资金压力越来越大，迫切需要银行支持。

某股份制银行抓住机遇，向青令公司、广东美心公司、美丽电器公司推荐"家电行业四方保兑仓"业务。

3. 银企合作情况

某股份制银行为青令公司提供"家电行业四方保兑仓"授信敞口10 000万元，保证金比例30%，指定收款人为广东美心公司或合肥荣盛冰洗公司，用于采购美丽电器生产的空调、冰箱和洗衣机。授信后，某银行关联营销买方付息票据贴现、代理贴现、代发工资、银行卡等业务，客户结算资金70%以上通过某银行办理，日均存款达到5 300万元，存贷比1:1，实现了较高综合收益。青令公司在银行支持下第二年销售额达到7亿元，增长40%，实现企业和银行双赢。

【点评】

从上述案例可以看出，通过"家电行业四方保兑仓"，银行抓住家电集团或股份公司规模扩张、资金需求强烈的机遇，将家电经销商直接交易对手和间接交易对手通过四方协议捆绑在一起，有效降低风险，实现收益最大化。

第十六课 白酒非标准仓单质押

【产品定义】

仓单质押业务是指客户以自有或第三人持有仓单作为质押，银行为其提供短期融资业务。仓单是仓储公司签发的物权凭证，仓单持有人可以凭仓单提取货物。仓单分为标准仓单和非标准仓单，其中标准仓单是期货交易所（上海期货交易所、郑州期货交易所、大连期货交易所）签发，通常采用电子仓单形式；非标准仓单是仓储公司自行制作的一种提货凭证。

【营销策略】

白酒作为质押物应选择国内知名品牌，如茅台、五粮液、郎酒等；客户选择从业经验丰富、经营稳健、销售渠道广泛的省级代理商或经销商。

【业务提示】

白酒作为质押物，防假酒和防空酒最重要。

【风险提示】

客户风险。客户选择从业经验丰富、经营稳健、销售渠道广泛的省级代理商或经销商。

质押物风险。选择国内知名品牌中高档品种，如茅台、五粮液、郎酒。

操作风险。选择信誉高、仓储监管经验丰富的仓储公司作为合作伙伴。

【业务流程】

经销商、银行、仓储公司签订仓单质押监管协议，明确质押物存放于银行指定仓库。

经销商、银行、仓储公司共同到指定仓库清点质押物，仓储公司出具仓单、经销商背书后质押给银行。

银行根据质押率计算可融资额度，根据经销商实际需要提供银行承兑汇票或短期流动资金贷款。

经销商后续存入保证金，银行解除质押仓单并根据质押率释放相应质押物，仓储公司放货后提供新仓单，经销商背书后质押银行，如此循环，直至质押仓单项下质押物全部释放；或经销商偿还银行贷款，银行解除质押仓单并根据质押率一次释放相应质押物。

银行融资到期，经销商未足额偿还银行授信，银行可以委托仓储公司或自行处置仓单（转让仓单、拍卖或变卖仓单项下质押物等方式），不足部分可以继续向经销商追偿，有剩余退还经销商。

【案例 16－1】久信酒业有限公司

1. 企业基本情况

久信酒业有限公司主要从事白酒批发业务，是某省酒类流通协会会员单位，注册资金 500 万元，上年销售额 1.5 亿元。拥有三个专卖店，两个专卖柜，一个直销部，省会地区拥有销售网络 1 700 余家，另外，该公司还推行 VIP 会员制度，扩大终端消费群体。经过多年发展，久信酒业有限公司现已逐步形成大型"五粮液系列酒配销中心"雏形。

2. 银行切入点分析

久信酒业有限公司作为一个经销商，没有可以抵押不动产，也没有担保人作担保，上游五粮液酒厂地位相对强势，不支持经销商办理"保兑仓"业务。某股份制银行经过深入了解该客户物流过程发现：五粮液酒厂为保证五粮液酒品质采用酒厂汽车配送至经销商，配送汽车上押运员手机号后几位与配送汽车车牌号一致，便于经销商核对，保证高档酒品质；低档酒五粮醇则采用火车运输，酒厂直接发运至经销商。通过上述物流过程可以保证不会出现假酒和空酒。

3. 银企合作情况

某银行为久信酒业有限公司提供"非标准仓单质押"银行承兑汇票授信敞口 900 万元，保证金比例 30%，指定收款人为五粮液酒厂，用于采购五粮液和五粮醇，质押物存放于银行指定仓库，由某国有大型仓储公司出具仓单作为质押担保。质押物中五粮液占比不低于 60%，质押率 60%，五粮醇质押率 50%。仓储公司在指定仓库内接货，负责核实质押物质量和数量，并对质押物质量和数量负责。

授信后客户结算资金 60% 以上通过该银行办理，日均存款达到 1 000 万元，存贷比高达 1:1，实现了较好的综合收益。

【点评】

白酒作为质押物存在质量鉴定和数量核实两方面的难度，上述案例在深入了解客户物流过程基础上，通过选择信誉高、仓储监管经验丰富的仓储公司，在接货环节杜绝假酒和空酒，同时仓单作为合法物权凭证，也约束仓储公司，降低银行风险。上述案例通过"非标准仓单质押"这一业务品种，成功地将银行不敢质押的货物变成了风险可控的质押物。

【案例 16 - 2】订单 + 动产融资

1. 企业基本情况

兴博钢管公司，主要从事无缝钢管生产，注册资金 3 000 万元，总资产 1.8 亿元，上年销售额 1.6 亿元。2008 年公司办理美国石油钢管协会 API 中 APISPEC5L 管线钢管、APISPEC5CT 油套管认证，由原来普通无缝钢管生产，增加技术含量较高的石油无缝钢管产品（俗称石油光管）。公司为拓展石油光管销售与另一家民营中小石油套管生产企业月月公司签订供货合同，每月供应石油光管 3 000 吨，月月公司加工后供应各大油田，3 个月账期，由此产生流动资金需求。

2. 银行切入点分析

兴博公司土地已经抵押给当地建设银行，某股份制银行经过深入了解，为其确定"订单 + 动产融资"授信方案：以月月公司和油田签订的购销合同以及天天公司与月月公司签订的购销合同为前提，以天天公司厂区内原材料圆钢坯和无缝管为质押物，圆钢坯质押率 70%，无缝管质押率 50%，同时圆钢坯占比大于 50%，银行为天天公司提供 30% 保证金银行承兑汇票授信 2 000 万元，票期 6 个月，4 个月回满，收款人限定为月月公司指定原料供应商。月月公司出具书面承诺，承诺将货款回到银行指定账户，同时追加月月公司担保、兴博公司所有股东连带责任担保。

3. 银企合作情况

授信后客户结算资金 60% 以上通过该银行办理，日均存款达到 2 500 万元，存贷比高达 1.25∶1，实现了较好的综合收益。

【点评】

以"订单"为前提，落实贸易背景真实性，追加收款人为担保人，更有力地控制贸易背景真实性，为整个授信业务打下坚实基础。以兴博公司存货为质押，原材料质押率 70%，产成品质押率 50%，充分考虑产成品品种众多，用途广泛，价格波动较大，处置有难度，降低质押率来提高客户违约成本。规定质押原材料和产成品之间比率，质押原材料占比不低于50%，有利于防范企业因经营不善，将滞销产成品质押给银行以取得融资的风险。

该授信方案从多角度防范客户违约风险，资金封闭运行贴近客户实际经营周期，综合收益较高，满足银行"放心、开心"授信偏好，不失为创新中的典范。

第十七课　钢铁企业联保＋动产质押

一、背景资料

河北省武安市铁矿自然资源丰富，是全国四大富矿基地之一。武安市钢铁工业起步较早，近年来发展迅猛，并形成以钢铁、建材、机械制造为主的钢铁工业产业链，现有规模以上钢铁厂18家，毗邻峰峰矿区规模以上钢铁企业2家，钢铁工业格局基本形成。

银行所选四家贸易公司为武安区域内规模较大的钢铁原料和产成品贸易商，上游客户大部分为国内知名矿业公司，如五矿集团、中钢集团、青岛福克斯等公司，下游客户涉及武安市较大规模钢铁厂及邯郸、邢台地区部分钢铁企业。选择这四家企业在一定程度上等于和整个邯郸、邢台地区钢铁企业建立紧密联系。

二、联合保购模式

联合保购模式如图17-1所示。

动产质押＋联合保购＋联保基金

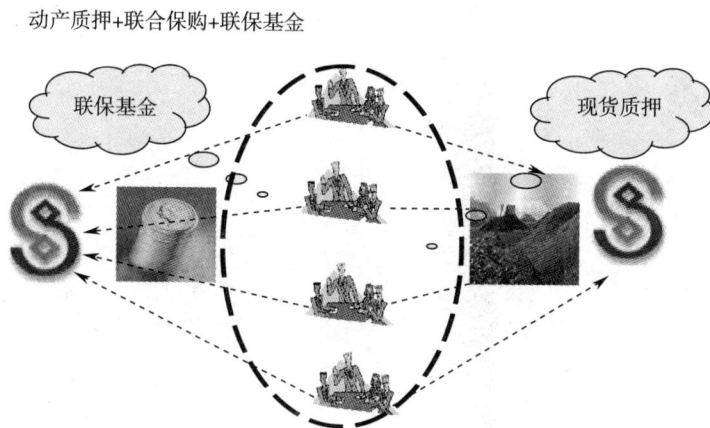

图17-1　联合保购模式图

（1）经银行审批，银行给予授信申请人授信额度，与授信申请人签订综合授信协议、委托变卖协议，银行、授信申请人和中远物流签订动产质押监管协议（动态），明确约定监管仓库地点、质物品种、规格、单价和最低库存价值等条件；中远物流同授信申请人签订仓库租赁协议；银行与各授信申请人签订联合保购协议。

（2）授信申请人在银行开立保购专用保证金账户，自与银行签订联合保购协议10日内向银行缴足联合保购金全额，银行对未按时缴足保购人不予提用其自身授信额度。

（3）授信申请人向银行出具质物清单，并向银行指定监管商——中远物流移交质物，入库时由银行、中远物流和授信申请人三方查验货物。

（4）中远物流清点验收无误后向银行出具出质确认凭证（如查询及出质通知书（回执）），并经中远物流签章确认，形成质押。

（5）办妥上述质押手续后，银行根据授信协议发放资金或开立银行承兑汇票。授信申请人后续不断采购入库原材料均作为新增质物进入指定仓库接受监管。

（6）按照协议约定，授信申请人以新入库质物或存入保证金作质押，提取相应货物。

（7）库存质物价值超出事先核定最低库存（底线），银行授权中远物流对于超过部分可自行向授信申请人放货，但其必须保证其监管质物价值始终不低于最低库存价值。

（8）库存质物价值等于最低库存价值，授信申请人应事先向银行提出提货申请，并追加相应保证金，银行核实资金入账后，向中远物流签发书面通知，下调最低库存价值，中远物流按照银行指令对库存质物按照前述要求进行监管。

（9）授信期间如质物价格波动超过一定幅度，银行对质物单价进行调整，出具质物价格确定通知书并通知中远物流及出质人，要求出质人追加相应保证金或质押物，最低库存警戒线设置为10%，中远物流立即通知银行和出质人，要求出质人补充质押物或偿还银行保证金。

（10）为防范操作风险，银行每两周向中远物流查询质物最新情况，并要求中远物流向银行提交手续完备的出质确认凭证（如查询及出质通知书（回执））。

（11）授信到期前，授信申请人按照协议约定存入足额款项，到期如正常履行债务，银行向中远物流指示解除质物监管。

到期授信申请人未按期还款，银行对委托中远物流监管质物进行处置，处置时先行由各保购人进行保购（保购人不履行保购合同的，银行直接扣划其保购金），保购人保购后或扣划其保证金后仍不足归还银行敞口的，由银行对所余质物进行处置；处置后仍不足归还银行敞口的，由各保购人承担连带责任保证，直至银行敞口归还完毕。

三、总行审批意见

同意给予××公司动产融资综合授信额度 4 500 万元，品种为银行承兑汇票，保证金比例 30%，用于钢铁生产所需原材料采购；采用现货动产质押（底线控制型）操作模式，质押物为铁精粉、铁矿粉和生铁，质押物价值取最新市场价格和最近进货发票价孰低原则，质押率不超过 50%，监管商为中远物流，监管额度纳入监管商在银行监管额度内管理。授信期限一年，申请人全部股东提供个人无限连带责任担保；四家公司提供联合保购，各联合保购成员需向保购专用保证金账户缴纳不低于单户最大授信额度 25% 保购基金；追加股东自有房产抵押并在放款前办妥抵押登记手续。提示：关注系统性风险，并根据市场变化及时调整押品预处置方案。

四、项目营销历程

（一）营销过程

银行对企业进行深入细致调查，对企业购销情况和财务状况详细调查分析，协助公司部和评审部对企业主要上下游客户进行走访了解。在充分调查基础上和客户沟通授信方案，最后确定"联合保购＋货押"方案。

（二）营销成果

此次联合保购模式中授信额度已使用 6 783 万元，吸收保证金存款 3 663 万元，联保基金 4 500 万元，派生存款日均合计 12 721 万元。考虑到近期钢铁原材料和产成品市场向好因素，预计近期各客户均会用满额度，并加大了保证金频次和开票频次，超出原每年循环 3 次计划，取得了较高的存款收益。

第十八课 未来货权质押＋中小钢厂交易资金监管

一些中小钢厂普遍经营效益较好，银行能发现一些经营有方钢厂在市场中仍然能够正常、满负荷运营，为解决 300 万吨以下优质中小钢厂一级经销商融资问题，银行设计该模式。

一、业务模式创新思路

1. 一级经销商最需要什么

经销商希望银行能先行融资向钢厂支付货款。银行设计模式为"先票后货"模式，先行融资后对钢厂发出钢材进行质押，质押方式采取"动产质押（静态）"。

2. 如何保证先行融资支付给上游钢厂货款，及时收到对应货物

上游钢厂承担"保证发货"责任，与银行签订保证发货协议，并且在协议 3.1 条明确"收货人（或代收货人）为银行合作监管商，货物运输由上游钢厂发运至银行指定监管仓库"；3.6 条约定："卖方在此承诺：货物将于购销合同约定日期（下称'收货日'，该日最迟不得晚于该批货物所对应汇票/融资款到期日前 60 天）或该日之前无条件地交付货物，并保证交付货物数量、质量符合购销合同约定。"

针对上游钢厂实力相对较弱，银行设计"交易资金监管"模式，钢厂先将货物发送到银行指定仓库，经监管商验收入库后银行才向其支付货款，钢厂必须保证按合同发齐货物才能全额收到货款。

3. 如何做到批量开发，降低银行成本

3～5 家经销商为一组，相互签订保购协议，在其中一家不能正常还款时，其他经销商无条件按敞口余额进行保购。

二、创新业务模式流程

创新业务模式流程如图 18－1 所示。

经销商提交与中小钢厂签订的购销合同，向银行申请提用敞口额度，经销商缴存 30% 保证金，银行为其开出 100% 银行承兑汇票，期限不超过 6 个

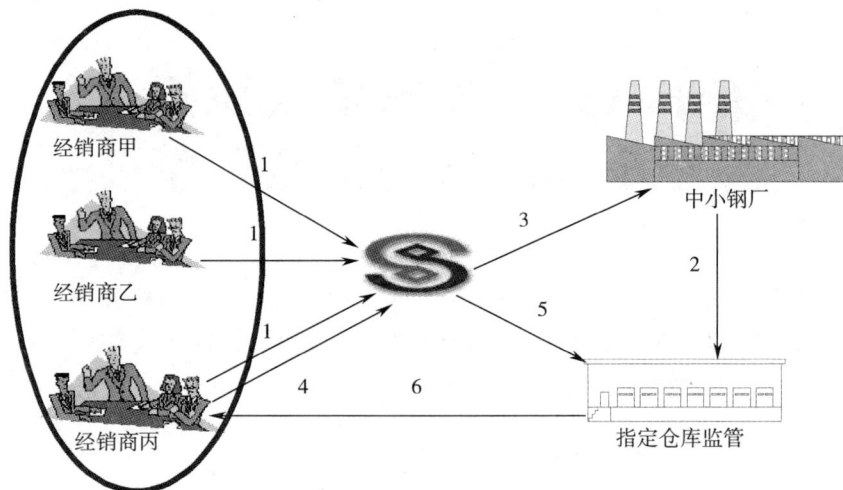

图 18 – 1　创新业务模式流程图

月，收款人限定为中小钢厂。单张票面金额根据上游中小生产厂家发货能力和以往发货记录合理确定，例如单张票面 300 万元（约合 1 000 吨）。出票后由银行动产监管中心持票，不直接支付给中小钢厂。

中小钢厂承担"保证发货责任"，同时按购销合同发货，货物由中小钢厂负责运输至银行指定监管仓库，银行指定监管商代银行在指定仓库进行收货并进行监管。

指定监管商向银行通知入库货物数量、品种，每达到一定数量，例如1 000 吨，银行支付一张银行承兑汇票给上游中小钢厂（可以采取客户上门签收或直接邮寄到指定收款人）。

经销商陆续追加保证金赎货。银行核实保证金入账后，首笔保证金不放货，追加保证金按还款金额 0.7∶1 向指定监管商发出指令进行放货。

指定监管商收到银行指令进行放货，经销商提货进行销售。

上述流程循环进行，直至保证金敞口在约定期限内偿还完毕，本笔交易结束。如果银行承兑汇票到期前一个月，经销商仍有敞口未还，其他经销商无条件对质押物进行保购。

三、创新业务模式风险控制

1. 开具银行承兑汇票：经销商提交与中小钢厂签订的购销合同、上月增值税发票。出票金额确定依据购销合同中采购金额。对于购销合同中订立采购价格由银行监管中心价格岗进行初审，审查岗进行复核，订货价格与市场价格偏差在 10% 以内时，按订货价格确定出票金额；订货价格高于市场价格 10% 以上时，按市场价格确定出票价格。高出部分由经销商自行负担。

2. 发货：发货单中指定收货人为"指定监管商代银行（*经销商）"，到货地点"指定仓库"，并且注明对应合同编号，由中小钢厂负责运输至指定仓库。

3. 购货款和货物控制：货物由中小钢厂负责运输至银行指定监管仓库，首次货到后由经销商、银行、指定监管商共同办理接货以及验收入库手续，货物入库验收证明由三方各执一份。货物验收入库后指定监管商制作动产质押清单，并签署经销商和指定监管商有效印鉴后质押给银行，银行签章确认后将正联留存，其余联返回给指定监管商和经销商。银行向中小钢厂支付货款（银行承兑汇票形式，每达到一定数量支付一张），划款金额 = 收货数量 × 合同价格。由于银行直接控制购货资金，所以总能保证监管账户资金 + 监管货物货值 = 出票金额。今后货到仓库由指定监管商代银行接货并监管，其余手续同首次到货。指定监管商每天通过电子邮件向银行动产监管中心综合员报送前一日监管货物明细。

4. 赎货控制：首笔保证金不提货，每次续存保证金，按 0.7∶1 进行放货，放货价格按出票时确定价格（订货价格或出票时市场价格）进行计算应出货数量。如此可以保证在提货时不论市场价格上涨或下跌，收益和损失都由经销商承担，经销商偿还全部敞口后可以将货物全部提清，保证银行债权。在实际业务中，上游钢铁生产厂家也是按购销合同进行发货。

5. 质押物价值监控：每笔合同项下质押物单价以银行书面送达经销商和监管商质押财产价格确定/调整通知书列明价格为准。价格确定依据参照第 2 条确定。当质押物市场价格低于出票时确定价格比例超过 10% 时，由经销商首先补充质押物价格下跌损失后再还款赎货，即质押物价格由经销商一次补清。

当质押财产现时市场价格低于上述质押财产价格确定/调整通知书确定质押财产价格时，银行首先收到经销商偿还保证金，再通知监管商按首笔质押财产价格确定/调整通知书列明价格（出票时确定价格）计算可提货金额。金额/单价计算出提货数量小于金额/市价计算出提货数量。当质押财产现时市场价格高于上述质押财产价格确定/调整通知书确定质押财产价格 10% 以上时，银行首先收到经销商偿还保证金，再通知监管商按市场价格计算可提货金额。金额/市价计算出提货数量小于金额/出票价计算出提货数量。总可以保证不论市场价格上涨还是下跌，银行实际释放给经销商的货物小于中小钢厂按购销合同发放货物数量，保证跌价损失由经销商直接承担。

6. 保购：如果银行承兑汇票到期前一个月，经销商仍有敞口未还，其他经销商无条件对银行质押物进行保购。保购金额＝经销商未偿还银行敞口金额－中小钢厂该笔合同项下未发货金额。

7. 保证发货：上游中小生产商在保购协议中"3.6 卖方在此承诺：货物将于购销合同约定日期（下称'收货日'，该日最迟不得晚于该批货物所对应汇票/融资款到期日前60天）或该日之前无条件地交付货物，并保证交付货物数量、质量符合购销合同约定"约定的具体收货时间，以保证上游生产商按时发货，不占用下游经销商资金。

如果在规定时间内上游生产商未按合同数量发齐货物，则按上述流程此部分货物对应货款（银行承兑汇票）还在监管中心持有，这时由出票人（授信人）出具书面申请，会同监管中心人员到前台办理"未用退回"手续，对应敞口由资产监控部进行释放。

四、创新业务模式中各参与方利益

1. 对于经销商

（1）利用自身稳定采购来源和顺畅销售渠道，借助银行融资扩大经营规模。

（2）该模式下有效规避上游钢厂占用下游经销商资金问题，保证货物及时发运，保护经销商利益。

（3）未来货权质押，解决低库存问题，随发随押，随还随放，不影响正常经营。

2. 对于中小钢厂

（1）银行通过对经销商直接融资，间接支持上游生产商，扩大销售规模。

（2）钢厂只要保证发足货物就能收到现款，保证销售款快速回笼。

3. 对于银行

（1）通过该模式拓展中小钢厂下游一级经销商这片"蓝海"。

（2）资金封闭运行，与上游中小钢厂之间采用"交易资金监管"模式，最大限度地降低授信资金风险。

（3）依托供应链可以向上游进行延伸营销。

（4）创新模式有效打击竞争对手，该模式可以在中小钢厂进行批量开发，市场潜力巨大。

第十九课　汽车经销商存货质押开证

【案例导读】

本案例也是自偿性贸易融资思路，巧妙根据企业实际情况和业务需求，设计出以未来货权质押监管进行开证方案，为贸易金融业务创新提供新思路，就此而言，以进口汽车作质押仍然是需要考虑推进动产质押品种之一。

涉及产品：未来货权质押监管项下进口开证。

一、企业及行业背景

天津某汽车贸易有限公司以经营高档进口轿车品牌为主要业务，正式与A汽车公司签约，成为A汽车华东地区总代理（国内仅有3家地区总代理）；获得捷豹（JAGUAR）和路虎（LAND ROVER）在华东地区和西南地区代理权（国内仅有3家地区总代理）。公司在天津市区现已拥有两个汽车展厅，作为A汽车华东地区总代理，公司在市中心有面积为1 000平方米的A汽车展厅，捷豹汽车、路虎汽车展厅也在积极筹建之中。此外，公司还在苏州设立A汽车展厅并成立分公司，在华东地区已设立11家经销点。

二、营销难点

该公司在其他银行已经有800万美元授信额度，其他银行服务都比较到位，如果单从"拼服务"入手，银行将很难有所突破。

在与该公司交谈过程中，银行了解到该公司非常希望能从其他银行获得更多开证额度来支撑其业务扩张，但由于该公司是私营企业，固定资产抵押和第三方担保都很难提供，所以业务只能依赖浦发银行一家。根据这个情况，分部将营销该公司突破口定为量身定做授信模式。

三、设计方案

经过分部深入调查，发现该公司在外港海关交税排名中列第66位，曾荣获天津市工业综合开发区上缴税收第三名证书，在私营企业综合实力前百名排序中排在第47位。实现销售收入46 126万元，净利润7 535万元。该公司有稳定的上游供应商，见表 19－1。

表 19－1　　　　　　天津某汽车贸易有限公司的上游供应商

供应商	关系年限	供应产品	比例
A 汽车公司	3	A 轿车	70%
捷豹汽车公司	2	捷豹轿车	20%
路虎汽车公司	2	路虎吉普车	10%

根据该公司具体情况，银行设计一个 30% 保证金＋控制货权即提单换仓单（进口货物证明书保管＋进口机动车随车检验单保管＋仓单质押＋现场监管＋车辆保险）进口开证授信方案。另外，根据贸易融资评审中心提出要提高保证金比例和提单必须要做成银行抬头意见，银行解答如下：

1. 经对业务流程分析，并结合国际惯例，银行通过掌控全套空白抬头提单完全能够达到控制货权目的，若在开证条款中规定提单抬头为银行，并无实际意义，且增加银行操作成本，故信用证条款中应约定为 3/3 全套空白抬头提单。

2. 保证金比例分析（见表 19－2）。

表 19－2　　　　　　　　　保证金比例分析

1	保证金比例	30%	60%	备注
2	授信敞口	70%	40%	
3	抵押物进口成本	100%	100%	
4	进口缴税	65%	65%	
5	完税后抵押物成本	165%	165%	
6	完税后授信敞口与抵押物成本价之比（2:5）	70%:165% = 42.42%	40%:165% = 24.24%	
7	完税后企业支付资金与抵押物成本价比	57.58%	75.76%	
8	授信敞口与抵押物市场价值比	70%:(165% × 120%) = 35.35%	40%:(165% × 120%) = 20%	按毛利 20%

由上表可以看出，保证金比例 30%，加上进口完税成本为货款 65%，银行敞口授信金额与货物价值比为 70%／（100%＋65%）＝42.4%，因此在申请人已付出抵押物价款 57.58% 的情况下，实际抵押率仅为 42.4%，相对偏低，况且市场销售价远远高于抵押物成本价，故有 30% 保证金，风险基本可控；若增加保证金到 60%，企业进口完税后等于企业已交车款 76%，银行授

信融资品种对于受信人来讲实际意义不大，同时，考虑到受信人在银行评级为AAA级，各方面资质程度较高，30%保证金比例，实际抵押率42.4%，风险可控，且使得银行授信产品具有一定市场竞争力。

在授信方案获批当周，客户就开出一张200万美元信用证。

四、营销启示

本笔业务取得成功的关键因素在于：

1. 分部客户经理和信贷主管对客户业务流程非常了解，能够设计出一个风险可控的存货质押模式；

2. 授信报告写得详尽，对贸易融资风险点都能够提出相应控制手段，让评审员信服；

3. 针对客户需求，提出个性化解决方案，吸引客户将他行业务转到本银行叙做。

五、后续开发情况

自首次给予该申请人600万美元授信后，银行与申请人建立了稳定合作关系，授信规模与业务规模逐年扩大。银行给予申请人800万美元授信，申请人在银行开证量达到1 400万美元，中间业务收益41.56万元；银行给予申请人1 200万美元授信，申请人在银行开证量达到3 000万美元，中间业务收益97.54万元。

随着银行与申请人合作全面加深，银行与申请人合作又有进一步突破，授信额度扩大到2 500万美元，授信品种从过去3年单一进口开证扩充到未来货权质押监管项下进口开证、现车质押项下流贷、现车质押项下开立付款保函、现车质押项下开立银行承兑汇票以及贸易金融部最新推出银关税费通项下关税保付保函共5个品种，操作规程也得到进一步完善。申请人在银行进口开证量达到1 190万美元，中间业务收益84.13万元。

第二十课 粮食行业仓单质押项下动产融资

给广大银行客户经理的提示：粮食贸易企业是非常值得银行深度拓展的企业，粮食贸易企业普遍资金量极大，经营规范，周转速度相对较快，值得银行深度拓展。

【案例】粮食贸易企业

申请企业：A 公司

信用等级：AA 级

申请种类及金额：综合授信额度风险敞口 4 000 万元。

担保方式：保证金 + 仓单质押，其中保证金比率为 50%，以中储股份发展有限公司大连分公司开出非标准玉米仓单作为质押物，敞口质押率 70%。

授信用途：用于上游粮食经销商支付货款，购买粮食。

授信期限：1 年。

监管仓库：沈阳浦庆仓储有限公司、大连宽州粮库。

一、授信风险点

（1）授信申请人是一家从事大宗粮油贸易的专业公司，由两个自然人共同投资组建，注册资本达到人民币 5 000 万元，经银行评定信用等级为 AA 级，从事粮食经营活动多年，业务人员工作经验及业务水平在行业中较为突出，由于为经销企业，固定资产较少，相对于申请授信额度规模而言，银行授信风险性较高；

（2）无法提供符合授信要求的保证担保及抵押；

（3）上游供货商要求现金支付货款。

二、授信可行性分析

针对 A 公司实际情况，通过对公司自身情况、产品情况、上下游经销商及监管仓库情况等方面进行全面、综合、详细分析和研究，认为授信具有一定可行性。

（一）行业相关情况分析

1. 口岸吞吐能力大

特殊地理位置和东北区域商品粮基地，造就北粮南运是我国乃至将来粮食物流主要趋势。在北粮南运过程中，铁路、水运起到主导作用，因此港口承担中转任务日显重要。东北地区已形成以港口为依托的北良粮食物流、大连港粮食物流、营口港粮食物流和锦州港粮食物流。辽宁口岸散粮转运能力已经达到2 280万吨水平。

2. 区域仓储条件好

区域粮食仓储企业共计2 905家，总仓容6 124万吨。其中，大连拥有仓储企业314家，占地面积为1 028万平方米，总库房面积为213万平方米，总货场面积为565万平方米，总储存能力为879万吨，其中，总库房能力为402万吨，总货场能力为477万吨。如此之大的仓储能力，在全国乃至亚洲都处于领先地位，为银行动产融资业务开展提供便利硬件条件。

3. 物流节点多

大连是东北铁路网南端物流集结点，成为北方粮食走向全国乃至通往世界的重要出海口。正在建设的哈大铁路客运专线，使沈阳经济区（辽宁中部城市群）、长春吉林经济带和哈大齐工业走廊与辽宁沿海经济带联结更为紧密。正在建设的东北东部铁路，使东北东部10个腹地城市与大连、丹东两个出海口连为一体。大连龙头作用正在向东北地区和内蒙古东部呈扇形辐射。

以上特点及优势，决定大连虽然不是粮食主产区，但已经成为粮食贸易中心、集散中心、结算中心。全国主要粮商云集大连，资金流、信息流会聚大连，客户网络覆盖全国各地，形成巨大网络群。

（二）经营情况分析

A公司拥有从农产品收购到加工、储存、运输和销售能力，并与国内国际众多客户建立了良好和稳定的业务合作关系，经营中坚持创新，稳步发展，收购、储运优势明显，这些都为授信申请人在同行业竞争中增添了砝码，申请人相对于上下游企业谈判地位平等。已经凭借自身良好信誉和雄厚实力，迅速发展成为大连地区颇有影响力的粮油贸易商，在大连地区粮油现货市场有较好声誉。销售粮食60万吨，其中实现玉米销售约占申请人全部收入的98%，总资产7.35亿元，净利润1 725万元。与同行业相比申请人规模较大，市场占有份额较多，经过7年快速发展，企业市场份额正逐渐扩大，逐步走向成熟。

（三）供销渠道分析

A公司是大连北方粮食交易市场主要会员之一，公司充分利用粮食交易市场政策优势和公司自身业务实力，在大连众多粮食经营企业中占据领先地位。公司依靠大连港得天独厚的港口优势，凭借自身信誉及超前经营理念，在短短几年时间里得以迅速发展并壮大。发展大、中、小客户200多个，建立了一个辐射全国的市场营销网络。粮食货源有保证，销路畅通，真正实现供储销一条龙，最大限度地缩小成本支出。该公司已与玉米、大豆主产区黑龙江、吉林、辽宁等产地建立起良好业务关系，并采取优势互补策略，与多个产粮地建立代销和购销关系。在粮食主产区和主销区以多种形式建立稳定产销关系，现已与30多家供粮企业建立长期供货关系，主要合作粮库有黑龙江省肇东市宋站粮库、肇东市肇东粮库、海伦市共和粮库、开原第三粮库、铁岭市古城堡粮库、昌图老城粮库、肇东万盛粮油贸易有限公司等，合作关系比较稳定。

该公司粮食销售对象主要为食品加工业及畜牧业等，销售渠道为我国南方规模较大的饲料加工企业，如浙江舟山粮食饲料有限公司、正大集团、广东温氏集团、佛山顺德广顺饲料等，这些长期合作伙伴是该公司粮食销售主渠道，占公司销售总额70%以上。同时，该公司在东北各港口，及广东、蛇口、福建、厦门拥有销售基地。

该公司还将销售市场扩大至山东，这样该公司产销网络即以东北粮食产区为基地，向南辐射胶东半岛、长江流域及珠江三角洲，已覆盖全国东部沿海地区，并将进一步向内地市场拓展。公司将玉米作为主要经营品种，充分利用大连港口优势，背靠腹地使该企业同黑龙江、吉林、内蒙古产粮大区建立起稳定粮食采购关系，减少中间采购环节，使粮食价格及成本费用逐步降低；公司充分利用南方市场销售空间和潜力较大情况，针对国内大型饲料厂主要云集我国南方，紧紧抓住北粮南调势头广阔开辟市场，如正大集团、新希望集团所属分公司都是以玉米加工饲料为主，每年正大集团所属公司都要从外省购入原料玉米和工业用粮100万吨以上。公司通过各种途径，以其良好商业信誉同正大集团、新希望集团等几十家饲料加工厂建立了稳定销售关系。由于申请人始终坚持以"以人为本、以信为金"原则，以良好资金结算使申请人在粮食供应地信誉极高，并以提供优良商品质量在广东、上海地区树立了良好口碑，使企业购销始终保持平衡稳定。

（四）监管仓库情况分析

仓库一：

沈阳浦庆仓储有限公司注册资本1 600万元，库内营业面积5万多平方米，90%是水泥硬化地面，货位600余个，可储存粮食和货物5万余吨，仓库距铁路专用线500米，企业曾被吉林玉米批发市场批准为玉米指定交割库。

仓库二：

肇东市肇东粮库注册资本1 164万元，占地面积25万平方米，库存能力为 20 万吨，其中筒仓、库房储存能力为 15 万吨，拥有烘干塔 2 座，日潮粮烘干能力为 600 余吨。改制前具有国储粮库资格。

上述两个仓库都具有多年粮食仓储保管经验，化验室、微机室、消防水池、地磅等辅助设施一应俱全，检验设备每年均通过质量监督管理局年检，达到化验及时准确，消防水池与消防设备均达到国家安全使用标准，以确保仓库及粮食存储安全。交通运输便捷。

三、服务方案

因为粮食（玉米）为大宗商品交易，资金需求量大，从东北地区收购单价为每吨 1 300 ~ 1 400 元；粮食经销企业属于季节性收购，一般在每年 10 ~ 12 月份开始着手收购粮食，收购期会持续至次年 5 月份，期间企业有融资需求，并且资金需求量大。故该公司急需银行介入以满足其收购资金需求，促进业务正常开展，实现效益。针对该公司实际情况，结合银行授信及仓单质押业务，银行为该公司设计服务方案如下：

银行根据具体操作流程分为贷中放款、贷后跟踪、解付到期票据三个步骤：

1. 贷中放款

（1）监管方式为第三方输出监管，由监管商与库外监管仓库签订租赁协议。

（2）申请人运粮至监管商指定仓库，申请人、监管商、银行三方共同盘点验货。

（3）监管商出具入库单和质检单，三方各持一份。银行要求入库单和质检单需由库方和监管商盖公章确认。

（4）申请人在银行开立保证金结算账户，与银行签订综合授信合同。申请人、银行、监管商共同签订监管协议。业务部门建立台账并登记。

（5）申请人按规定比例存入保证金。

（6）监管商出具并交付仓单（清单）。申请人指定人、银行动产融资中心指定人连同业务部门业务经办人员同时至监管商办公地点，取得面签仓单（清单），申请人指定人在仓单（清单）上背书后，交付仓单（清单）给银行动产融资中心指定人，业务部门取得仓单（清单）复印件后登记台账。同时审查监管商与仓库之间签署的租赁协议，并留存租赁协议复印件。

（7）申请人应及时办理质押物财产保险手续，以银行作为第一受益人，保险单正本（财产基本险）及交费凭证等有关正本交给银行保管。

（8）申请人向银行提交单笔授信申请。申请人需要提供提用额度单笔申请书、采购合同、仓单（清单）及相关仓储平面图或垛位图、质检单、入库单、证明货权合同和发票、保险单、保证金进账单。

（9）业务部门负责人签批后，登记台账（记录保证金账号及金额、质物等级、保单期限等信息），报银行动产融资中心。

（10）银行动产融资中心确定质物价值及质押率。以经销商购入原始价值（如粮食在大连本地仓库，则以产地收购价加运费为依据，如粮食在产地仓库，则以收购合同和发票价格为依据）与市场价格孰低原则确定质物价值，二等（含）以上等级粮食质押率不高于70%。业务部门将质物价值登记台账。

（11）银行动产融资中心同意后，报送银行风控部审批。

（12）银行风控部批复后，会计部门为申请人出具银行承兑汇票或发放贷款。业务部门登记台账，如借款方式为流贷，需指定收款人。

2. 贷后跟踪

（1）借款方式为银行承兑汇票，业务部门须直接送于收款人并在开出银行承兑汇票2周内将银行承兑汇票签收单交存银行动产融资中心。

（2）授信后1周内，申请人提供发票复印件，递交银行风控部留存，同时向银行动产融资中心备案。

（3）部分提货受理。

如申请人因经营需求向银行提出部分提货申请，则在补足相当于提货额保证金后，业务部门填写仓单及动产融资业务提货或质押解除审批表，提供完整资料，包括部分提货通知书、保证金进账单复印件，报送风险监控部和银行放款中心审查确认。分行监管中心严格按照规定签发部分提货通知书。

申请人凭借部分提货通知书原件到监管商处提货，监管商核对原件与传真件无误后同意申请人提取指定部分提货通知书项下货物。同时，银行取回货物变动后对应新仓单。

部分提货周转流程如图20-1所示。

（4）银行动产融资中心和业务部门在受信人经营正常情况下，采取定期走访或不定期走访相结合方式检查。大连本地仓库每月至少一次进行走访监管仓库，对仓库内商品进行抽样盘点，并检查监管商监管人员在岗情况，如二次不在岗提出撤换。监管仓库在异地，则银行动产融资中心和业务部门每季度至少一次进行走访监管仓库，并每月一次走访授信人，了解经营情况。

（5）申请人、银行、监管商均有权要求倒垛、晾晒。如申请人和监管商主动提出倒垛或晾晒，有义务提前通知银行并向银行提出申请，否则银行有权提前收回授信。同时，业务部门要登记台账。

（6）银行动产融资中心和业务部门分别指定专人监控粮食价格变化。银

```
┌─────────────────────────────────────────────────┐
│      申请人向银行存足保证金、提出部分提货申请         │
└─────────────────────────────────────────────────┘
                         │
                         ▼
┌─────────────────────────────────────────────────┐
│ 经营单位填写仓单及动产融资业务提货或质押解除审批表，   │
│              提供完整资料                          │
└─────────────────────────────────────────────────┘
                         │
                         ▼
┌─────────────────────────────────────────────────┐
│           仓单及动产融资工作室审查                  │
└─────────────────────────────────────────────────┘
                         │
                         ▼
┌─────────────────────────────────────────────────┐
│            经营单位专管员登记台账                   │
└─────────────────────────────────────────────────┘
                         │
                         ▼
┌─────────────────────────────────────────────────┐
│            风险监控部、放款中心审批                 │
└─────────────────────────────────────────────────┘
                         │
                         ▼
┌─────────────────────────────────────────────────┐
│        分行监管中心按规定出具提货通知书             │
└─────────────────────────────────────────────────┘
                         │
                         ▼
┌─────────────────────────────────────────────────┐
│       按规定提货通知书送达，保管商确认、发货        │
└─────────────────────────────────────────────────┘
```

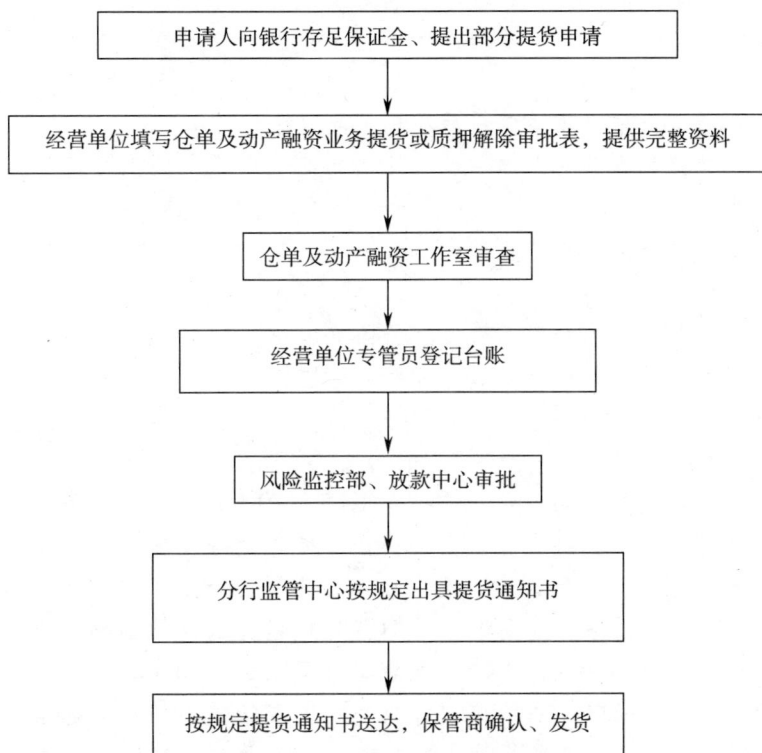

图 20 - 1　部分提货周转流程图

行做好库存货物价格管理，建立日常价格跟踪制度。建立价格跟踪表，按天登记；当质押财产现时市场价格与最新质押价格确定/调整通知书确定质押财产价格相比较跌幅大于10%时，银行对质押财产单价予以调整并要求出质人追加保证金或质押财产。同时要求授信人在一周内予以完成。追加保证金或质押财产原则为：

应补押品数量 ＝ 使用敞口余额／（质押率×押品市价）－原押品总数

应补保证金 ＝（原押品市价－押品市价）×原押品数量×质押率

3. 解付到期票据

（1）业务部门应在票据到期前1个月向申请人下达到期提示通知书，要求申请人返回执，进行票据到期提示，并规定在票据到期3天前，申请人存足保证金。

（2）如申请人存足保证金，要提前取得仓单，则按部分提货受理流程提取仓单；如申请人无须提前取得仓单，则在票据到期承付后，业务部门凭银行承兑汇票扣款单向银行会计部领取已入库质押仓单，然后填写仓单及动产融资业务提货或质押解除审批表，在银行动产融资中心实现解除仓单质押审批手续。

（3）银行动产融资中心签批后，业务部门释放仓单。

（4）如票据到期3天前，申请人没有存足保证金，则业务部门有权通知银行资产清收部门，共同到监管仓库对质物进行变现处置。

四、授信风险及对策分析

（一）潜在风险分析

1. 由于质押品跌价或客户资金周转困难出现客户不赎单风险；

2. 监管仓库信誉风险及监管仓库为异地监控风险；

3. 银税系统核对数据不一致导致企业信用与财务风险。

（二）对策分析

1. 第一，银行要求敞口部分质押率不高于70%，30%空间完全可以有效控制粮食价格波动和正常损耗。第二，业务操作过程中，如果粮食价格波动幅度大，如质物价值低于10%，要求企业补充资金或追加质押物。第三，银行在银行承兑汇票业务到期前1个月向授信申请人进行业务到期提示，便于企业筹集还贷资金。第四，在与企业签订合同时约定银行承兑汇票到期前3日内存足保证金，同时一并签订质押物委托变卖协议，并与大连粮食交易市场紧密联系，保证在企业违约时质物能够及时变现。

2. 银行选择监管商为中储股份发展有限公司大连分公司，有从事期货交割库经验和行业龙头地位；仓储硬件设施齐备；有统一指定质押监管仓库服务标准；网点众多，并通过输出品牌和管理吸收社会仓库加盟，监管范围广；对社会加盟仓库进行严格资质认证。银行在总行总对总合作协议框架内，对监管库内监管员要求双人上岗，银行动产融资中心和业务部门采用定期或不定期检查相结合方式对监管商品盘点及驻地监管员在岗情况进行检查，发现监管人员一次不在岗提出警告，两次不在岗提出撤换。在操作中，银行已与监管商签订合法有效的仓储质押与货物监管协议，明确规定双方责任和义务，可确保监管货物及银行合法权益，有效控制风险。

3. 业务经办人员双人通过现场审查能够证明企业上年销售能力的铁路运单、出港船只运单及购销合同（现场审查企业上年销售收入10%以上），以核实其真实经营状况，防范财务风险。

第二十一课　有色金属企业动产融资

有色金属企业属于银行的重点目标企业，包括铜、铝、铅、锌等品种。有色金属企业普遍经营规模较大，价格透明，保管条件简单，适合开展动产融资。

一、业务基本情况

银行在业务营销时获悉河北邯郸市 A 金铅有限责任公司（以下简称 A 金铅）经营情况较好，企业生产规模大，进出口业务频繁，经济效益好。凭借对市场的敏感洞察力，银行认为该企业有较大开发潜力，立即联合贸易金融产品经理上门营销。经了解得知该企业是当地最大私营企业，资信良好，多家银行给予该公司综合授信，额度完全能够满足企业生产经营需求。因此，企业对和银行合作热情不高，提出银行若能提供中长期贷款和流动资金贷款，则可以考虑合作。但银行对生产型企业一般不提供中长期融资，A 金铅位于异地，由于获取信息不及时，银行不容易及时准确掌握企业经营变化情况。另外，私营企业一般信息透明程度不够，不利于银行准确地分析判断企业经营情况、管理能力、财务能力。因此，对于企业融资要求，银行满足起来有较大难度。

是否和 A 金铅合作？通过何种形式和该公司合作？银行营销小组人员决定先深入了解企业再作决定。在这种思路引导下，银行广泛听取公司负责人和当地其他企业、部门对 A 金铅的评价，收集企业财务资料，对企业进行实地调查，对企业提供的部分资料进行核实。通过调查，银行对该公司经营情况、财务情况、产品市场前景等有了更多认识。

该公司为我国铅冶炼大型企业，拥有 2 条铅冶炼生产线，该公司冶炼工艺先进，符合我国环保要求，并通过 ISO9001、ISO14001、ISO18001 国际质量体系认证，年产电解铅 16 万吨，并产生附属产品白银 300 吨、黄金 500 公斤、硫酸 10 万吨。国家统计局数据显示，该公司铅年产量位居全国第四。该公司是河北省进出口大户，连续三年进出口额排名河北省前 10 名，海关数据显示该公司进出口额为 2.67 亿美元。

A 金铅自身没有矿产资源，90% 原料采购自国外，其加工产品 60% 用于国内销售，40%对外销售，加工附属产品白银全部出口。其上下游客户与该公司合作多年，业务稳定，上下游客户多为信誉好、实力强企业。

我国是全球最大铅生产和铅消费大国，铅作为铅酸蓄电池制造业不可替代的主要原料，被广泛用于交通、电信、IT等行业，这些行业也是国民经济增长强劲行业，我国铅需求量以每年15%的速度递增，企业加工产品市场前景广阔。

从公司财务情况看，公司销售收入近几年持续增长，并保持较高盈利水平，资产负债结构合理，各项财务指标远优于行业平均水平。公司盈利能力强、信誉好、金融资源丰富，有大量表外业务发生，具有一定开发价值。

银行不能满足企业本币融资需求，只能从企业现实和潜在需求寻找突破口，提出可行性金融服务方案，考虑到企业有大量进口采购，能否说服企业与银行开展进出口业务合作？

近几年铅价大幅上涨使得国际铅库存基本消耗殆尽，伦敦金属交易所（LME）库存也已经达到历史低位，而铅需求仍然旺盛，国际市场上有色金属价格持续上行，原材料价格上涨必将导致企业资金需求增加；2007年国家对有色金属企业政策调整力度加强，增加企业资金压力；A金铅原材料主要通过对外采购，同时A金铅拟新建一家铜板带材加工企业，由于我国铜加工企业绝大多数需要从国外采购原料，新企业一旦投产，公司进口采购和资金需求将激增。

银行发现企业贸易融资需求将是一种长期需求。从企业财务报表看，应收账款周转较快，周转天数仅为14天，资金占用最大科目为存货，分别占总资产和流动资产的50.72%和83.67%。存货主要表现为原料，企业采购原料铅金属是易于保管、不易变质、流动性好、易于交易的商品，这些商品变现能力强，可以采用物流融资方式来解决企业存货和采购途中资金占压问题。物流融资方式解决融资过程中企业需要担保或不动产抵押问题，缓解企业资金压力，也拓宽企业融资思路。

二、方案设计

银行向企业介绍几种融资方案，重点介绍物流融资特点和业务优势，提出网上开证＋物流融资金融服务建议，希望企业结合其经营特征，从现实需要和未来需求多方面考虑银行建议。

企业老总对物流融资表现出一定兴趣，称对物流融资有所耳闻，但担心物流融资操作难度大、会影响企业生产经营。产品经理耐心向企业老总讲解物流融资操作流程、业务特点，并向其推荐监管能力强的三大物流企业中远、中外运和中储公司供其选择。企业老总认为银行考虑事情周全，不仅能从新角度提出有建设性解决方案，而且考虑企业远程交易问题，提出可行性解决方案，愿意尝试物流融资，为以后多种融资方式选择积累经验。

企业和银行结合点找到，未来货权项下动产融资被确定为首次合作融资方式。

未来货权物流融资模式，业务流程长，涉及环节多，属于先融资后质押操作模式，实际上是以企业未来可以控制的"将有货物"质押，即要确保提单等权利凭证所代表货物能转化为"现实货物"，这种方式在银行没有成功操作先例，业务流程如何制定、业务相关各方责任如何划分、可能出现风险如何有效控制等问题困扰着银行。

三、专业化方案化解风险

物流融资风险主要表现为价格波动风险、货物监管风险、货物变现风险、进口商风险、操作风险等。此外，未来货权能否有效控制、货权质押能否顺利转化为实物质押、大宗商品交易价格采用点价方式确定对质押货物金额影响也是银行要考虑的风险点。为有效控制上述风险，银行在确认进口商风险可控后，对物流融资业务相关各方进行了深入调查，在认真分析后，制定了相应几项措施。

1. 确定货物质押率为70%，建立价格波动补仓机制

未来质押货物价格波动分为两个时段，即在到单前和到单押汇后。到单前，以开证日LME铅金属价格为基准，如果进口货物数量不变，价格上涨，企业需要追加保证金，增加信用证金额，价格下跌，不用考虑；到单办理进口押汇后，以押汇日LME铅金属价格为基准，价格下跌10%时，企业补足相应保证金或追加相应质押物。此外，在货物质押期间，银行不考虑进口清关后货物价值变化对质押率的影响。这些措施有效解决了价格波动风险。

2. 确定监管方案，明确监管商责任

在银行推荐的物流监管商中，企业选择中外运陆桥有限责任公司作为物流融资业务监管商。三方约定物流监管采用总行和中外运总公司认可的信用证项下物权质押业务类动产质押监管协议规定严格监管。中外运制定具体监管方案及监管操作流程。银行对监管现场进行考察，并就监管中货物存放地点封闭性问题、存放场地中货物交叉污染问题、货物存放地标识、货物进口报关环节和报关单据交接流程、商品入库数量计算标准、出库手续、监管商内控措施及防止货物损坏、遗失具体措施等诸多问题与监管商一一进行沟通，明确各方责任和义务。

3. 制定质押监管实施细则，规避操作风险

针对业务操作过程中可能出现的风险点，银行集思广益，制定较详尽的实施细则，供贷后管理人员和产品经理在业务操作中对重点环节进行督促和全程跟踪。在实施细则中着重强调：（1）规范各种法律文本签订；（2）专人跟踪铅价格信息和质押物品价格变化制度；（3）进口单据到单后正本报关所需单据传递安全；（4）货物入库及时性；（5）质物出库制度；（6）价格下跌时保证金补足流程。

4. 加强对出口商和大宗货物交易特征了解，确保货权质押顺利转化为实物质押

在本次进口业务中价格条款采用FOB，提单为租船提单，为确保货权有效可控，银行了解大宗货物交易习性、物流特点和出口商背景情况，确认出口商作为全球最大大宗货物交易商信誉良好，出现货物不按约定到港和无力支付运费问题可能性极小。银行还主动与出口商代表沟通，了解进出口双方合作情况，出具装船通知，以便银行跟踪货物运输和到港情况，出口方给予积极配合。

5. 分析"点价"对质押货物价值影响，及时了解货物交易真实金额

大宗货物交易多采用点价方式确定实际交易金额。点价是指在大宗货物交易中，约定点价方在作价期内根据约定点价方式确定商品交易价格。此次业务中开证金额为交易货物预估金额，信用证分为两次到单，第一次到单发票为初始发票，金额为货物预估金额，付款金额为初始发票金额的90%，第二次到单发票为正式发票，付款金额为点价金额与第一次付款差额。点价金额实质是质押货物价值，当点价金额小于市场价格时，如果质押物变现将出现获利空间，相反则可能出现风险敞口。为此，银行要求企业及时提供点价情况，以便掌握质押货物真实价值。

6. 多方了解货物处置渠道，以便解决风险出现时货物变现问题

尽管企业进口采购是满足生产加工需求，银行还是对货物处置渠道进行了解，处置渠道主要包括公开交易市场和同类企业货物采购。

四、业务成效

由于业务流程设计合理，操作环节考虑细密，总行及银行各部门给予大力支持，本笔物流融资业务开展非常顺利。信用证开立，金额为14 315 835.00美元；后因LME铅价上涨，信用证金额追加到17 497 131.67美元，进口货物到港入库后办理两次提货出库，在对外支付全部款项后，信用证业务结清。本次业务银行获得中间收益41.94万元，利息收入99.28万元，并带来 2 000 万元人民币日均存款，更重要的是通过该笔业务，分部在物流融资业务方面积累了丰富经验，奠定了扎实基础。

【点评】

综观此案例可以看出，本次物流融资项目由于授信调查充分，在授信报告中对物流融资业务操作流程、风险控制措施阐述清晰，项目上报后，很快便获得总行贸易融资评审部批准。而授信获批后，额度当即就被支用。

在业务发生期间，总行产品中心不间断提供 LME 铅金属价格给武汉分部为准确掌握市场价格信息提供保证。尽管国际市场铅价逐步上行，并在高位进行震荡，质押物价值发生变化，由于业务准备充分，企业按要求及时补足差额保证金；货物入库后，企业分次办理出库，每次出库，贷后管理人员严格按照监管细则要求执行操作。

第二十二课 动产融资产品组合与创新案例

【案例导读】

银行从农作物收购到销售全过程入手，有针对性地运用银行金融产品，通过动产融资、融资租赁、集团网现金管理、个人贷款等产品为其设计融资服务方案。

一、企业概况及合作背景

A 公司隶属于黑龙江某集团总公司，原属于大型国有企业，是一个贸易实业并举、内贸外贸结合、期货现货兼营的有限责任公司。注册资本 44 256 万元，其中：黑龙江某集团总公司出资 42 592 万元，占总股本 96.2%；内部员工自然人合计出资 1 664 万元，占总股本 3.8%。主营成品油、农业生产资料、农业机械及粮油食品。职工人数 3 130 人。

经营范围：粮食、土畜山产品、农副产品、农业机械、机电设备、汽车及汽车配件、化肥、农药、农膜、汽油、柴油、润滑油、饲料加工等。主要涉及领域有成品石油、农业生产资料、大型农业机械、粮油食品生产、加工和进出口贸易、期货贸易、物流配送、有机食品、绿色食品生产加工与配送等。

A 公司销售网络遍布黑龙江农垦 9 个分局 105 个农牧场，在垦区设立 81 个石油供应站、54 座中转油库、182 个加油站，自备运输罐车 138 辆、油船 8 艘。在东北主要港口大连、营口等地拥有分公司、中转库及期货交割库；在内蒙古通辽、黑龙江双城、太阳升等地，均设有粮食收储公司；在上海、北京、大连、深圳、广州等地建立了办事机构和销售公司。申请人与美国、欧盟、日本、韩国、中国香港和中国台湾等 40 多个国家和地区企业建立了长期贸易伙伴和经济合作关系。

二、企业资金需求情况及银行金融服务方案

A 公司计划实现销售粮食 100 万吨，1~8 月份已实现粮食销售 27 万吨，

9～12 月份计划销售粮食 73 万吨，其中玉米 48 万吨、大豆 10 万吨、水稻 15 万吨。计划合计收购 85 万吨，收购品种及资金需求如下：

玉米产地收购价格 1 450 元/吨，55 万吨共需资金约 7.98 亿元；

大豆产地收购价格 3 600 元/吨，10 万吨共需资金约 3.6 亿元；

水稻产地收购价格 1 700 元/吨，20 万吨共需资金约 3.4 亿元。

上述粮食收购资金总需求量约为 14.98 亿元，扣除企业现有资金，需银行解决约 9 亿元资金缺口，银行本次授信主要是解决申请人年底前集中收购所需资金问题。

针对企业实际需求情况，银行为其提供金融解决方案如下：

1. 正常经营周转资金 5 亿元（包含原授信 1 亿元）

A 公司申请授信主要用于补充经营中流动资金不足，由于申请报表为合并报表（共合并涉及不同行业 24 家企业），无法按照财务数据中应收账款和存货周转天数来测算申请人经营周期，为此根据申请人粮食经营实际情况确定其生产经营周期，一年约周转 3 次。按照申请人实现 200 万吨粮食销售目标，总资金需求约为 33 亿元，每个周期约需资金 11 亿元，根据申请人现有资金情况及其主营业务中可能出现资金短缺实际情况，银行准备为其提供 5 亿元用于解决正常库存所需周转资金问题。

2. 单笔收购资金 4 亿元

由于粮食行业集中收购特点，同时根据申请人准备实现的经营目标，为申请人提供 4 亿元单笔收购资金，满足其临时集中性收购需求，待销售后及时对该部分贷款予以收回。

3. 农户贷款担保 1 亿元

针对粮食物流公司搭建粮食银行电子交易平台，为体现公私业务联动，准备为 A 公司核定 1 亿元对农户个人贷款提供最高额担保额度，但在农户贷款需求不旺盛时期，空余额度可以串用给企业。农户贷款业务具体由个人业务部负责操作。

三、综合收益分析

A 公司已得到银行综合授信 10 000 万元，品种为短期流动资金贷款、银行承兑汇票，贷款利率基准，银行承兑汇票保证金不低于 50%，期限一年，已经在银行沉淀资金日均 4 000 多万元，每年形成贷款利息收入 700 余万元。此次授信中不可循环 4 亿元额度中已投放 3 亿元新增授信额度的利率为半年期基准利率上浮 10%，利息收入为 802 万元；6 亿元可循环额度中已投放 1 亿元原有授信额度的利率为一年期基准利率上浮 10%，利息收入为 584 万元；

除此之外尚未投放5亿元利率为半年期基准利率上浮10%，预计利息收入为1 336.5万元，其中1亿元农户个人贷款提供担保额度可以为银行带来更多个人贷款收益。

四、案例启示

该项目是银行积极适应产业政策、不断调整业务结构的成功案例，通过此案例可以得到如下启示：

1. 深入研究产业政策是更好开展业务的前提。本项目开展正值国家对农业支持和保护政策出台，尤其是"三农"政策提出，无疑是粮食行业重大利好。银行正是以此为契机，针对实际情况不断创新、积极营销，才能将此业务变为现实。

2. 公私联动全面拉动银行各项业务发展。本项目除传统授信业务以外，还增加1亿元农户贷款担保。这不仅解决企业和农户实际需求，还为银行在当地品牌提升起到很大作用。

3. 传统授信业务带动新产品营销。银行在对A公司授信完成后，便准备材料上报该企业动产融资项目。由于前期授信业务顺利开展，使得银行针对该企业新产品应用得心应手。

> 银行客户经理应担当医生的角色，而保理产品就是我们的手术刀。对目标企业进行体检，找出问题，提出合理的改善企业财务状况的建议，在诊断的过程中销售产品，这种银行销售方式势如破竹。

第二十三课　出口物流融资

【案例导读】

配套以进口物流监管进口贸易融资在各家银行有诸多尝试，但以出口物流监管项下贸易融资一直是银行界难点问题，本案例在出口物流融资方面进行有益尝试，为大宗商品出口及加工企业出口融资起到很好示范作用。

本案例主要亮点还在于，贴近客户出口业务情况设计融资产品，银行全程监控客户出口物流全过程，控制物权或者出口销售回款，将放款时间前移，在解决客户资金周转情况下有效规避打包贷款等传统贸易融资产品下客户道德风险。当然，这个模式未能在这个客户身上得到延续，同样有值得银行思考的价值。

涉及产品：出口物流融资。

一、物流融资业务背景

中国年粗钢产量约5亿吨，相当于世界钢铁产量排名2～6位国家的产量总和，中国粗钢及钢材深加工产品开始大量出口，在中国政府数次下调、取消出口退税、设置出口关税情况下，钢材出口仍旧保持强劲增长势头。

国内钢材深加工企业出口业务呈快速上升趋势，在华东地区有一大批年出口规模超过2 000万美元的钢材深加工企业，部分规模甚至达到上亿美元，它们具有稳定的国外客户群体，出口量呈逐年上升趋势。

钢材深加工企业采购钢铁原材料需要现款提货甚至支付预付款，而出口业务物流过程加长，从出货到收到款项期限较国内销售时间长1～2个月，这必然加大企业资金压力。银行对此种业务融资手段主要为打包贷款和出口押汇。

银行打包贷款审核条件基本等同于流动资金贷款，需要额外提供担保。这部分钢材深加工企业大部分为改制私营企业，如果需要外部企业为其担保，必须对等提供担保，形成一个互保圈，对外担保增加势必增加企业风险，且这种风险具有不可控和不可预见性，而出口业务一般按照订单锁定价格，利润空间较大，企业不愿意放弃此种业务，这就形成企业扩大融资和增加风险的两难选择。

由于这部分钢材深加工企业出口结算大部分是出口信用证项下单证业务，资金沉淀大，客户对结算手续费价格不敏感，具有较高综合收益，是各家银行竞相争夺业务。

针对企业不愿意增加互相担保，决定将担保手段放在企业存货质押担保上，银行引入综合物流服务商进行存货质押监管。但此类企业存货周转速度快，单以仓库内铺底存货质押可能难以满足企业资金需求，经过对企业物流过程进行详细调查，决定将企业出口在途存货也纳入质押监管范畴。银行引入综合物流服务商，中远物流具备提供远洋运输和企业到港口短驳运输服务能力，使得银行对企业在途存货监管成为可能。

具体融资流程为：在企业取得出口订单后，以企业现有库存作为质押，银行为企业提供资金融通用于采购原材料，从原材料购入至加工成成品出口，不管存货状态如何变化，始终置于中远物流监管下，在出口商品具备出运条件后，由中远物流进行海运订舱，并安排下属运输车队将商品运至码头装运，在商品上船发运后，中远物流直接将全套提单交到银行，企业将其余议付单据交到银行，银行将全套单据寄开证行索汇，收汇后偿还银行借款。

银行对企业从原材料到产品出口全部物流环节进行监控，代表物权提单由物流公司直接交给银行，规避客户不交单这一打包贷款最大风险，在取得提单银行寄单索汇后银行控制还款来源。在国外拒付的极端情况下，银行可以取得国外银行退回提单委托物流公司处置货物。对银行来说，进行企业出口业务全程物流质押监管，其风险较打包贷款低，能够从企业物流环节监控企业经营情况；对于企业来说，物流质押融资既解决其出口业务资金需求又没有额外增加企业担保风险。

二、业务过程

A 企业是当地知名金属制造企业，年销售规模 10 亿元，其中出口规模在 5 000 万~6 000 万美元，存在较大出口资金融通需求。通过银行与企业、中远物流公司多轮谈判，对融资安排、物流监管、物流费用等多项细节达成一致，进入实质性实施阶段。A 企业长年向其波兰客户提供冷轧带钢，一般在其与客户签订合同锁定价格后，A 企业采购原材料生产，具备发运条件后通知国外客户，国外客户开来信用证，企业安排出运，出运后 15~20 天取得提单向银行交单，2 个星期左右收汇。

首次操作时，银行采用简化流程，由中远物流下属车队在企业装运出口货物起进行融资，装运出口货物向银行出质，装运货物全部作为向银行申请授信质押物，银行给予该公司货物质押率范围内资金融通，3月29日波兰客户开来信用证，4月10～18日银行取得中远物流交来3份提单，客户同时提交议付其他单据，5月9日银行收到国外银行支付全部款项，收汇后偿还银行融资。

综观此笔业务，由于采用银行承兑汇票授信，节约客户融资成本。因此在议付费和结汇汇率方面不再给予客户优惠，提高银行结算中间收入。银行在开立银行承兑汇票1个半月就封闭敞口，银行取得4个半月活期保证金存款，存款收益较大。总体而言，该笔业务的综合收益较高。

【案例启示】

1. 物流环节相关问题

该笔授信由中远物流进行监管，同时中远物流为客户提供船代和货代服务。一般来说银行认为中远物流具有提供相关物流服务能力，但在实际执行中，由于客户对于物流成本控制较严，而中远物流服务费用在同业中属于较高水平，最终三方经过多轮谈判才达成一致。中远在船代方面沿袭客户原有通路，作为企业代理人进行订舱，解决提单控制问题。这一中间过程提示银行通过物流公司监管介入企业物流环节必须考虑企业原有成本、运作等问题，如果物流监管介入提高企业物流成本、增加企业运作环节影响到周转效率，就很难为企业所接受。

银行相关政策及授信审批书要求对企业动产进行保险，企业为仓库内货物办理财产保险，对于额外增加的自有仓库至港口的短途运输保险，由于企业至港口运输运量巨大，如果投保短期运输险将给企业带来100万元左右额外保险费用支出，客户无法承受，这就造成企业和银行之间谈判僵局。仔细分析该业务短途运输风险，59个标准集装箱运输使用59部集装箱重卡，实际运输过程中59部车均出现风险的概率很低，同时所运输货物为钢材，发生货物损毁的可能性同样很低。承运人中远集团统一投保相关司机道德险和运输财产险，只是运输财产险有6万元绝对免赔额，考虑到出险概率及出险发生货物损毁概率很低，企业能够承担6万元决定免赔额风险，最终请示免除短途运输保险要求。

2. 授信评审相关问题

该笔业务按照授信审批书要求属于尝试性项目，在项目成功实施后上报评审方可启用剩余额度，由于后续授信审批条件过严，使得对该企业授信和业务合作最终无法继续，主要原因在于：

把上报项目中配比20%人民币综合授信取消。作为一个钢材深加工企业，国内外销售都存在融资需求，各家银行在贸易融资方面给予条件较为宽松，虽然银行贸易融资产品具有一定成本和授信条件优势，但单纯发放收益较高贸易融资很难满足企业稳定人民币授信需求，难以被企业接受。

质押率问题，该笔业务审批钢材质押率为非含税价 50%，其质押价值低于废钢价格，在项目初步尝试时采用这样质押率企业尚可接受，但是项目持续运作时依然采用这样质押率就背离市场普遍规律，很难得到企业认可。

【案例点评】

该笔业务结合贸易特点和贸易流程为企业提供切合实际需求的贸易融资产品方案，解决企业出口发运前融资需求，有力推动企业出口业务做大做强，受到客户好评，但是由于后续评审条件过严，使得该笔业务未能继续。

然而，该笔业务为银行出口物流融资业务发展提供了有益借鉴，除信用证结算方式以外，还可以为企业提供 O/A、D/P、D/A 结算方式下订单融资；除现货质押以外，还可以以银行可以控制未来存货质押向企业提供融资，提供极大融资便利性，同时为银行进一步探索国际贸易融资与国内贸易融资有机结合、物流融资与订单融资、信保融资、国际保理、出口一票通、国内信用证有机结合提供了宝贵经验。

第二十四课　供应链融资——购销通

　　动产融资业务是面向产业链上中小企业融资主打产品之一，由于其能有效"激活"企业担保资源，且具有操作灵活、形式多样、与企业需求联系密切的特色，历来大受产业链上中小企业欢迎。银行根据动产融资业务环节不同和中小企业融资需求，推出"差额回购"、"阶段性回购"、"调剂销售"、"底线控制"、"购销通"等各类模式，下面这个案例就是为没有足够抵押和有效担保的中小企业，通过对其上下游供应链上货物实现和资金控制达到控制风险的一种动产融资模式——购销通。

　　A公司是一家主要经营煤炭批发流通的企业，注册资本810万元，是浙江省为数不多的拥有煤炭经营资格证的企业之一。公司经营者从事煤炭贸易行业多年，在行业内建立了良好资源渠道，但因为开始自主经营时间不长，自有资金有限，难以大规模开展业务，故向银行申请授信。由于申请人实际经营年限不长，自身规模较小（总资产还不到1 000万元），也无法找到实力较强担保单位，按常规授信模式很难取得银行授信。

　　银行对客户经营情况进行深入调查，对申请人供应链条进行细致了解和分析。申请人的主要煤炭供应商有三家：中国煤炭工业秦皇岛进出口有限公司、山西焦煤集团国际贸易有限责任公司、内蒙古土默特右旗曼巧沟矿业有限责任公司，双方交易主要以现款结算，运输方式为由煤炭供应商将煤炭通过铁路运至秦皇岛港，直接与下游客户进行交割。申请人下游销售客户主要为一家省内电煤供应大户，在银行有较大额度授信。从供应链环节分析，申请人上下游企业管理规范，上游有足够供货能力，下游有充分保证回款能力，且运输渠道规范，虽无抵质押及担保措施，但借助上下游企业信誉能够实现货物和资金封闭运作，能达到风险控制目的。

　　根据企业供应链分析结果，银行为申请人设计"购销通"封闭授信，专项用于其向强势供应方采购指定货物。由银行、申请人、供应商共同签订保证发货协议，协议约定供应商收到银行以申请人名义支付货款后，保证将货物足额发送至指定地点与指定收货人办理交接手续。同时，银行、申请人、采购商共同签订封闭回款协议，协议约定收货人收到供应商交付货物后，在约定时间内将货款打入银行、申请人共同约定开立在银行的指定账户。银行并在与申请人签订的综合授信合同中特别约定：申请人在银行开立专用回款账户，未经银行批准，不得办理对外支付。

根据供应链环节货物交易流程明确清晰、运输渠道规范、上下游企业履约能力及信誉可靠特点设计购销通，申请人不直接控制货物，资金流在银行监控下封闭运行，既控制风险，又为没有担保、抵押的中小企业提供融资。

第二十五课　设备制造行业设备按揭担保融资

【产品定义】

在设备制造企业提供回购担保的情况下，银行对设备制造企业的购买用户提供按揭贷款业务，从而促进租金设备制造企业产品销售的一种供应链融资业务。

一、案例背景

佛山是中国陶瓷生产核心区域，建筑陶瓷年产量约占全国40%，佛山还是全国最大陶瓷装备制造业基地，产值占全国80%以上，是一块巨大蛋糕。但同时，广东银行在业务拓展中也遇到困惑：当地陶瓷产业链中，民营企业是主力军，素质参差不齐，其中优质龙头企业盈利能力强，现金流充沛，基本无融资需求；而实力较弱企业多存在关联关系复杂、财务管理欠规范、资金用途难以监控情形。设备按揭担保融资业务如图25-1所示。

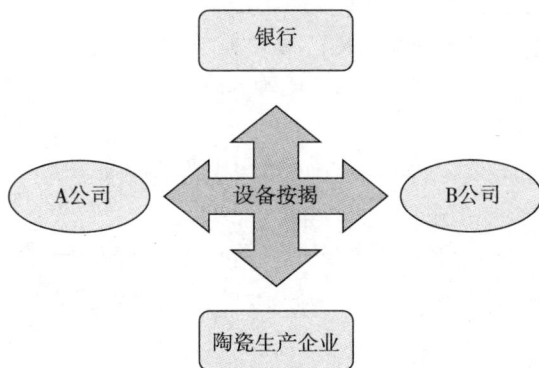

图 25-1　设备按揭担保融资业务

银行在佛山陶瓷产业链上游部分陶瓷机械生产企业中，找到突破口。佛山市 A 公司和 B 公司这两家陶机制造龙头企业，虽然自身融资需求不大，但有机会通过与其联手开展下游客户整线设备按揭业务实施市场渗透策略。

二、授信方案

银行分别给予 A 公司与 B 公司综合授信额度 3 亿元和 5 亿元，授信期限一年，品种为融资担保额度，专项用于陶瓷生产企业向 A 公司与 B 公司购买陶瓷生产整线或压机按揭额度，借款人单笔贷款期限不超过 3 年，利率不低于基准利率，设备抵押率不超过 70%。

（一）操作流程

1. 审批给予 A 公司与 B 公司授信担保额度。

2. A 公司或 B 公司承揽整线工程或窑炉，签订商业合同，收取不低于 30% 定金。

3. 由 A 公司或 B 公司收集陶瓷厂授信资料，向银行出具书面推荐函，单笔报批。

4. 单笔业务获批后，签订三方协议，明确 A 公司或 B 公司连带担保及回购责任。

5. 办理陶瓷厂 A 公司或 B 公司合同签订等手续。

6. 整线设备签约方（A 公司或 B 公司）存入保证金、办理设备抵押登记、购买保险。

7. 银行按抵押率放款，采用委托代付向 A 公司或 B 公司划拨贷款资金。

8. 借款人按合同约定定期还本付息。

9. 按季为 A 公司或 B 公司解除保证金质押，在任何时点均确保保证金／贷款余额不小于 30%。

（二）陶瓷生产企业（借款人）准入条件

1. 整线项目应为三方认可陶瓷生产企业，属老厂扩建，原则上追加老厂担保及实际控制人担保。

2. 借款人股东或实际控制人有 2 年以上陶瓷从业经验。

3. 符合环保要求和国家产业政策。

4. 优选客户区域：佛山（含泛珠三角地区）、唐山、博山、晋江、夹江、上海周边地区构成的"三山二江一海"及沈阳地区陶瓷生产企业。

三、风险分析

从上述经办行提出操作方案分析，银行操作大致可分为单项设备抵押操作及整线项目抵押操作：

1. 单项设备抵押操作较为简单，银行授信风险保障主要为设备生产商提供授信金额 30% 保证金及验收后机器设备抵押，抵押率 70%，因此假设单机价值1 000万元，银行可发放贷款金额700万元，由申请人提供30%保证金质押，即210万元，银行实质风险敞口为700 – 210 = 490（万元），对应1 000万元抵押物敞口抵押率约为49%，因此风险控制力度较大。

2. 整线项目抵押操作方面，银行授信风险可分为项目在建期及项目完工期两阶段进行分析。项目在建期间，根据上述案例计算，银行在项目建设期间，对应机器设备敞口抵押率应约为21%。项目在建期间若出现不能完工现象，由于此时对应抵押率较低，申请人回购意愿较强，银行风险基本可控。项目完工后银行授信抵押率可上升至70%，实质敞口对应抵押率约为49%，此时陶瓷生产企业已快进入还款期，银行在逐期还款后风险敞口将不断降低，从陶瓷行业整体行情分析，陶瓷生产企业在项目刚投产即出现经营风险概率偏低，而在具体上报授信时银行可对陶瓷生产企业进行筛选，将此风险尽量降低，同时授信要求担保项下单笔贷款逾期后，在代偿日截至前由担保企业对逾期部分本息进行代偿或追加该借款人借款金额20%保证金或存单，为防范该类风险进一步提供保障。

四、营销提示

传统产业链融资业务中，银行不仅着眼于上下游，更应针对具有业务合作、优势互补关系企业量体裁衣，设计出强强联手，形成纵横延伸产业链融资模式，一方面由不同生产环节陶机生产厂家共担风险，由陶瓷生产企业通过降低单户授信金额分散风险以设备按揭锁定风险，对银行授信业务形成一张严密风险防控网；另一方面充分利用陶机生产厂家丰富客户资源降低营销成本，以小小创新迅速撬动市场。

> 在企业资金运动过程中，捕捉存款，尽可能争取存款沉淀。动态争取存款观，在现金流量表中；静态争取存款观，在资产负债表中。其实，企业是趋利的，不可能把大把存款静止存在银行无所作为，资金要不进入商品领域主力，要不进入资本市场领域主力。资金是资本，资金就是战士，作为资本为资本拥有者去奋战，去挣更多的钱，钱生钱。

第二十六课　医药流通企业+三甲医院供应链融资模式

【产品定义】

采用 N（医院）+1（医药流通企业）产业链融资模式，以真实商品交易背景为基础，以多家医院支付能力作为风险把控抓手，辅以医药流通龙头企业供货能力作为保障，采用对医院出具商业承兑汇票进行贴现或质押开立银行承兑汇票方式向医药流通企业提供授信支持。

【案例分析】

一、企业背景

A 公司为山西省最大医药流通企业，全国医药商业企业销售 100 强，排名全国第 18 位。注册资本 2 770 万元，高管持股 40%、集团下属投资有限公司持股 60%，经营包括医药代理、批发和向医院进行药品配送，以药品配送为主。

除此之外，尚有 20 多家虽未签订配送合同但实际业务量较大的三甲医院，年供药额超 5 亿元；其股东已与省外多个城市签订医院药品配送意向，拟由申请人进行配送药品金额在 20 亿元以上。由于 A 公司取得公司所在地区大部分高等级医院医药配送资格，预计未来业务量将会出现跨越式增长，资金需求量较大。但现状却是上游需要支付现款才能提货，而现有银行授信额度基本使用殆尽，下游医院回款在 3 个月左右，大量资金被占用。因此，业务发展受到很大制约，亟待金融服务方案解决资金周转问题。但由于缺少抵押物，房产土地已全部抵押给其他银行，而其集团公司担保能力一般。异地企业、内部关系复杂且负面消息频出，因此传统融资模式较难满足企业融资需求。

二、授信方案

给予 A 公司综合授信人民币 3 亿元，期限 1 年，授信品种为商业承兑汇票贴现和商票质押开立银行承兑汇票，由其集团股份有限公司提供连带责任担保。授信要求：

1. 商业承兑汇票出票人限定为二甲及以上医院，贸易背景真实，与申请人历史交易记录显示回款正常；

2. 授信期前6个月，提用授信余额不超过1.5亿元，单个医院商业承兑汇票余额不超过其与申请人年实际交易量1/3；额度启用6个月后，视授信执行情况逐步放开额度使用；

3. 授信限定用于申请人向上游采购药品；

4. 银行开立回款专户，并对医院实际支付情况给予持续关注。

提示：（1）商业承兑汇票应为医院对已经入库药品支付，不得为预付采购款使用；（2）对出票医院应实行名单制管理，根据资信状况审慎核定额度使用上限；（3）持续关注其集团整体经营运作情况。

三、风险分析

1. 如何证实交易背景

一是额度启用前银行检查药品配送合同；二是商业承兑汇票出票人限定为下游医院，锁定资金流向；三是只接受医院对已入库药品开具商业承兑汇票，不接受预付性质商业承兑汇票。

2. 如何控制放款节奏

一是对额度执行部分提用，视执行情况逐步放开额度；二是对出票医院实行名单制管理，根据年交易量和资信状况核定商业承兑汇票余额上限；三是设定质押率和贴现率。

3. 如何保证回款质量

一是规定医院资质必须为国办二甲及以上；二是要求历史回款记录正常；三是开立回款专户，监控实际支付情况。

四、营销启示

N（医院）+1（医药流通企业）产业链模式实现产业链上下游之间资金流、实物流通畅运转，有效降低银行风险、提高综合收益，同时能够快速辐射到区域内二甲以上医院。

第二十七课 白酒企业差额回购供应链融资模式

【产品定义】

在白酒生产企业提供回购担保的情况下，银行对白酒经销商提供的用于向白酒生产企业的采购融资，银行通过白酒生产企业整体营销白酒产业链的一种供应链融资业务。

【营销要点】

大型白酒企业，销售规模及经营业绩较好，现金流充裕，其对银行无直接资金需求。银行通过对白酒公司下游产业链客户寻找突破口，以其销售公司承担差额回购责任方式对其下游产业链企业授信。

【案例背景】

A 公司位于中国浓香型白酒发源地，拥有我国建造最早、连续使用时间最长的窖池群，是中国白酒行业三强之一。A 公司基本架构：A 公司集团公司控股其股份有限公司（上市公司），股份公司核心子公司酒厂负责白酒生产，其销售公司负责白酒销售。A 公司作为优质客户，历来受到所在地国有银行及四川各股份制银行追捧，营销难度较大。其自身因融资渠道多，资金充裕，以及上市公司控制银行负债要求，对银行给予同质化授信兴趣不大，提用较少。银行一直把 A 公司列为战略合作伙伴，近三年每年均给予股份公司 2 亿元以上主动授信，品种包括流动资金贷款、银行承兑汇票和商票保贴，但企业基本未提款。虽然 A 公司因银行客户经理与其高层人脉关系在银行长期保持近 3 亿元净存款，但并未真正建立起一种互利共赢合作关系，银行对 A 公司全方位营销因缺乏差异化、有吸引力产品和服务方案而始终打不开局面。

【方案设计】

银行了解到 A 公司准备对其销售体系进行重大改革，由原来 A 公司销售公司向国内各大销售区域派驻销售机构进行直销模式，改革为由当地经销商与原大区经理发起成立与 A 公司无股权关系，但实际由 A 公司控制的区域销售公司（华北、华中、西南、老酒坊公司），负责区域内 A 公司系列酒总经销模式。银行敏锐地感觉到，这正是运用动产融资产品，有效介入 A 公司销售体系的大好时机。新成立四大区域经销商资本金尚未全部到位，经营周转有融资需求，因与 A 公司无股权关系，A 公司也乐于支持其向银行融资以扩大销售规模。最终，A 公司认同和接受银行提供给予四大区域经销商授信用于向老窖销售公司购白酒，由其销售公司提供差额回购的授信方案（如图 27 - 1 所示）。

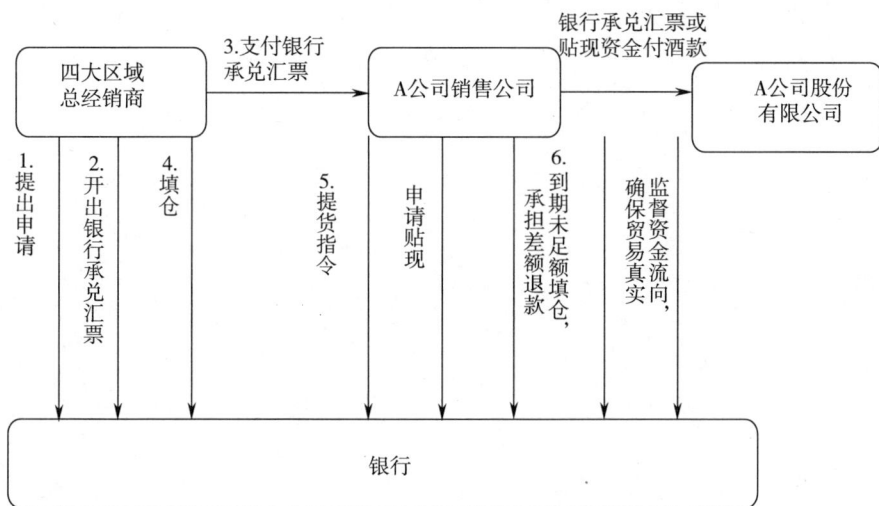

图 27 - 1　白酒企业差额回购供应链融资

【综合收益】

银行给予四大区域总经销商授信额度共 3 亿元，截至当年年末，提用额度 2.8 亿元，网银结算量近 20 亿元。

【营销启示】

1. 以实力相对较弱的销售公司来承担差额回购责任，是对传统评审理念的一项突破，也是本项目能够顺利实施的基础。

当银行产品、服务不能适应或满足客户需求时，银行不能简单按照传统方法，而需转变观念，多从定性、定量等多方位综合分析客户违约概率以及风险可控性，一户一策，做深做透，方能在与优质客户合作中取得理想综合收益。

2. 此案例模式适用范围：

（1）历史悠久、经营稳定企业；

（2）产品质量好、品牌优势明显企业；

（3）差额回购单位与综合实力强的核心企业荣辱与共；

（4）销售公司产生道德风险小的企业；

（5）销售现金流主要能由银行监控的企业；

（6）全国十大品牌白酒企业或其他类似企业。

第二十八课　银行如何与第三方支付公司合作供应链融资

一、如何认识第三方支付公司

国内第三方支付中介公司都在开展供应链融资业务，以其自身优势直接或者间接地参与供应链融资，提供配套增值业务，并从中获利。

国内阿里巴巴有限公司则更加彻底，将物流业务和融资业务结合在一起，成为新型融资服务提供商。新型服务体系包括传统和非传统融资产品，主要集中于四个关键领域：现金流、贸易、小额商业信贷和贸易风险管理。

这些第三方支付公司本身深度渗透进入较多实体产业链，经过多年经营，已经建立庞大客户基础。但是，对银行融资成熟理念缺失和自身资金规模限制，这些公司都迫切需要银行支持。

【案例】快钱公司融资模式

IT分销产业竞争日益加剧，使得赊销在供应链结算中比重越来越大。能不能提供赊销方式，赊销账期长短，已成为下游代理商选择上游供货商的关键因素之一。神州数码下游代理商中有相当部分是中小企业，它们难以从银行获得融资，导致其资金链紧张，桎梏业务发展。神州数码向下游代理商提供账期，相当于替代金融机构承担融资责任。为控制赊销风险，神州数码不断完善下游代理商管理体系，根据代理商历史交易付款情况对代理商进行分级，给予不同赊销政策。

T日发货（物流）

T+N日付款(资金流)
账期（N）：7~40天

在赊销模式下，神州数码面临两大关键问题：

第一，使用自有资金支持下游代理商影响资金周转速度，产生隐性资金成本。

第二，由于财务报表上大量应收账款影响资产质量，进而造成对市值影响。

在赊销模式下，下游代理商受益与更多需求：

下游代理商通过神州数码赊销账期赢得资金周转时间。

下游代理商更多需求：灵活方便，满足时效性，满足高频率，满足低成本，随借随还。

1. 快钱公司认可神州数码对于代理商信用管理，认可神州数码给代理商账期为正常还款期。

2. 融资周期分为正常还款期、付款期、履约担保限期三个阶段，不同阶段支付利息对象和利率各不相同。

3. 合作初期神州数码提供全额担保比例为总融资额度的一定比例，每半年恢复一次。

二、第三方支付公司介入商业平台

零售业中存在供应商与超市之间资金流转不畅。一方面，供应商需要缩短贷款回收期限，为其设计、再生产提供资金支持；另一方面，超市则希望把资金留在企业更长时间，以支持销售、加快扩张。双方都不让步时，供应链中处于强势一方便占得优势，弱势方往往是一些中小企业，它们不仅难以从银行获得贷款，而且备受强势企业挤压。如果资金不能及时回笼，这些企业将严重受限。从长远来看，这也会影响到强势企业发展。供应不足会导致其销售规模难以扩张，在同行业竞争中也必然处于劣势地位。因此必须协调供应链与超市之间资金矛盾，促进零售业顺畅发展。

第三方支付公司供应链融资平台就是为加快零售企业和供应商流动资金周转速度、解决中小型零售企业融资难问题而开发的。通过这个平台，银行可以充分掌握零供双方交易情况。银行再以供应商应收账款为依据，按照 T＋1（即 Transaction＋1，交易第二天）付款模式，将一定比例货款支付给供应商。超市不再将货款支付给供应商，而是在约定时间将货款支付给银行。供应商提前得到货款，可以用来扩大生产经营，这也促使它们向超市提供更多质优价廉商品，而超市也能把资金留在企业一段时间，双方都从中获益匪浅。

以第三方支付公司技术平台为基础的零售供应链融资服务，解决零售行业中中小企业融资困难问题。超市通过该平台，以最短账期和高效结算速度吸引优质供应商为消费者提供更优质产品和服务，提升超市市场竞争力，也获得资金支持更多业务扩展。而供应商可以提前得到一定比例融资，实现资金加速运转。零售供应链融资平台成为扶持超市与供应商发展、维护零售行业市场秩序、促进超市与供应商关系融洽的重要举措。

物流企业、银行、中小企业处于供应链融资中主体地位，供应链融资复杂性也需要第三方支付公司介入，包括信息平台提供方、货物价值核定公司、监管方等。在这一领域，第三方支付公司将大有作为。

案　　例

【案例一】 河北爱普医药经营有限公司循环票据

一、企业基本情况

河北爱普医药经营有限公司注册资金3 000万元，为医药行业药品销售流通企业。该公司属于中小型企业，具备以下三点特色优势：

公司周转速度极快，平均一个月周转一次。因此，现金流量较大。

原有授信方式：1 000万元贷款，年息9.8%，全额保证金银行承兑汇票2 000万元。该公司在其他银行办理有一定金额全额保证金银行承兑汇票，某银行迫切需要拓展这些票据资源。

二、银行切入点分析

该客户资金周转速度极快，很适合银行拓展票据业务。某银行经过思索认为，原有单纯提供贷款方式有缺陷，承担较高风险，但是吸收存款却很有限，而且客户在本行业很少做结算流水，尤其是针对流通型企业应当使用票据。经过老师指点，某银行客户经理三次改进授信方案，每次综合收益都大幅提升。

三、银行授信方案

新方案1：1 500万元综合授信，即500万元贷款、1 000万元银行承兑汇票敞口额度（50%保证金）、全额保证金银行承兑汇票5 000万元。

新方案2：1 500万元综合授信，即500万元贷款、1 000万元银行承兑汇票敞口额度（50%保证金）、准全额保证金银行承兑汇票5 000万元。

新方案3：1 500万元综合授信，即500万元贷款、1 000万元银行承兑汇票敞口额度（50%保证金，客户采取1个月填满所有敞口方式使用授信额度）、准全额保证金银行承兑汇票5 000万元。

银行存款可以快速大幅上升，授信额度使用效果可以有效放大，提高银行综合收益。

【点评】

银行客户营销是一项专业性较强工作，对客户经理业务知识储备和谈判沟通能力都有着较高要求。客户经理需要熟知各种业务产品和相关政策，并且能够针对不同客户需求适时使用相应产品。对于目标客户企业状况，包括经营目标、经营方针、行业特点、历史业绩、财务状况、销售产品优势等方面，有充分全面了解，做到"知己知彼、百战不殆"。

【案例二】 汽车公司订单融资业务方案

一、邯郸青年汽车有限公司简介

邯郸青年汽车有限公司注册资本为 3 380 万元，邯郸青年汽车有限公司是中国青年汽车集团下属子公司，产品为莲花 L3 三厢轿车，该企业是泰安市重点招商引资项目，设计生产能力为年产乘用车 15 万辆，主要产品为青年莲花轿车。其中一期工程设计年生产 3 万~5 万辆，项目建设已经完成，正式投入批量生产。

青年汽车轿车产品与英国莲花汽车公司合作。英国莲花汽车公司是世界上著名运动汽车生产厂家，与法拉利、保时捷一起并称为世界三大跑车制造商，在世界上享有盛誉。在北京国际车展上青年汽车集团隆重引进莲花科技并联合成立研发中心，推出第一款产品为轿跑车，后续 4 年内在莲花技术平台上共规划八款车型，排量为 1.6~3.0 升，产品涵盖家轿、轿跑、SUV、MPV 等一系列车型。该八款车包括 007 系列、008 系列、009 系列国际品牌和先进技术，加上完善销售网络，市场前景非常看好。

邯郸青年汽车有限公司依托于中国青年汽车集团强大销售网络，销售渠道十分稳定，有效保障该企业盈利能力。莲花汽车 L3 系列预计销量为 50 000 辆。

该公司总资产 5.4 亿元，销售收入 7 814 万元，净利润 -13.8 万元。出现此种财务状况主要原因是该企业处于起步阶段。随着企业设备完善及投产不断扩大，其规模将有新突破。莲花汽车预计销售量为 50 000 辆，并且在莲花汽车商务大会上就签订了 46 482 辆销售合同，有效保障销售目标完成。邯郸青年汽车有限公司依托于青年汽车集团强大管理、技术及稳定销售网络，其盈利能力及营运能力将不断加强，随着企业生产规模扩大，其财务报表中反映盈利能力和营运能力指标一定会有质的飞跃。邯郸青年汽车有限公司供货渠道和销售渠道十分稳定，基本都是其关联企业，回款及时，保障其较强资金流动性。

二、操作方案

邯郸青年汽车有限公司与浙江青年乘用车集团有限公司签订合同（合同依据为浙江青年乘用车集团有限公司与其4S店签订购销合同），对签订合同向银行申请融资作如下要求：

合同生效需提供资料：（1）买卖合同原件及《邯郸青年莲花汽车整车销售结算协议》；（2）此次订单融资采购明细及采购合同。

邯郸青年汽车有限公司在银行开立一般账户和监管账户，其与浙江青年乘用车集团有限公司签订合同，无论是否向银行申请融资，所有合同上收款账户为其在银行开立监管户账户，订单融资经过近一年操作，所有预付款支付至该账户客户，其余车款均按合同约定按时支付至邯郸青年汽车监管账户，因此对于预付款支付后生效合同可以不签署《邯郸青年莲花汽车整车销售结算协议》。对于双方签字盖章后生效合同，如终端法人客户不同意签署该协议及个别特殊订单、涉及半成品出厂等问题，按上报总行《邯郸青年汽车有限公司订单融资业务方案及整体合作方案》执行。

订单授信（额度不超过合同金额80%）。由银行以承兑汇票方式提供订单授信下采购资金，企业受托银行直接将承兑汇票支付给供应商。邯郸青年汽车有限公司组织生产，按合同约定生产完成后，邯郸青年汽车有限公司通知浙江青年乘用车集团进行提车。

在这样模式下，银行基本对订单实现封闭式管理，从合同签订到采购资金陆续支付，直至最后交车，资金流转均在银行，通过确定有效订单，明确收款来源来对应授信敞口归还，此外由银行或银行指定监管机构监管整车出厂及收款过程，可大大提高银行监控能力，将授信风险降到最低。

对于邯郸青年汽车而言，则通过订单授信，可以有效保证接订单后能采购到位及时生产交车，避免订单集中产生波动性资金需求风险，同时有效控制授信资金使用，使授信资金与生产相匹配，从而也降低公司资金成本与经营风险。

方案流程如图所示。

邯郸青年汽车有限公司 ←—— 报年度销售计划 ——→ 银行.

银行确认订单授信额度

邯郸青年汽车有限公司与浙江青年乘用车集团
有限公司签订合同,合同成立条件满足

↓

邯郸青年汽车有限公司向银行递交合同原件及相关资料(附
浙江青年乘用车集团有限公司与4S店签订的购销合同)

↓

银行审查合同同意订单授信,
额度不超过合同金额80%

↓

银行开立银行承兑汇票给供应商
(无须存入初始保证金)

↓

供应商发货给邯郸青年
汽车有限公司

↓

泰安青年汽车有限公司
组织生产,按合同约定交车

↓

通知浙江青年乘用车集团
有限公司准备提车

↓

全额支付车款至
银行监管账户

↓

优先补足授信敞口, ——→ 银行通知监管方放车
剩余资金划入一般账户

第三方监管

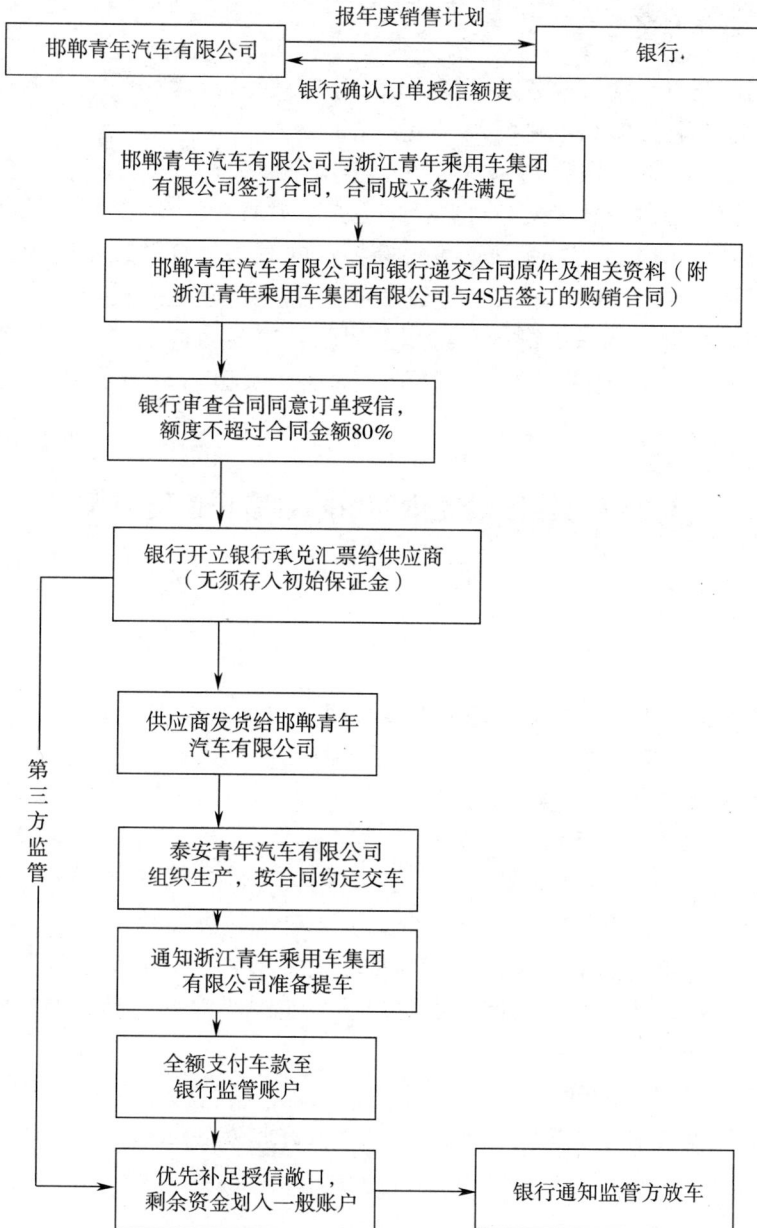

图 方案流程图

三、合作方案

根据前述订单融资业务及整体合作方案需要，银行拟申报综合授信金额 2 亿元，授信品种为银行承兑汇票，免交保证金。

邯郸青年汽车有限公司系青年汽车集团下属公司，该公司注重合理地控制信贷规模，控制资金风险，订单授信也是邯郸青年汽车有限公司发展目标，使用订单授信可以满足企业快速发展需要，同时通过有效过程监管，能较好防范银行授信风险。此次授信，将能更好地满足企业生产资金需求，也进一步提高银行效益。下一步银行仍将积极寻求供应链融资金融产品创新，积极与企业加强采购、生产、技术、物流、销售、资金管理等合作，实现银企双赢。

【案例三】煤炭经销商水陆仓融资监管方案

一、项目简介

1. 项目背景资料

（1）出 质 人：江苏方胜能源有限公司（以下简称方胜能源）

（2）质 权 人：银行

（3）出 质 物：洗精煤（瘦煤、矿气肥煤、1/3 主焦煤、主焦煤、气煤）

（4）监管模式：水陆仓监管

（5）监 管 方：南京轩州国际货运有限公司（以下简称南京轩州）

根据银行、南京轩州、方胜能源三方签订的质押监管协议，方胜能源将交由南京轩州承运洗精煤和方胜能源货场上洗精煤、焦炭作为质押物向银行申请授信。南京轩州作为仓储监管协议项下质物监管人，承担质押货物监管责任。

2. 出质人情况简介

方胜能源注册资本 2.1 亿元人民币，主营业务为炼焦，主要产品为焦炭和焦气。

3. 质物介绍

（1）质物描述

洗精煤：指经洗煤厂机械加工后，降低灰分、硫分，去掉一些杂质，适合一些专门用途的优质煤，包括炼焦用、非炼焦用洗精煤和加热、动力用洗混煤、洗块煤、洗末煤等，不包括洗中煤、矸石和煤泥。洗精煤可分为冶炼用炼焦洗精煤和其他用炼焦洗精煤。冶炼用炼焦洗精煤，其粒度为小于 50 毫米、80 毫米和 100 毫米三种；灰分小于或等于 12.5%，简称冶炼精煤；其他用炼焦洗精煤，粒度也分为小于 50 毫米、80 毫米、100 毫米三种，灰分为 12.5% ~ 16%，简称其他精煤。

（2）质押物存量估值

表　　　　　　　　　　　　　质押物存量估值表

质物品种	规格	单价（元/条）	平均存量（条）	存货价值（元）
合计				

注：以上数据由方胜能源提供，为初步概数，具体货值需进入监管后盘存确定。

二、项目三方合作架构

1. 三方合作关系

◇ 南京轩州与方胜能源

合作关系：监管与被监管

合同种类：仓库保管监管合同

◇ 方胜能源与银行

合作关系：借贷与放贷

合同种类：贷款合同、动产质押合同

◇ 银行、南京轩州、方胜能源

合作关系：方胜能源为出质人，银行为质权人，南京轩州为监管人

合同种类：动产质押监管协议

2. 项目运作框架

项目运作框架如图 1 所示。

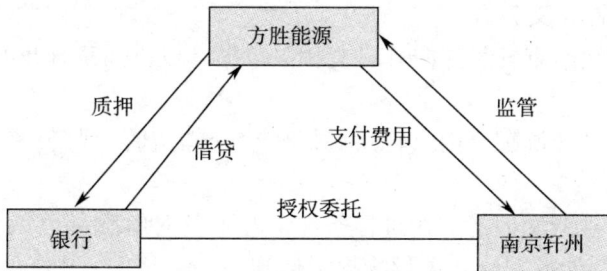

图 1　项目运作框架图

（1）南京轩州责任义务

◇ 完全知悉受托监管的货物，系方胜能源质押于银行的质物，代表银行对质物进行监管；

◇ 如期办理全部货物监装监卸、水上运输和陆上运输；

◇ 如实填写、出具货物质物清单，并保证质物清单无论形式上还是内容上均不存在瑕疵，与货物实际情况相符，不存在任何虚假和误导情形；

◇ 认真、尽职地履行运输、监管质押货物责任和义务。

（2）方胜能源责任义务

◇ 保证对质物拥有独立、完整所有权，不存在权属争议，能够依法向银行进行质押，而不损害合作方或任何第三方合法权益；

◇ 无条件、不可撤销地接受南京轩州负责货物仓储监管，并积极提供配合和协助，及时支付相关费用；

◇ 无条件、不可撤销地授权南京轩州负责货物监装监卸、水上运输和陆上运输，并积极提供配合和协助，包括但不限于：及时提供装船、订舱所需全部文件及相关费用；

◇ 及时向银行/南京轩州提供运输、仓储业务所需相关单据和文件；

◇ 及时处理货物出现一切问题，包括但不限于货物品种、品质、数量与单证记载不符，运输、仓储过程中发生损耗、损失、出现异状及失效期临近等；

◇ 根据提货通知书记载及时提取相关货物；

◇ 在质押解除后，承担相关货物占管权利和义务；

◇ 质押期间，未经银行事先书面同意，不得转让、出租、再行质押或以其他任何方式处理全部或部分质物，若银行依据协议约定行使质权时，方胜能源应当积极配合银行实现质权；

◇ 当方胜能源质押货物在质押期间市场价格波动超过10%时，方胜能源应按银行要求补充保证金或采取其他担保方式。

（3）银行责任义务

◇ 及时通知南京轩州并向其提交相关单据，以供南京轩州办理货物接收、放行；

◇ 要求方胜能源配合南京轩州做好质物仓储监管、监装监卸、水上运输和陆上运输事宜；

◇ 根据方胜能源申请，在符合条件情况下及时解除部分或全部质押货物质押，并向方胜能源提交相关货物提货通知书。

（4）质物占管转移和质押解除

自南京轩州对银行出具提货通知书审阅完毕同意方胜能源提取货物时起，该提货通知书项下货物即被解除质押，银行占有该等货物权利及责任自动转移至方胜能源；质押期间，方胜能源清偿全部质押担保债务，质押立即解除。银行应当书面通知南京轩州，变更相关质押货物委托监管人为方胜能源。自南京轩州收到通知之日起，银行因质押关系占管相关质押货物权利及责任自动转移至方胜能源。

3. 南京轩州项目各岗位职责说明

（1）项目总监

负责项目全面运作管理，对项目运作结果负责，向银行和轩州货运区域物流总监负责。

（2）项目经理

负责处理项目日常运营管理，完成项目总监交代的其他任务，向项目总监负责。

（3）运营管理

在项目经理领导下，根据银行指令以及监管员反馈情况推进、监控作业流程；准确、及时做好日、周、月报表，并按要求及时核对、传递；沟通、协调、配合好监管人员工作，确保账实相符；做好各种原始资料与质量记录整理、保管工作。

（4）现场主管

负责收集客户公司经营动态等监管有关信息，定时向项目经理汇报；负责协调处理银行、客户、现场员工之间日常工作问题。

（5）信息管理

负责按银行或客户要求提供指定报表；负责安排收集每日业务作业各项原始数据和记录，并做好归档保管工作；协调安排项目操作人员工作，并负责检查、考核其工作情况。通过各种渠道了解质物价格变化和企业经营状况，发现任何可能影响质物安全性或价值情况，及时向银行反映。

（6）监管员

在项目主管管理下，负责质物按规定操作规范进出库、数量监管、质量监管、巡查控制、核定库存稽核等工作；负责办理质物出入库操作手续，对质物进出库进行验收和确认，确保账、实相符；核对质物入库凭证，核实入库质物数量和质量，发现问题及时向项目主管反映；根据质物存放地点，登记入库单编号，并对质物定时盘存核查，保证账、物、卡相一致；对存储货物进行保存、维护管理；负责监督、要求方胜能源操作人员按作业规范进行作业；根据质物出库凭证出库，对出库货物进行复核、签发出库。

三、监管方案设计及作业流程

操作模式如图2所示。

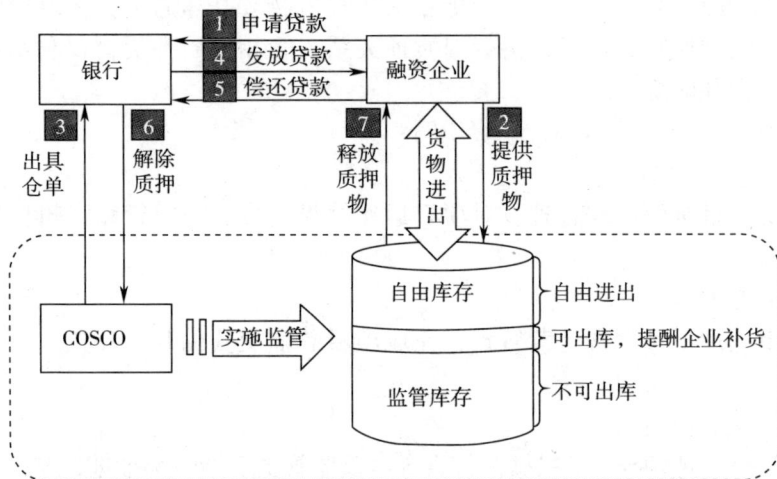

图2 总量控制监管模式

关于监管库存：该库存与银行授信额度相匹配，处于监管之下，未经银行解押禁止出库。

关于库存警戒线：该警戒线为监管库存110%，当实际库存量接近或低于警戒线，及库存量出现大幅波动时，须立即知会方胜能源、银行货押监管中心及经办客户经理；在不低于监管库存情况下，该库存可以出库。

关于自由库存：该库存高于库存警戒线，在南京轩州知情情况下，可以自由出库。

【案例四】成品油供应链授信案例

一、本业务涉及方

1. 经销商：南昌燕蓝石化储运实业有限公司
2. 核心厂商：秦皇岛中油华奥销售有限公司、中油河北销售秦皇岛分公司
3. 主办行：银行

二、企业简介

1. 燕蓝石化：该企业为江西省社会类油品仓储企业排名第一位企业，储罐容量达 20 万吨，产品主要是各类汽油、柴油、煤油、燃料油、重油、石脑油、沥青等。企业信用等级为 AA 级，被南昌市政府确定为油料定点采购单位，拥有进出口贸易资格。

2. 秦皇岛中油华奥销售有限公司：其控股大股东为中国石油天然气股份有限公司。

3. 中油河北销售秦皇岛分公司：该公司由中石油直接控股，统一管理。已建好 11.4 万立方米油罐，是中石油第一大油品仓储地。

三、授信方案

根据买卖双方签订的购销合同，按年核定额度，提供授信额度总额为 15 000 万元，期限在 12 个月以内，每笔放款期限不超过 3 个月，由秦皇岛中油华奥销售有限公司、中油河北销售秦皇岛分公司提供成品油提货单质押，承担相应回购责任。

四、业务流程

1. 燕蓝石化与秦皇岛中油华奥销售有限公司、中油河北销售秦皇岛分公司签订正式成品油（如各类汽油、柴油等）供销协议。

2. 燕蓝石化自筹货款 30%。

3. 银行以货款 70% 发放贷款。

4. 银行要求秦皇岛中油华奥销售有限公司、中油河北销售秦皇岛分公司在合同项下货款收到之前将等值提货单加盖公章后用指定传真机号先传真至银行（提货单须注明本提货单是提取油品唯一凭证，银行可凭提货单提取相对等值油品，通过拍卖中心进行拍卖），银行将合同款项汇出至指定账户。该提货单原件将在 5 日内邮寄至银行专人接收，经与传真件核对无误后入库保管。秦皇岛中油华奥销售有限公司、中油河北销售秦皇岛分公司承诺在银行未收到原件之前，传真件与原件效力一致，并出具相关承诺书。银行在未收到提货单原件之前，可根据秦皇岛中油华奥销售有限公司、中油河北销售秦皇岛分公司向银行出具函件及提货单传真件保留向秦皇岛中油华奥销售有限公司提取提货单所示油品权利。

5. 燕蓝石化将整个购销合同金额通过电汇方式到达收款人——秦皇岛中油华奥销售有限公司、中油河北销售秦皇岛分公司指定账户中。

6. 燕蓝石化作为货权人背书转让给银行，并与银行签订质押合同。

7. 燕蓝石化销售货物，并将货款划入银行保证金账户，待全额覆盖银行贷款敞口，银行将提货单交与燕蓝石化自行处理。

8. 如若款项在贷款周期内未能足额或及时到账，银行可根据提货单向秦皇岛中油华奥销售有限公司、中油河北销售秦皇岛分公司提取相对等值油品进行变现来偿还银行贷款。

9. 银行建立专人盯市制度，同时与燕蓝石化签署如遇油价下跌，由燕蓝石化补齐差额补充协议。

五、风险控制

此项业务风险控制在于保证贸易背景真实性及操作风险：银行将根据买卖双方签署购销合同发放贷款，锁定贷款资金流向，同时收取等值提货单，并查证其真实性及有效性；与燕蓝石化签订补充协议，如遇油价下跌，由燕蓝石化补齐差额。

六、效益分析

燕蓝石化成品油链式融资业务从开展以来，累计发放贷款 7.6 亿元，取得利息收入近 600 万元，派生日均存款 15 000 万元，同时通过资金封闭循环及对货权控制将银行信用有效注入产业链中下游经销商企业，控制经销商履约风险。

【案例五】钢铁供应链商商银营销授信方案

一、企业基本情况

广东水之蓝实业有限公司是广东物流产业集团有限公司控股子公司广东新源再生产业有限公司全资子公司，广东水之蓝注册资本 2 000 万元，总资产 9 亿元，净资产 1 亿元，年销售收入 16 亿元，利润 1 000 多万元。在银行已获授信 4 亿元，累计出票 5 亿元，日均存款近 3 亿元。水之蓝与昆钢签订不低于 50 万吨钢材采购量合同，每月需向昆钢购钢材 4 万吨以上。其销售结构中 50% 对自有终端项目，50% 批发给二级经销商。

广东物流产业集团是经广东省国资委批准，由原广东物资集团正式更名成立的从事流通领域生产经营服务的综合性现代物流企业集团。集团由广东省人民政府出资和授权经营，受广东省人民政府国有资产监督管理委员会监管。公司注册资本人民币 31 437 万元；资产总额 15 亿元；公司共实现主营业务收入 515 986 万元，实现利润总额 5 350 万元，净利润 4 579 万元，总资产 366 549 万元。

二、银行切入点分析

银行与阳春钢开展供应链业务合作 2 年来，对阳春钢一级经销商授信额度已达 25 亿元，成为阳春钢最大合作银行，但是，同业加快复制力度，更有银行完全复制银行三方协议，再以延长回款期限来与银行竞争。为保持竞争优势，巩固银行与阳春钢及其一级经销商合作关系，确保银行在阳春钢钢铁供应链业务中领先地位，培育银行综合贡献度高、长期稳定的中端优质客户群体，优化银行客户结构、产品结构与收入结构。银行在今年开始尝试将业务链条向阳春钢一级经销商下游进行延伸，通过扶持具备实力的阳春钢一级经销商下游，更进一步锁定供应链环节中物流和资金流向。银行通过对所有一级经销商进行分析，鉴于广东水之蓝独特股东背景，最终选定广东水之蓝作为"钢铁供应链商商银业务"试点，业务思路很快得到广东水之蓝及广东物流产业集团认可。

"钢铁供应链商商银业务"是银行与阳春钢在合作开展"钢铁供应链业务"基础上进一步开发的产品，通过支持具备实力的阳春钢一级经销商下游经销商（二级经销商），进一步锁定阳春钢钢材销售环节物流和资金流向，以达到延伸供应链条，扩展客户渠道目的。"钢铁供应链商商银业务"作为一项新产品，率先在行业内向钢铁行业一级经销商下游进行供应链产品设计。

"钢铁供应链商商银业务"是以银行承兑汇票为结算工具，阳春钢一级经销商及其下游二级经销商、仓储监管方、银行、特定担保方五方协议约定，由银行控制货权、仓储监管方受托保管货物、特定担保方连带责任担保、银行为二级经销商开出银行承兑汇票，购买一级经销商钢材的链式融资产品。

银行此次开展"钢铁供应链商商银业务"选定与银行合作"钢铁供应链业务"的阳春钢一级经销商——广东水之蓝实业有限公司进行合作，由其控股股东——广东物流产业集团有限公司提供连带责任担保，同时引入广东物流产业集团有限公司控股的广东鑫盛物流有限公司作为仓储监管方。

广东物流产业集团不是该业务所对应货物生产企业，因此，不能使用"回购"表述，所以，银行最后在合作协议中使用"特定担保方"表述，即将广东物流产业集团设定为特定担保方，承担连带担保责任。

三、银企合作情况

银行"钢铁供应链业务"是基于阳春钢回购给予一级经销商授信，形成一级经销商对阳春钢依赖。二级经销商由于不具备从阳春钢直接提货资格，因此其采购来源于市场，为获得及时稳定货源和品种，更多则需要依托阳春钢一级经销商。因此，每一个一级经销商总有一批稳定的下游二级经销商客户，由于相互间依赖关系，使得业务合作稳定程度和信誉程度都较高。如果银行介入对一级经销商稳定的下游二级经销商授信，一方面受到二级经销商欢迎，更为重要的是强化一级经销商对其下游控制力，增加下游经销商稳定性。为做到这一点，就必须在一级经销商层面搭建一个平台，既形成对二级经销商支持，又形成二级经销商对这一平台的依赖。因此，银行引入广东物流产业集团作为连带责任担保方，对最后因为二级经销商不能按期回补敞口风险问题予以解决。

在锁定物流和资金流向基础上引入货押、盯市等措施进行风险控制。同时在"钢铁供应链商商银业务"项下捆绑现金管理、买方付息票据贴现等产品，可实现资金在银行从二级经销商到一级经销商再到阳春钢封闭运行。

在整个业务方案中，广东水之蓝须履行发货义务并承担相应责任，仓储监管方需要对物流实施监管，在得到银行出具出库通知书后才予以发货。因此，方案需要突破的难点在于如何对广东物流产业集团连带责任担保额度进行核定。

【点评】

营销感悟和心得体会

1. "钢铁供应链商商银业务"方案得以形成，主要在于主办经营机构对阳春钢销售流程和销售政策进行深入研究，对阳春钢产品市场流转及价格体系有细致了解和分析，通过对资金流和物流观察找到业务创新要点。

2. 尽管阳春钢对一级经销商向银行融资提供回购增信措施，但是一级经销商在获得支持的同时也必须接受阳春钢要求一级经销商承担的责任和义务。因此，其中一些一级经销商也在渴望找到新融资模式。银行"钢铁供应链商商银业务"正是探查到这些一级经销商需求，并有针对性地进行营销和业务方案设计才得以成功，更为重要的是也得到广东水之蓝控股股东——广东物流产业集团支持，银行得以与广东物流产业集团建立从无到有的合作关系。

【案例】银行铁路运输柴油供应融资案例

——授信方案

银行向中国铁路物资成都公司提供金额为5 000万元的流动资金贷款,担保方式为信用。贷款进行专户管理,只能用于支付企业向指定供应商中石油中铁油品销售服务有限公司和中石化中铁油品销售服务有限公司采购铁路机车用燃油货款。

——企业概况

中国铁路物资成都公司隶属于中国铁路物资总公司,是中国铁路物资总公司下属9个全资子公司之一。主营业务为铁路物资(重轨及造车材)供应和铁路运输柴油供应。银行与企业开始授信合作,随着企业发展壮大,通过持续营销和维护,银行对企业授信规模从4 000万元增加到3.5亿元,企业在银行日均存款超过1.5亿元,年信贷业务发生量突破10亿元,银行成为企业最大合作伙伴。

中国铁路物资总公司前身为铁道部物资供应局,企业划归国资委管理,企业凭借与铁道部历史渊源,成为铁道部最大物资采购和供应企业,特别是铁路重轨和铁路燃油业务由于其重要性,仍处于传统计划经济模式下垄断经营。

——业务流程

(1)铁道部委托中国铁路物资总公司对铁路运输用柴油采购和供应业务进行独家代理,中铁总公司对铁路燃油实行集中采购、终端配送供应管理模式。中铁总公司以本部为管理主体,负责对口铁道部,集中指挥和调度,承担资源管理、供应管理、价格结算管理等职能;中铁总公司与中石油、中石化分别成立中石油中铁油品销售服务有限公司、中石化中铁油品销售服务有限公司(以下简称合资公司),合资公司主要负责组织资源;中铁总公司下属各物资公司为物流中心,负责供货、配送和市场维护。

(2)每年初,铁道部对中铁总公司下达年度供应计划,由中铁总公司向中石油、中石化落实资源。每月初,中铁总公司按照各铁路分局报送的下月用油计划,由合资公司按计划落实供应,下属物资公司负责落实运力和配送。

(3)经营价款与结算管理由中铁总公司统一管理,各铁路局燃油配送应付价款由铁道部统一向中铁总公司承付。中铁总公司按照与铁道部商定付款时点收款后向下属物资公司拨付。合资公司按国家定价或铁道部与石油、石化商定价格与配送物资公司结算价款。

(4)中铁物资总公司为支持成都分公司经营发展,批准成都公司开展该项业务，负责成都铁路局和昆明局燃油采购供应业务。

（5）银行向中国铁路物资成都公司提供5 000万元流动资金贷款。贷款进行专户管理，只能用于支付企业向指定供应商中石油中铁油品销售服务有限公司和中石化中铁油品销售服务有限公司采购铁路机车用燃油贷款。

（6）中石油中铁油品销售服务有限公司和中石化中铁油品销售服务有限公司在收到采购款后及时安排铁路运力由炼油厂直接将油料发到铁道部成都局和昆明局两地使用。铁道部按计划每月月中和月末分两次向中铁总公司拨付柴油款结算，中铁总公司承诺收到相应货款后立即转付到中铁成都公司在银行开立的资金监管专户，保证专款专用。

——风险控制

（1）整个流程封闭运行，既避免企业将信贷资金挪作他用，也确保信贷资金发放后回笼管理，授信风险可控。

（2）该业务属于垄断经营，是中铁物资总公司传统经营大项。中国铁路物资总公司下属除成都分公司外其他八个全资子公司均已开展多年，未出现任何违约情况。

——业务收益

预计该项授信业务开展，在为银行带来稳定利息收入同时，企业结算回款进入银行专户管理，还将为银行带来较大结算存款积累。此外，通过提供授信服务支持企业发展，使银行与企业合作更加紧密，近一步巩固银行作为企业最大授信合作银行地位。

【案例六】钢铁公司为核心企业未来货权质押

一、宝钢股份情况介绍

宝钢股份，注册资本为人民币17亿元。宝钢股份实现销售收入120.58亿元，净利润4.49亿元。在其他钢厂普遍亏损情况下，依然实现盈利，在经济萧条不利背景下表现出较好抗跌性。随着钢材市场逐步回暖，已实现销售收入111.94亿元，超过上年全年水平。

二、货押业务模式

1. 授信申请人：宝钢股份下游经销商
2. 质押物：宝钢生产的各类钢材
3. 质押模式：未来货权质押

4. 授信品种：银行承兑汇票/流动资金贷款

5. 货权形式：动产

6. 供货商：宝钢股份

7. 仓库地点：银行指定仓库

8. 监管模式：输出监管/独立监管

9. 质物价格确定：合同价格与市场价格孰低者

10. 质押率：70%以内

11. 保证金比例：不低于30%

12. 交货期：融资后60天以内

13. 赎货期：融资后不超过120天

三、货押业务方案流程

1. 核定授信额度

宝钢股份推荐其下游经销商，银行根据宝钢股份或其销售分公司（包括宝钢股份有限公司重庆销售分公司和宝钢股份有限公司优钢销售分公司）与下游经销商每年签订买卖合同约定采购总量，结合存货周转期，对经销商核定授信额度。

2. 签署三方合作协议

为确立各方权利义务，银行与授信申请人、宝钢股份签署厂商银合作协议，如果采购合同中是以宝钢股份销售分公司名义签署，宝钢股份可授权其销售分公司签署厂商银合作协议（如非银行标准文本，须经有关法律合规部门进行审核）；银行与授信申请人、监管人签署仓储监管协议。

3. 融资发放

银行根据单笔采购合同数量和确定质物价格，开立以宝钢股份或其销售分公司为收款人的银行承兑汇票，由银行客户经理将银行承兑汇票交付至收款人指定人员，并取得收票回执；或向经销商发放流动资金贷款，并将贷款资金直接付至宝钢股份或其销售分公司指定银行账户。银行承兑汇票期限不超过6个月，贷款期限不超过4个月，赎货期为融资后120天以内，在货物未全部提取前，如遇钢材价格下跌，由经销商补齐差额。

4. 货物发运及收货出质

如果宝钢股份对经销商采取工厂提货方式发货，经销商需委托银行作为其代理人代理收货，宝钢股份交货时需出具以银行为收货人的单据，银行则委托监管人作为银行代理人代理收货。监管人收货后即对质物名称、规格、数量等基本信息向银行进行出质确认，并负责运输至银行指定仓库。货物达到指定仓库后，银行货押中心实施核库。监管人从工厂收货后到经销商提货期间承担监管责任。

如果宝钢股份直接将货物发送至银行指定仓库，需出具以银行为收货人的单据，银行则委托监管人作为银行代理人代理收货。货物到达指定仓库，银行货押中心实施核库，监管人收货后即对质物名称、规格、数量等基本信息向银行进行出质确认。监管人从货物到达指定仓库后至经销商提货期间承担监管责任。

5. 经销商提货

仓储期间，银行对质押物设定最低价值，最低价值按照质押率折扣后足以覆盖经销商授信敞口。当质物价值高于确定最低价值时，经销商就超出部分可直接向监管人提货。当质物价值接近或等于质物最低价值时，监管人通知银行和经销商，若经销商不能保证有质物进库且要提取货物时，应事先向银行提出提货申请，补充保证金或归还贷款后由银行向监管人出具提货通知书，经销商方可提货，银行出具提货通知书是监管货物出库唯一凭证。不论是否提货，经销商每次融资后需在规定赎货期内存入100%保证金或归还全部贷款。

四、风险控制

1. 货物控制

银行委托监管人收货后，监管人即对质物名称、规格、数量等基本信息向银行进行出质确认；仓储期间，监管方每日向银行报送库存数据，确保货物数量。银行通过动态监管模式来控制货物，即银行对质押物设定最低价值，当质物价值高于确定最低价值时，经销商就超出部分可直接向监管人提货；当质物价值接近或等于质物最低价值时，监管人通知银行和经销商，若经销商不能保证有质物进库且要提取货物时，应事先向银行提出提货申请，补充保证金或归还贷款后由银行向监管人出具提货通知书，经销商方可提货。银行出具提货通知书是监管货物出库唯一凭证。

2. 跌价补偿

融资发放后，银行指定专人负责跟踪质押物市价变动情况，当质押物价格下跌幅度超过10%时，银行有权对质押物价格进行调整，经销商须在接到银行通知之日起5个工作日内通过补款或补货方式，将质押率恢复到70%以内；如果质押率超过85%，银行有权提前终止合同并直接拍卖或变卖质物，拍卖或变卖所得款项用于归还银行贷款本息。

3. 按要求核查库

银行委托监管人将货物送达指定仓库后，需进行现场核库，对质物所有权、质量、数量、质押效力等内容进行确认，并签署核库意见。

银行严格按照货押业务相关要求，至少每月一次，定期或不定期对监管仓库进行巡查，检查质押货物数量是否短缺，货物质量是否下降，出库手续是否完整，做好查库记录，发现问题及时处理。

4. 票据交接及收货核对

宝钢股份或其销售分公司在收妥票据后须向银行出具收票回执，并定期（至少每月一次）以书面形式与银行进行货款及货物交付情况核对，如遇到收货不正常情况，立即调查收货异常原因并采取相应风险防范措施。

【案例七】 交通行业供应链融资案例

一、企业基本情况

天津交通厅负责天津高速公路建设、施工、资金筹措、资金管理、收费等业务。天津交通厅对天津高速公路建设和运营坚持实行集中统一管理，即统一制定规划、统一组织建设、统一收费还贷、统一运营管理。各项规费收入 128 亿元，累计利用贷款 554 亿元，累计偿还贷款 77 亿元，高速公路贷款余额 477 亿元。

天津交通厅是天津银行核心客户，除传统业务存款、贷款及结算外，双方在利率互换、信托理财及公路票据通业务方面均进行合作。该客户在银行贷款规模约 36 亿元，日均存款 19 亿元，结算资金规模 300 亿元，办理票据通 2.3 亿元，办理信托理财 50 亿元，实现利率互换收益 1 228 万元，单户全年净收益约 9 000 万元。

二、案例分析

（一）产业链条架构

上游客户：钢材供应商、水泥供应商、沥青供应商

核心客户：天津交通厅、天津高速公路管理局、天津高速公路建设局

下游客户：各大施工企业、工程承包商

（二）融资方案设计

1. 上游客户融资方案

天津交通厅为确保重要工程质量，有选择地统一采购钢铁、水泥、沥青

等原料。在采购过程中，可应用保函、货押融资、应收账款质押、隐蔽型保理等金融产品。以沥青供应商为例，相关公司参与高速公路投标，需开具投标保函。中标后，授信品种主要是进口开证或开立国内信用证，可进行现货或未来货权质押（可采用到港监管再转至现货质押）。

2. 核心客户融资方案

天津交通厅为统贷统还式管理，贷款资金到账后，将划至天津高速公路建设局，用于支付施工和材料费用。由于天津交通厅在各家银行授信较多，传统贷款方式对其缺乏吸引力。为此，天津银行认真分析交通厅需求，从降低财务费用角度出发，设计如下方案：

（1）中长期流动资金贷款。随着高速公路逐步竣工和运营，项目融资陆续到期，道路养护日益重要，在此阶段，适合做中长期流动资金贷款。

（2）公路票据通。由于贷款规模加大，交通厅财务负担较为沉重。因此，对于工程承包款项和劳务款项，可采用票据付款方式，降低财务成本。具体操作，是以天津交通厅作为授信主体，授权其下属单位天津高速公路建设局使用其授信额度，办理银行承兑汇票及配套买方付息贴现业务，向供应商付款。

（3）公路建设资金监管。由于建筑施工企业挪用项目建设资金、拖欠工人工资等现象时有发生。为此，银行可根据高建局资金监管要求，协助监管相应建设资金。具体操作，银行为交通厅发放贷款，划入高建局专户，银行与高建局约定，委托银行对项目资金进行管理，银行与施工企业签订资金监管协议，对项目资金进行管理，对符合高建局规定资金予以支付。

3. 下游客户融资方案

建筑类施工企业在参与高速公路建设中可应用银行产品较多，如开立信贷证明进行资格预审，缴纳投标保证金（可进行贷款）或开立投标保函，中标后开立履约保函和预付款保函并交纳履约保证金（可进行贷款）。在工程建设过程中，天津高建局按工程进度拨付资金，银行可根据工程进度提供中短期流动资金贷款或保理。

三、案例点评

1. 银行改变传统项目贷款融资方式，以交通厅为核心客户，成功拓展上游材料供应商、下游施工单位，针对资金支付与管理要求，设计流动资金贷款、银行承兑汇票、买方付息票据贴现、保理、保函等多项融资产品和资金监管产品，降低客户财务成本，提高银行综合收益，具有较好示范效应。

2. 全行有多家银行与当地交通厅合作关系紧密，各银行应以该案例为参考，积极推动各地区交通行业供应链营销。同时，高速公路建设涉及全国各地大型建筑施工企业、材料供应企业。银行间可以积极配合，做好本地区企业营销工作，形成资金在银行体内循环与沉淀。

【案例八】汽车经销商授信

一、企业基本情况

第一汽车（苏州）服务贸易有限公司是一汽大众在苏州地区唯一的奥迪品牌特许经销商。公司占地面积 8 800 平方米，地处集汽车贸易、汽车商务、汽车运动、汽车文化以及汽车休闲五大功能于一体的苏州凯马广场，地理位置极为优越，主营一汽奥迪品牌汽车销售及售后维修保养服务。

作为苏州地区唯一奥迪 4S 店，该公司在整个苏州地区汽车销售业绩较为突出：销售奥迪汽车 1 631 辆，销售额达 5.28 亿元。

二、案例分析

银行与该公司合作至今已近四个年头，期间经历从无到有、从热转淡和再次牵手三个阶段：

从无到有：企业成立初期，银行了解到企业是专门销售、维修一汽大众奥迪汽车的苏州地区唯一 4S 店，且奥迪汽车为高档轿车，销售形势看好，一汽大众又与银行有保兑仓业务合作，因此，银行以公司业务相城部为主办行，分支联动，通过对企业财务部、销售部和总经理各个层面营销，终于与企业达成业务合作，使用银行保兑仓授信 3 380 万元，授信敞口 2 704 万元。企业累计在银行开立银行承兑汇票 17 270 万元，银行也取得较高存款收益和银行承兑汇票手续费收入。同时通过公私联动，安装 POS 机、多功能缴费机带动代发工资、信用卡等零售业务开展，也为积累银行高端零售客户提供一个新渠道。

再次牵手：银行把做好做强汽车业务，在苏州汽车 4S 店树立银行品牌作为全年对公业务重点工作，提出转变思想、拓宽营销思路的要求。银行对该公司未能继续使用银行授信原因进行深入分析，结合该公司对上账速度要求且单车价值较高，提出采取用保兑仓与相当于未来货权监管相结合的全新合作模式，即在与银行签订综合授信协议以及汽车合格证监管协议后，银行将根据企业银行承兑汇票申请书及购车计划，先行开立银行承兑汇票或支付购车款至一汽大众销售有限责任公司，一汽大众销售有限责任公司在收到银行承兑汇票或汇款后制定发车计划并安排发车，在车辆到店后及时通知银行经办人员进行交接合格证手续，同时参照保兑仓流程入库监管，质押率不超过80%；在库合格证如遇颜色、款式与需要销售车辆不同时，可以相同款式、配置或高于该款车辆价格合格证对不超过在库合格证30%进行置换，其置换金额不得低于原有合格证质押金额；车辆销售后，企业将所售车辆合格证质押金额补足后方可取回合格证。从银行申请开票之日起至收到合格证时间，每年10月至次年3月份不超过25个工作日，4月至9月间不超过15个工作日，如遇冰雪灾害等不可抗力产生延期除外。追加公司法定代表人个人连带责任保证；公司承诺银行信贷资金专项用于向一汽大众销售有限责任公司支付货款，不得挪用。采用新方案后，在该公司销售旺季到来前及时投放2 000万元流动资金贷款，提前介入企业。现阶段第一汽车（苏州）服务贸易有限公司银行承兑汇票推荐额度已达15 580万元，企业也将恢复使用银行5 440万元银行承兑汇票额度，银行已批复该银行承兑汇票额度，公司将在本月启用该额度。此外，在总行帮助和支持下，银行将作为一汽大众销售有限责任公司电子票据上线业务试点单位，电子票据一旦上线，将实现银行承兑汇票实时上账，届时将缩短银行与中信银行差距，重新为银行树立竞争优势。

三、案例总结

1. 银行经过市场调查和逐步探索，推出非保兑仓网络项下"合格证控管"信贷业务，即银行通过控管经销商合格证而向经销商提供一种融资业务，且所融资金只能用于向汽车供应（生产）商购车，授信品种为银行承兑汇票和流动资金贷款，流动资金贷款期限不超过6个月。

非保兑仓网络项下"合格证控管"业务分"先证后款"和"先款后证"两种模式，"先证后款"模式合格证控管率不高于80%，"先款后证"模式暂对一线汽车品牌经销商，合格证控管率可放宽到100%。银行对合格证期限、管理方式、出库方式、出库金额等均有明确要求。其他风险控制措施，一是经销商须与银行签订合作协议，明确双方权利和义务，以及经销商在银行结算规模；二是由银行直接将经销商开立银行承兑汇票寄送至汽车供应（生产）商；三是合格证在库期限不能超过6个月，若超6个月则执行强制出库；四是经销商须按融资敞口办理车辆保险；五是客户经理定期去经销商核查库存车辆，确保所控管证有车对应，且状况良好；六是银行管理部门定期对经办行进行检查。

2. 通过非保兑仓网络项下"合格证控管"信贷业务，银行从年初至今已为9户非网络项下经销商进行授信，品牌包括讴歌、奥迪、上汽通用等，授信额度达 19 890 万元，授信敞口达 17 467 万元，授信余额达 11 065 万元，其中流动资金贷款 6 500 万元，银行承兑汇票 4 565 万元。

四、案例点评

1. 通过非保兑仓网络项下"合格证控管"模式，银行成功营销一批第一汽车（苏州）服务贸易有限公司这样实力强大、信誉较好的一线品牌及二线品牌汽车经销商，进而提高银行在苏州地区汽车经销商领域市场地位及知名度。

2. 本案例中，银行对该公司未能继续使用银行授信原因进行深入分析，结合该公司对上账速度要求且单车价值较高，提出采取用保兑仓与相当于未来货权监管相结合的全新合作模式。可以看出，银行当前模式化经营推进，不是简单盲目复制现有模式化产品，它需要银行在深入研究行业特点基础上，深入分析每一家客户经营模式与金融需求，真正制定出"以客户为中心"的模式化方案。

【案例九】项目施工企业承揽供应链融资

【产品定义】

项目承揽融资授信，是指在项目总投资已确定并且资金来源已完全落实，银行根据项目承揽方与项目发包方承揽合同、项目进度、结算方式等要素确定合理专项授信额度，并基于对项目承揽企业资金全程监管，以控制项目发包方对项目承揽企业项目款作为银行还贷来源，向项目承揽企业提供专项用于满足其项目建设过程中资金需求的短期授信。

【案例分析】

一、案例背景

国道 X 线是国家高速公路网七条首都放射线中一段，属于国防通道项目，两端连接已建成高速公路，全长 239.139 公里，项目概算总投资 163.77 亿元，于 2012 年 3 月完工。项目可行性研究、初步设计、施工图设计、土地征用报批以及土建施工招标工作、国际咨询服务招标、质量监督手续全部完成；27 个土建路基施工合同段、7 家监理单位、4 家中心实验室全部签订合同，驻地建设和临时设施建设全部完成，实验室通过验收，各单位预付款全部拨付，并已开始正常计量支付。路面招标工程已完成，其中已有三家支付动员预付款。

A公司是负责此高速公路工程建设项目公司，在银行获得短期搭桥贷款4亿元，利率基准，由所在省高速担保，且项目关联单位在银行获得授信额度合计14亿元：其中控股股东在银行有短期流贷12亿元，支用余额为4.85亿元，利率下浮10%，并计划于到期后清偿；高速项目贷款2亿元，2022年到期。

二、业务机会评估

如对A公司进行直接授信，银行将面临以下问题：一是其控股股东12亿元中期流动资金贷款最高支用9亿元，余额为4.85亿元，授信支用率不高；二是利率为基准下浮10%，资产收益率较低；三是同业竞争激烈，浦发银行给予5年期中期票据75亿元授信，工商银行给予15年期资产支持贷款65亿元，利率下浮10%，银行进行直接授信综合收益不大。但银行发现此段公路施工企业在建设过程中需要垫款，融资需求较大，因此银行对施工单位授信进行业务评估：

1. 施工单位经过招投标程序筛选产生，业主对施工单位筛选结果可以作为风险度评估参考。

2. 业主单位资金已经基本落实，不存在因为资金不到位工程烂尾可能。

3. 工程承包合同载明工程建设费用总额、进度核定、资金支付等方面内容，在信任业主资信前提下，相信合同将如约履行。

4. 存在根据工程承包合同需要控制资金流向可能，从而可以避免挪用风险，确保施工资金保证。

5. 存在与业主单位合作基础，通过设定唯一结算账户等方式，锁定还款资金来源。

6. 银行处于有利议价地位。

7. 产生工程结算存款。

8. 更复杂操作，但更分散客户。因此银行决定避开向A公司直接授信，重点拓展此公路施工单位。

三、方案设计

向符合银行准入标准的公路施工单位提供授信额度，总额不超过1亿元。上述额度仅用于公路项目经理部用于该工程建材采购，期限一年，授信品种为银行承兑汇票，保证金比例20%，票据期限最短3个月。

（一）施工单位准入标准

1. 独立法人资格。

2. 财务净资产收益率大于零。

3. 净资产大于等于 5 000 万元。

4. 运营资本大于等于 6 000 万元。

5. 近三年平均施工营业额大于等于 40 000 万元。

6. 建设部颁发公路工程施工总承包一级。

7. 剩余合同金额在总合同 50% 以上。

8. 无不良银行信用记录。

9. 近五年未进入工程施工"黑名单"。

（二）施工单位额度控制

按工程约三年工期，结算周期 40 天计算，约有 27 次结算，按总造价 163 亿元计算，每次结算金额约为 6 亿元，在考虑适当折扣和以 1～2 次结算金额设置限额情况下，该项工程承揽融资授信限额可以设定于 5 亿～10 亿元。

（三）业务流程

1. 项目业主和施工单位在银行开立账户，并安装网银。

2. 施工单位申请授信额度，银行与项目业主共同确认授信金额（根据工程进度和历史计量情况，一般来说工程进入正轨后，计量周期和金额都比较稳定，银行授信金额不超过单次计量金额 70%）、品种（一般采用银行承兑汇票）、期限（一般为 3 个月，一是为减少施工单位采购成本和财务成本，二是能够确保票据到期前，施工单位至少能进行一次计量）。

3. 对施工单位授信额度进行报批，获准后分别签订三方协议（银行、业主、施工单位），项目业主和施工单位均保证施工单位在银行开立结算账户为施工单位接收项目业主工程款唯一账户，所有工程款支付均通过该结算账户结算。

4. 银行授信相关合同协议均和施工单位母公司签订，并由其母公司出具办理授信业务相关授权文件，授权施工单位凭项目经理部印章办理单笔授信业务。

5. 施工单位签票时需提供项目业主认可材料购销合同，并需项目业主确认金额，银行签发票据后，通知项目业主和开行对该公司工程资金进行监控。

6. 授信施工单位达到计量要求后，向项目业主提交计量资料。

7. 项目业主根据协议将授信施工单位计量款全额划往施工单位在银行开立的账户，计量款入账后，无论票据是否到期，均先行填仓，并释放额度满足施工单位下次资金需求。

8. 对施工单位授信采用额度管理，在工程期间施工单位可以循环使用，当施工单位工程量不足 10% 时，银行停止发放授信。

【适用客户】

特大型施工企业，包括中建集团旗下公司、中铁建公司旗下公司、中铁工公司、中冶科工集团旗下公司等优质客户。

【适用项目】

项目承揽融资可以适用于满足以下条件的各类项目：

1. 合格项目与项目业主。
2. 项目建设资金已经落实。
3. 项目承揽单位经招投标产生。
4. 可以锁定项目结算款唯一账户。

【营销建议】

此项目模式解决银行与项目业主开展业务收益低、营销难度大、没有存款派生难题，相比于与业主单位直接业务，在存款、资金资本收益等方面大幅度提高，且该项业务切实满足项目承揽单位在完成所承揽项目过程中资金垫付所产生资金需求，为客户创造价值，是可持续业务方案，可以广泛应用于满足资金到位、招投标程序规范各类项目承揽单位融资需求。

附录3 供应链融资所需资料

表1 厂商银业务模式下风险点监控与客户评级准入级别

风险点监控要点
核心企业行业地位及三方协议下履约能力
商品生产厂家（核心企业）承担连带保证责任或约定付款责任或商品回购责任
商品生产厂家（核心企业）不承担连带保证责任或约定付款责任或商品回购责任
由核心企业控制物流企业负责运输，或铁路等承运人，如委托第三方承运人，则第三方属于银行认可的企业
在途风险防范和损失责任由相关企业承担并在协议中明确
提货单收货人或运单指定交收人等均为银行

表2 保理业务模式下风险点监控与客户评级准入级别

风险点监控要点
核心企业行业地位、信用水平、履约能力获银行贷审会认可
明保理，且应收账款转让手续合法、有效，回款账户锁定，已登记人民银行系统
暗保理，在暗保理下，买方没有确认应收账款债权，但已登记人民银行系统，买卖合同中已约定付款账号，应收账款不存在不可转让特别约定
在暗保理下，买方没有确认应收账款债权，也无登记人民银行系统，买卖合同中无约定付款账号，应收账款存在不可转让特别约定可能，应收账款有转让给第三方可能
保理池融资，建立高效率应收账款管理系统，对客户销售回款情况进行监控，设置保理池结构化比例限制，规定应收账款人池有效单据要求，保证应收账款真实性
保理池融资，未建立高效率应收账款管理系统以对客户销售回款情况进行监控，未设置保理池结构化比例限制，未规定应收账款人池有效单据要求以保证应收账款真实性

表3 动产质押风险点监控与客户评级准入级别

风险点监控要点
质押商品市场容量和流动性充足，价格波动较小或有一定规律性
确权且质押手续完备
货物价值易于核定，便于仓储监管方操作
货物价值不易于核定，不便于仓储监管方操作
易货规则明确，能有效避免滞销货物换入
设置预警线，价格波动太大时，形成补货或保证金机制

表4 什么是债项评级

债项评级就是评价特定债项内涵信用风险。与债项评级对应的是债务人评级，或称为主体评级/客户评级。债项评级和债务人评级统称为信用评级。

银行自偿性贸易融资评级——应收账款融资评级表

序号	评级指标	权重	指标解释	评分标准
一、	经营制度环境	5 分		
1	区域风险（内贸企业适用）	5		
二、	授信支持性资产特征	20 分		
2	债权明晰程度	6		
3	交易关系稳定度	5		
4	账龄与账期	4		
5	授信人坏账率	3		
6	退货记录	2		
三、	授信人资质	15 分		
7	管理者行业经验	2		
8	经营周转能力	5		
9	盈利能力	2		
10	销售收入变化趋势	1		
11	货源组织能力	4		
12	财务披露质量	1		
四、	交易对手资质	40 分		
13	交易对手行业特征	8		
14	交易对手行业地位	15		
15	资产负债率	8		
16	应付资产/净资产	6		
17	销售利润率	3		
五、	操作模式和条件	20 分		
18	融资比例	3		
19	融资用途控制	2		
20	回款账户锁定	5		
21	通知确认程序	10		
22	合计得分	100 分		

以银行自偿性贸易融资评级为例，银行对应收账款融资评级有如下一些

特点：

- 由于应收账款融资典型自偿性特点，主体信用风险对授信安全性只起到第二保障作用，因此主体评价权重被压缩到 15%，债项结构评价权重占到 85%。

- 即便在主体评价 15 分中，也不仅考虑主体财务指标因素，而且对于其他项目，包括管理者行业经验、货源组织能力和财务披露质量等，关系到主体完成交易能力，也应赋予适当权重。

- 交易对手资质是权重最大项目，达到 40 分，其中行业地位和行业特征评价决定商业付款意愿，其他几项财务指标则反映商业付款能力。

- 操作模式和条件并非传统意义上授信担保评估，而是评估应收账款作为授信还款保障在自偿性导向授信模式和条件设计方面对还款的有利程度。因此可以看到对还款账户锁定和通知确认等基本保理技术运用评价。

- 授信支持性资产特征反映应收账款一些特征，包括应收账款存在性、确定性、无争议性、交易回款历史经验，等等。

【资料】自偿性贸易融资授信制度（债项评级）

银行同时运用企业主体评级和债项评级两种信贷评审技术，评估中小企业融资信用并作出信贷决策。其中，自偿性贸易融资授信评级、授权管理系列制度是银行独立研发，将中小企业置于供应链之中考量其供应链交易结构、交易细节，分析其债项信用等级的信贷评审技术。

第三部分

供应链融资
常用的单一授信工具

本部分，给广大银行客户经理提供国内商业银行的部分供应链融资产品，供大家学习参考。

第二十九课　国内商业银行的供应链融资产品

一、标准仓单质押融资

【产品定义】

标准仓单质押融资业务，是指企业以自有标准仓单作为质押物，银行基于一定质押率向企业发放信贷资金，用于满足短期流动资金需求，或用于满足交割标准仓单资金需求的一种短期融资业务。

该业务可接受的标准仓单，可以是企业将商品按规定入库后由指定交割仓库签发所得，也可以是企业自交易所交割所得。

【业务流程】

业务流程如图 29 - 1 所示。

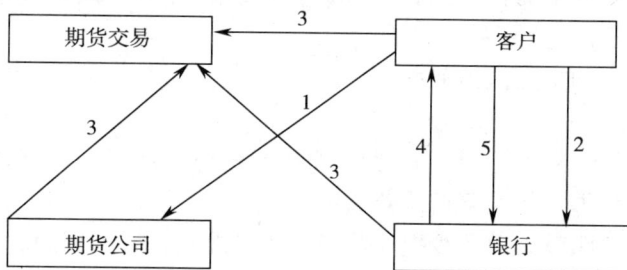

图 29 - 1　业务流程图

1. 客户在符合银行要求的期货公司开立期货交易账户。

2. 客户向银行提出融资申请，提交质押标准仓单相关证明材料、客户基本情况证明材料等。

3. 银行审核同意后，银行、客户、期货公司签署贷款合同、质押合同、合作协议等相关法律性文件，并共同在交易所办理标准仓单质押登记手续，确保质押生效。

4. 银行向客户发放信贷资金，用于企业正常生产经营。

5. 客户归还融资款项、赎回标准仓单，或与银行协商处置标准仓单，将处置资金用于归还融资款项。

二、商票保贴

【产品定义】

商票保贴是指对符合银行条件的企业，以书函形式承诺为其签发并承兑（或背书转让/持有）商业承兑汇票办理贴现，即给予保贴额度的一种授信行为。

商票保贴业务分为两种模式：一是银行给予出票人授信额度，对其额度内签发并承兑商业承兑汇票给予保贴；二是银行对贴现申请人（持票人）授予保贴额度，对其持有商票予以贴现，也可对经其背书转让商票予以保贴。

【适用范围】

该业务广泛适用于材料设备采购款、工程款、工程预备费、项目咨询费、设计、勘探费、广告费等款项融资。

【客户利益】

1. 付款人

可以延期付款，相当于获得最长半年赊销期限，减少流动资金占用，缓解财务压力。

其所签发商业承兑汇票由银行加具保贴函，有利于提高市场地位，获取更多购买优惠条件。

有利于稳定和扩大供销关系。

2. 收款人

接受由银行保贴商业承兑汇票，可立即获得贴现资金，有利于企业在流动资金使用上统筹安排，降低运营成本。

可减少应收账款，并且少提应收账款坏账准备，增加利润。

通过接受下游企业商业承兑汇票，提升市场拓展能力。

【操作流程】

模式一：对出票人授信

1. 客户向收款方出具商业承兑汇票。

2. 银行在额度内为该票出具保贴函。

3. 收款人持票凭保贴函向银行贴现。

4. 票据到期前银行向付款人收款，所收款项偿还贴现款。

模式二：对持票人授信

1. 客户在银行取得商票贴现额度。

2. 客户收受付款方出具的商业承兑汇票。

3. 收款人持票向银行贴现，或者持票人将商票背书转让，被背书人持票向银行申请贴现。

4. 票据到期前银行向付款人收款，所收款项偿还贴现款。

三、融资租赁保理

【产品定义】

融资租赁保理业务是指租赁公司向承租人提供融资租赁服务，并将未到期应收租金转让给银行，银行以此为基础，为租赁公司提供应收账款账户管理、应收账款融资、应收账款催收和承担承租人信用风险等一项或多项综合金融服务。

【服务对象】

出租人，即租赁公司。

【业务功能】

获得银行融资支持。

盘活存量应收账款，加速现金回笼，扩大融资租赁规模。

获得专业应收账款管理及催收服务，降低运营成本和业务风险。

可将应收账款卖断给银行，规避承租人信用风险，优化财务报表。

【业务优势】

承租人范围广：银行接受应收租金，其承租人可以是企业、事业单位、政府、学校，也可以是个人。

融资期限较长：租赁保理融资期限可长达5年，大型项目可以适当放宽。

产品丰富：可叙做无追索权型保理，可提供暗保理业务服务。

还款方式灵活：可结合租赁业务实际设定配套分期还款方式。

【适用范围】

出租人须满足：

经商务部或银监会批准设立，具有融资租赁经营资格。

符合国家关于融资租赁法律规章规定。

信用良好，经营正常。

符合主管部门相关管理规定。

> 银行与企业是商业伙伴，银行为企业提供信贷资金，帮助企业赚钱；企业给银行提供存款等作为相应的回报，银企双方各自实现自身的商业目标。没有彼此的利益，就没有合作，单赢的合作不会持久。

四、国内保理池融资

【产品定义】

企业将一个或多个不同买方、不同期限和金额的应收账款转让给银行，由银行为客户提供应收账款融资、账务管理、账款催收等一项或多项综合金融服务。

【业务优势】

蓄水成"池"："池"由一个或多个买方的多笔不同金额、不同期限的应收账款积聚而成，用于企业融资。

一次通知：卖方将银行认可的买方应收账款全部转让给银行，银行向买方一次性发出转让通知。

循环融资：只要应收账款持续保持在一定余额之上，企业就可在银行核定授信额度内获得较长期限融资，融资金额、期限可超过单笔应收账款金额、期限，且融资方式灵活，不仅限于流动资金贷款，还可以开立银行承兑汇票、信用证、保函以及商票保贴等多种方式，以满足企业不同需求。

专业管理：银行为使用该产品的企业提供专业账务管理、对账服务。

【业务流程】

1. 客户在商务谈判时，即可将办理保理业务意向告知买方，以便买方配合银行提供相关信息。

2. 在受理客户保理业务申请后，银行会为客户核定融资额度和买方信用额度，并与客户签订国内保理合同（应收账款池融资版）等协议。

3. 客户发货后，通过办理发票转让手续将批量应收账款转让给银行。

4. 如有融资需求，客户马上就可获得高达发票金额80%的融资（融资比例可视客户经营、资信等综合情况适当提高）。

5. 发票到期后，银行为客户提供收款、催收等服务，并按到期时间先后对应收账款进行逐笔核销。

五、信用保险项下国内保理

【产品定义】

企业在投保信用保险前提下，将国内贸易中形成的应收账款转让给银行，由银行为客户提供应收账款融资、账务管理、账款催收、承担坏账风险等一项或多项综合金融服务。

【业务优势】

银行基本可以不保留追索权，为客户承担受让应收账款坏账风险。

保理额度核定方式灵活，可能高于保险公司累计赔偿总限额。

即使保险公司只赔付出险账款的90％，银行仍有可能按100％赔付。

【业务流程】

1. 客户在商务谈判时，即可将办理保理业务意向告知买方，以便买方配合银行提供相关信息。

2. 客户将拟转让给银行的应收账款向与银行合作的保险公司投保信用保险，并获得保险公司核准买方信用额度。

3. 客户提交保理业务申请和保险公司出具已生效保单正本后，银行会为客户核定融资额度，并与客户签订国内保理合同（信用保险版）等协议。

4. 客户发货后，通过办理发票转让手续将已投保信用保险的应收账款转让给银行，即可获得高达发票金额80％的融资（融资比例可视客户经营、资信等综合情况适当提高）。

5. 发票到期后，银行为客户提供收款、催收等服务，在扣除融资本息与相关费用后将余额划至客户账户。

6. 如果超过保险公司规定等待期买方仍未付款，则进入保险公司理赔阶段。

六、国内保理

【产品定义】

企业将国内贸易中形成的应收账款转让给银行，由银行为客户提供应收账款融资、账务管理、账款催收、承担坏账风险等一项或多项综合金融服务。

【业务优势】

多达七种应收账款转让通知方式，有效突破买方不配合办理手续瓶颈。

融资方式十分丰富，更全面满足客户需求。

收费方式富有弹性，帮助客户合理控制成本。

【业务流程】

1. 客户在商务谈判时，即可将办理保理业务意向告知买方，以便买方配合银行提供相关信息。

2. 在受理客户保理业务申请后，银行会为客户核定融资额度和买方信用额度，并与客户签订国内保理合同等协议。

3. 客户发货后，通过办理发票转让手续将应收账款转让给银行。

4. 如有融资需求，客户马上就可获得高达发票金额80％的融资（融资比例可视客户经营、资信等综合情况适当提高）。

5. 发票到期后，银行为客户提供收款、催收等服务，在扣除融资本息与相关费用后将余额划至客户账户。

七、动产抵（质）押

【产品定义】

动产抵（质）押是指企业以银行认可的货物为抵（质）押的申请融资。企业将自有或第三人合法拥有的存货交付银行认定的仓储监管公司监管，不转移所有权，银行据此给予一定比例融资。

此项业务有静态或动态抵（质）押两种操作方式。静态方式下客户提货时必须打款赎货，不能以货换货；动态方式下客户可以用以货易货方式，用符合银行要求的新等值货物替代打算提取货物。

【适用范围】

1. 企业所抵（质）押动产应当具有价格及质量稳定、易保管、易变现特点。

2. 贸易型企业和生产型企业均可申请此项业务。

3. 动产质押融资支持多种融资方式，包括贷款、开立银行承兑汇票、信用证、保函、保证贴现商业承兑汇票等，企业可以根据自身情况，灵活选择合适方式使用融资。

【客户利益】

1. 企业在没有其他抵（质）押品或第三人保证担保情况下即可获取银行融资，从而可以扩大生产销售。

2. 将原本占压在存货上的资金加以盘活，加速资金周转。

3. 可采用逐批质押、逐批融资、逐批提取方式，企业需要销售时可以交付保证金提取货物，也可以采用以货换货方式提取货物。企业既可以取得融资，又不影响正常生产。

【操作流程】

1. 银行与客户、仓储监管方签订仓储监管协议。

2. 客户将存货抵（质）押给银行。

3. 银行为客户提供授信。

4. 客户补交保证金或补充同类抵（质）押物。

5. 银行向仓储监管方仓库发出放货指令。

6. 客户向仓储监管方提取货物。

八、未来提货权融资业务保兑仓模式

【产品描述】

未来提货权融资业务保兑仓模式是指银行根据购货商申请为其提供融资，用于支付上游供货商货款，由供货商按照银行指令办理发货业务。

【产品功能】

解决购货商在传统担保不足情况下的融资需求。

帮助购货商以较少自有资金获得较大订单，享受批量订货折扣优惠。

帮助购货商利用供货商实力进行信用增级，方便取得银行融资支持。

帮助供货商在货款及时回笼前提下扩大销售量，抢占市场份额，扶持经销商共同发展。

帮助供货商提前确定销售规模，稳定客户关系。

【产品优势】

融资方式多样——包括流动资金贷款、银行承兑汇票、商业承兑汇票贴现、保函等。

手续简便——一般情况下，无须购货商提供其他担保。

融资效率高——借款人在授信期限内可以根据自己购销状况循环使用额度。

提货方便——首次保证金可以用于提货。

【业务办理】

1. 授信申请。申请人向银行各经营机构提出业务申请，并提供以下资料：

（1）购货商提供资料：

公司证明文件等资料。

企业生产经营活动及产供销基本情况。

银行要求的财务报告（含报表附注）。

银行要求的其他文件。

（2）供货商提供资料：

公司证明文件等资料。

银行要求的其他文件。

2. 签订三方协议。授信申请被批准后，银行、供货商、购货商签订未来提货权融资业务合作协议书。

3. 放款。根据购销合同，签订具体融资协议，落实放款条件后银行予以放款，此款项根据约定用于直接向供货商支付货款。

4. 申请提货。购货商追加保证金或偿还借款后，向银行申请提货。

5. 发货通知。银行同意后向供货商发出发货通知。

6. 发货。供货商根据银行指令向购货商发送货物。

7. 到期保证金补足或全额偿还贷款本息后，本笔业务正常结束。

九、货权质押融资业务

【产品描述】

货权质押融资业务是指银行根据客户申请，以客户合法拥有的仓单、提单等货权凭证为质押物的融资授信业务。

【产品功能】

解决客户在传统担保不足情况下的融资需求。

解决客户因货物存储占用资金问题。

帮助客户盘活库存。

【产品优势】

融资方式多样——包括流动资金贷款、银行承兑汇票、商业承兑汇票贴现、保函等。

融资效率高——借款人在授信期限内可以根据自身购销状况循环使用额度。

提货简便——客户通过归还借款或追加保证金即可赎货，方便快捷。

【业务办理】

1. 授信申请。客户向银行经营机构提出融资申请，并提供以下资料：

公司证明文件等资料。

企业生产经营活动及产供销基本情况。

银行要求的财务报告。

公司有权决策机构（人）同意办理货权质押融资业务的决议。

拟质押货物情况。

银行要求提供的其他材料。

2. 签订三方协议。授信被批准后，银行、质押人、仓储机构签订仓单质押监管合作协议。货权凭证须经质押人质押背书并经凭证签发机构签章认可同意后由银行保管。

3. 放款。放款条件落实后，银行予以放款。

4. 申请提货。客户追加保证金或偿还借款后，向银行申请提货。

5. 发货。银行同意发货后释放仓单，客户凭仓单办理提货。

6. 到期保证金补足或全额偿还贷款本息后，本笔业务正常结束。

十、核定货值货物质押融资业务

【产品描述】

核定货值货物质押融资业务是指银行根据客户申请，以客户合法拥有的货物为质押物的融资授信业务，银行委托第三方仓储机构对货物在银行确定的最低价值范围内进行监管，超过银行确定的最低价值部分可由仓储机构自行决定放货。

【产品功能】

解决客户在传统担保不足情况下的融资需求。

解决客户在货物存储过程中大量资金占用问题。

帮助客户根据货物价值，在不影响货物周转使用情况下取得融资。

帮助客户扩大自身经营规模。

【产品优势】

融资灵活——客户根据自身质押货物及经营情况，灵活掌握融资时间及额度。

融资方式多样——包括流动资金贷款、银行承兑汇票、商业承兑汇票贴现、保函等。

融资效率高——借款人在授信期限内可以根据自身购销状况循环使用额度。

提货简便——客户在银行确定的最低价值以上货物无须经过银行同意，极大地方便客户生产经营。

【业务办理】

1. 授信申请。客户向银行经营机构提出融资授信申请，并提供以下资料：

公司证明文件等资料。

企业生产经营活动及产供销基本情况。

银行要求的财务报告。

公司有权决策机构（人）同意办理货物质押融资业务的决议。

拟质押货物情况。

银行要求提供的其他材料。

2. 担保落实。授信被批准后，银行、质押人、仓储机构签订货物质押监管合作协议。银行监督落实货物质押手续，通知仓储机构监管货物最低价值。

3. 放款。放款条件完全落实后，银行予以放款。

4. 申请提货。最低价值以外货物由客户直接向仓储机构申请提货；最低价值以内货物由客户追加保证金或偿还贷款后（也可以进行货物置换），向银行申请提货。

5. 发货。银行审核同意后通知仓储机构。

6. 到期保证金补足或全额偿还借款本息后，本笔业务正常结束。

十一、有追索权国内保理业务

【产品描述】

有追索权国内保理业务是银行接受卖方申请，受让卖方对买方应收账款，买方到期不付款时，卖方承担应收账款到期回购责任的融资业务，包括明保理、暗保理和融资租赁保理三种业务形式。

明保理是指债权转让一经发生，卖方就以书面形式将应收账款转让事宜通知买方，并取得买方回执，指示买方将货款直接给付银行。暗保理是指卖方暂不将应收账款转让事宜通知买方，仅在到期买方不付款时补充通知，且买方仍将货款付给卖方，再由卖方转付给银行。融资租赁保理是指融资租赁企业将尚未到期、分期实现的应收租金债权转让给银行，银行根据应收租金债权情况给予融资，承租人未按期支付租金时，银行可向融资租赁企业追索融资款项及相关逾期违约金等费用的有追索权国内保理业务。

【产品优势】

融资方式多样，主要包括流动资金贷款、银行承兑汇票、商业承兑汇票贴现（商票保贴）、法人账户透支等。

仅对卖方授信，无须对买卖双方同时授信。

一般情况下，无须卖方提供其他形式担保。

可以采取明保理、暗保理等多种业务形式。

【业务流程】

1. 业务申请。客户向银行提出保理融资申请，并提供以下资料：

（1）卖方资料：卖方除向银行提交符合一般授信业务要求的资料外，还须提供以下资料：

应收账款明细表。

与特定买方贸易背景说明。

（2）应收账款资料：

买方与卖方签订的基础交易合同、交易发票原件、货运单据（若有）、买方收货证明等能证明应收账款存在和确定金额的材料，这部分资料可在授信前提供，也可根据实际情况在放款前补齐。

卖方对买方交货记录。

买方结算周期和付款记录。

如曾遇买方退货，须提供退货原因和纠纷解决办法。

以政府或军队财务业务形成应收账款办理保理业务时，卖方还应实地取得或从公开渠道取得证明采购行为真实、有效资料，如应收账款纳入政府采购预算的相关证明材料、政府财政（或上级主管部门）向其核批的年度相关用款计划、采购清单、中标通知书等。

2. 签订协议。授信审批后，银行与卖方签订有追索权国内保理业务合同；有追索权国内保理业务项下银行承兑汇票业务，银行与卖方签订保理及汇票承兑服务合同及相关业务服务协议。

3. 开立保理专户。保理合同签订后，银行为客户开立保理专户，用于回收应收账款。

4. 债权转让确认。卖方（或银行与卖方）向买方发出债权转让确认函，并取得买方确认回执，回执交银行。银行认为应收账款转让可以不通知买方时（即暗保理），卖方须在银行预留债权转让确认函。

5. 放款。卖方如需额度支用，要向银行提交额度支用申请，银行落实放款条件后予以放款。

6. 付款。应收账款到期日，买方向银行付款，银行若没有获得买方的付款，银行有权向卖方追索。

十二、无追索权国内保理业务

【产品描述】

无追索权国内保理业务是指银行接受卖方申请，受让卖方对买方应收账款，买方因信用问题而到期不付款时，华夏银行免除对卖方追索权利的融资业务。

【产品优势】

买方信用风险转由银行承担，收款有保障。

无须卖方提供其他担保。

【业务办理】

1. 如果向银行提出申请，需提供以下资料：

（1）卖方资料：卖方除向银行提交符合一般授信业务要求的资料外，还须提供以下资料：

应收账款明细表。

与特定买方贸易背景说明。

（2）应收账款资料：

买方与卖方签订的基础交易合同、交易发票原件、货运单据（若有）、买方收货证明等能证明应收账款存在和确定金额的材料，这部分资料可在授信前提供，也可根据实际情况在放款前补齐。

卖方对买方交货记录。

买方结算周期和付款记录。

如曾遇买方退货，须提供退货原因和纠纷解决办法。

以政府或军队财务业务形成应收账款办理保理业务时，卖方还应实地取得或从公开渠道取得证明采购行为真实、有效资料，如应收账款纳入政府采购预算的相关证明材料、政府财政（或上级主管部门）向其核批的年度相关用款计划、采购清单、中标通知书等。

2. 签订协议。授信审批通过后，银行与卖方签订无追索权保理业务合同。

3. 开立保理专户。保理合同签订后，银行为客户开立保理专户，用于回收应收账款。

4. 债权转让通知。由卖方（或银行与卖方）向买方寄发债权转让通知，并取得买方确认回执，回执交银行。

5. 放款。卖方向银行提交保理额度支用申请，银行落实放款条件后予以放款。

6. 付款。应收账款到期日，买方向银行付款。买方因信用问题到期不付款，银行免除对卖方追索权利。

十三、应收账款质押融资业务

【产品描述】

应收账款质押融资业务是指客户将符合中国人民银行应收账款质押登记办法中规定的应收账款权利质押给银行，由银行提供资金融通的一种授信业务形式。

【产品优势】

融资方式多样，主要包括流动资金贷款、银行承兑汇票、商业承兑汇票贴现（商票保贴）、法人账户透支等；

一般情况下，无须卖方提供其他担保。

【业务办理】

1. 业务申请卖方向银行提出申请，并提供以下资料：

（1）卖方资料：卖方除向银行提交符合一般授信业务要求的资料外，还须提供以下资料：

应收账款明细表。

与特定买方贸易背景说明。

（2）应收账款资料：

买方与卖方签订的基础交易合同、交易发票原件、货运单据（若有）、买方收货证明等能证明应收账款存在和确定金额的材料，这部分材料可在授信前提供，也可根据实际情况在放款前补齐。

卖方对买方交货记录。

买方结算周期和付款记录。

以政府或军队财务业务形成应收账款办理保理业务时，卖方还应实地取得或从公开渠道取得证明采购行为真实、有效资料，如应收账款纳入政府采购预算的相关证明材料、政府财政（或上级主管部门）向其核批的年度相关用款计划、采购清单、中标通知书等。

2. 签订协议。应收账款质押融资审批通过后，银行与客户签订最高额融资合同和最高额质押合同或质押合同、应收账款质押登记协议。

3. 开立回款专户。协议签订后，银行为客户开立回款专户，用于回收应收账款。

4. 放款。落实放款条件后银行予以放款。

5. 付款。应收账款到期日，买方向银行付款。

十四、应收账款池融资业务

【产品描述】

应收账款池融资业务是银行与客户签订应收账款池融资合同，客户将现有和未来一段时间内所有应收账款整体质押或转让给银行，银行根据应收账款池中余额一定比例给予融资业务。分为有追索权国内保理池融资和应收账款质押池融资。

【产品优势】

应收账款随时入池，随时获得融资。

不必因应收账款池中部分应收账款到期而归还融资。

融资方式多样，主要包括流动资金贷款、银行承兑汇票、商业承兑汇票贴现（商票保贴）、法人账户透支等。

一般情况下，无须卖方提供其他担保。

【业务办理】

1. 业务申请。客户填写池融资业务申请书，并提供以下资料：

（1）卖方资料：卖方除向银行提交符合一般授信业务要求的资料外，还须提供以下资料：

应收账款明细表。

与特定买方贸易背景说明。

（2）应收账款资料：

买方与卖方签订的基础交易合同、交易发票原件、货运单据（若有）、买方收货证明等能证明应收账款存在和确定金额的材料，这部分资料可在授信前提供，也可根据实际情况在应收账款入池时补齐。

卖方对买方交货记录。

买方结算周期和付款记录。

如曾遇买方退货，须提供退货原因和纠纷解决办法。

以政府或军队财务业务形成应收账款办理保理业务时，卖方还应实地取得或从公开渠道取得证明采购行为真实、有效资料，如应收账款纳入政府采购预算的相关证明材料、政府财政（或上级主管部门）向其核批的年度相关用款计划、采购清单、中标通知书等。

2. 签订协议。应收账款池融资审批通过后，银行与卖方签订应收账款池融资业务合同。

3. 开立回款专户。合同签订后，银行为卖方开立回款专户，用于回收应收账款。

4. 应收账款债权质押（转让）通知。客户与银行联名向买方发出债权质押（转让）确认函。

5. 应收账款入池。客户每次向银行质押（转让）应收账款都需填制应收账款质押（转让）明细表，列明拟质押（转让）应收账款明细内容，同时将与明细表上列明的拟质押（转让）应收账款相对应材料提交银行。

6. 放款。客户申请融资时，向银行递交池融资申请书，银行落实放款条件后放款。

7. 付款。应收账款到期日，买方向银行付款。

8. 增加合格应收账款或者补足保证金或者提前归还融资。应收账款若在到期后30天之内仍未全部回款，客户应按银行要求增加合格应收账款或者补足保证金或者提前归还融资。

9. 资金划转。在符合银行要求前提下，客户可以申请将回款专户资金划入客户在银行的账户。

我们要做个聪明的客户经理，我们要求自己对客户诚信，要求客户对我们也必须诚信，我们对客户诚信，该放的贷款放了，客户对我们不诚信，不给我们存款，我们是傻蛋，客户会更看不起我们；客户对我们诚信，我们对客户不诚信，我们是坏蛋。对客户我们既不做傻蛋也不做坏蛋。

十五、订单融资业务

【产品描述】

订单融资业务是在银行认可买方与客户签订有效订单或贸易合同、协议后，客户向银行申请融资，用于采购订单项下产品生产所需原材料，并以产品销售回笼款项归还银行融资款项的短期融资业务。

【产品优势】

无须传统担保，仅凭银行认可的订单即可获得融资。

融资方式多样，主要包括流动资金贷款、银行承兑汇票、商业承兑汇票贴现（商票保贴）、法人账户透支等。

【业务办理】

1. 业务申请。客户向银行提出申请，除向银行提交符合一般授信业务要求的资料外，还须提供以下资料：

与买方签订的有效订单。

买方向银行出具的推荐客户在银行融资函。

与买方贸易往来情况，包括但不限于近三年来与买方贸易时间、标的物、金额、交易方式、履约情况等。

详细生产计划和资金使用计划，包括生产周期安排、拟购原材料卖家、预计资金使用时间、与卖家近两年来业务合作情况等。

2. 签订协议。授信申请被批准后，银行与客户签订借款协议。

3. 开立回款专户。银行为客户开立回款专户，用于订单项下产品销售款项回收。

4. 放款。放款条件落实后银行予以放款。

5. 付款。买方在订单约定付款日向银行支付款项。

十六、有追索权国际保理业务

【产品描述】

有追索权国际保理业务，是指出口商将现在或将来基于其与进口商（债务人）订立的货物销售合同所产生的应收账款债权转让给银行，银行在保留追索权前提下，提供集贸易融资、销售分户账管理及应收账款催收于一体的综合性金融服务。

【业务流程】

1. 客户申请保理额度。需提供一份国外进口商名单及有关资料，并注明对每个进口商所要求信用额度。

2. 银行向进口保理商申请进口商信用额度。

3. 根据进口保理商批准额度与客户签订一份出口保理协议。

4. 客户按照合同向进口商发货。

5. 客户将发票及其他有关文件副本交给银行。

6. 如需要，银行可为客户提供保理融资。

7. 货款到期后，银行通过进口保理商向进口商收取货款，在扣除服务费后，将货款付给出口商或归还银行融资款。

十七、法人账户透支

【产品描述】

法人账户透支是指银行同意客户在约定账户、约定额度内进行透支，以满足临时性融资需求的授信业务。

【产品特点】

有效解决企业正常生产经营过程中期限短、发生频繁、额度较小的临时性资金需求。

手续方便快捷，使用和归还资金不需要额外手续。

在有效期内，融资额度循环使用。

【为客户提供便利】

1. 从银行获得一定额度提款权，从而降低应急资金储备、提高资金利用效率。

2. 额度循环使用，手续方便快捷，有效节约中小企业经营成本和时间。

【业务办理流程】

1. 企业向银行提出法人账户透支业务申请，并提供必需资料。

2. 企业从在银行开立的基本存款账户或一般存款账户中指定一个账户为

透支账户。

3. 企业与银行签订透支业务合同。

4. 企业向银行支付透支额度承诺费。

5. 企业使用透支资金，无须提前通知银行或提出专门申请。

十八、动产融资

【产品描述】

动产融资是指企业以其自有动产进行质押即可申请融资。

【产品特点】

质押动产范围广、种类多，包括钢材、有色金属、贵金属（黄金、白银）以及化工原料等。

动产质押期间不影响销售，企业销售时，可以采取多种形式提取货物进行销售。

【为客户提供便利】

1. 动产所有权不转移，不影响企业正常生产经营活动。

2. 动产质押既支持融资业务，也支持承兑、保证、信用证等其他授信业务，企业可根据自身情况灵活选择。

3. 融资期限和还款方式可灵活选择。

4. 可以一次性提取质押动产，也可部分提取质押动产，为企业销售提供便利。

【业务办理流程】

1. 银行、客户、第三方物流仓储企业签订仓储监管协议。

2. 客户将存货质押给银行，送交第三方物流仓储企业保管。

3. 银行根据质押存货价值一定比例为客户提供融资。

4. 客户补缴保证金或打入款项或补充同类质押物。

5. 银行向第三方物流仓储企业发出放货指令。

十九、保兑仓融资

【产品定义】

保兑仓融资是指生产厂家（卖方）、经销商（买方）和银行三方合作，以银行信用为载体，由银行控制提货权，生产厂家受托保管货物并承担回购担保责任的一种金融服务。

【产品特点】

利用银行信誉促成贸易。

有效保障卖方货款回笼，提高资金使用效率。

为买方提供融资便利，解决全额购货资金困难。

【为客户提供便利】

1. 银行为经销商提供融资便利，解决全额购货资金困难。

2. 经销商可以通过大批量订货获得生产商给予的优惠价格，降低销售成本。

3. 对于销售季节性差异较大的产品，经销商可以通过在淡季批量订货，旺季销售，获得更高商业利润。

4. 帮助生产商有效解决销售渠道问题，增大市场份额、提高利润，同时减少应收账款占用，提高资金效率。

【业务办理流程】

1. 生产厂家与经销商双方签订年度购销协议和购销合同。

2. 生产厂家、经销商和银行签订保兑仓融资三方协议。

3. 经销商与银行签订货物质押协议，银行控制提货权。

4. 经销商向银行交存一定比例保证金，并申请开具用于支付生产厂家货款的银行承兑汇票。

5. 生产厂家根据保兑仓融资三方协议，受托保管购销合同项下货物，并对银行承兑汇票保证金以外金额部分承担回购担保责任。

6. 经销商补交银行承兑保证金。

7. 银行根据保证金比例提高，向生产厂家发出提货通知书，逐步释放提货权。

8. 生产厂家根据提货通知书向经销商发货。

二十、预付款转动产抵/质押授信产品

【产品概述】

该产品是指贸易项下买方（经销商）向银行申请预付款融资，支付给上游厂商（卖方）作为采购款，厂商银签订三方合作协议，上游厂商按照购销合同以及三方合作协议书约定发运货物，到货后转为现货抵/质押授信业务。

【产品特色】

1. 可以充分挖掘买方担保资源，实现融资，缓解资金压力。

2. 依托真实商品交易，买方可以借助上游厂商资信获得定向融资支持。

3. 买方可以从厂商那里享受批发购买优惠，降低销售成本。

4. 卖方可以有效地扶持经销商，培育自身销售渠道。

5. 卖方将应收账款转化为应收票据或现金，应收账款大幅减少，不仅改

善公司资产质量，而且防止在赊账方式下可能产生的迟付、拒付风险。

【业务流程】

1. 经销商与上游厂商签订购销合同。

2. 银行、经销商、上游厂商签订三方合作协议。

3. 银行发放融资，定向支付给上游厂商，厂商按银行通知发货。

4. 货到银行指定仓库，由第三方仓储公司监管。

5. 经销商缴款赎货，业务正常结束。

二十一、货权凭证融资产品

【业务概述】

该产品是指出质人以其合法持有的货权凭证（包括仓单、提单或其他有效提货凭证）质押向银行申请融资，具体包括提单质押、预付加提单质押、标准仓单质押、非标准仓单质押等融资产品。

【业务特色】

1. 以货权凭证为载体，标准化业务流程、业务操作和管理更为通畅。

2. 标准仓单融资模式包括标准仓单先押后贷、先贷后押、交割还贷等，其中先贷后押和交割还贷为创新产品。

3. 非标准仓单融资包括"仓贸银"、标准与非标准仓单质押互换等全新业务模式。

4. 仓单融资产品涵盖现货、期货两大市场，打通上下游融资渠道。

【业务流程（以传统仓单融资为例）】

1. 仓储企业根据货主（借款人）存储货物签发仓单。

2. 申请人凭仓单质押向银行申请融资。

3. 经银行核准后，借款人与银行签订借款合同、仓单质押合同等。

4. 货主对仓单作质押背书，由仓库签章后，仓单原件交付并质押给银行，银行按仓单价值一定比例发放贷款。

5. 仓单项下货物由仓储企业进行保管和监管。

6. 需要提取仓单项下货物时，货主补充保证金或提供新提货单交付给银行，银行审核后根据到账金额开具分提单给货主，仓库核实后发货，债务人产品和资金可以正常流转。

二十二、现货类融资产品

【产品概述】

现货类融资产品是指申请人将现货商品抵/质押给银行，并由银行对现货商品实施监管的融资模式。

【产品特色】

1. 适用于存货量大、占用流动资金多的生产型或商贸型企业，帮助企业盘活存货资产，获得流动资金。

2. 引入第三方仓储公司监管，专业化管理。

3. 业务模式有动产质押、动产抵押、浮动抵押等，操作模式有静态和动态两种。

4. 可接受商品包括汽车、家电、钢材、木材、有色金属、化工产品等。

【业务流程】

1. 申请人向银行提出融资申请，并提供相关资料。

2. 经银行审批后，签署借款合同、动产抵/质押合同、动产监管合同等。

3. 申请人提供商品，办理抵/质押，第三方监管公司监管，银行发放贷款。

4. 客户追加保证金或偿还借款后，向银行申请提货。

5. 银行审核同意后书面通知仓储公司释放抵/质押物，申请人凭解冻通知书办理提货。

6. 到期结清授信敞口后，业务正常结束。

附件1

银行"保兑仓"业务三方协议

编号：＿＿＿＿＿＿＿＿＿

甲方（卖方）：＿＿＿＿＿＿＿＿＿＿＿＿＿＿＿＿＿＿＿＿

地址：＿＿＿＿＿＿＿＿＿＿＿＿＿＿＿＿＿＿＿＿＿＿＿＿＿＿

法定代表人：＿＿＿＿＿＿＿＿电话：＿＿＿＿＿＿＿＿

开户行：＿＿＿＿＿＿＿＿＿＿＿＿＿＿＿＿＿＿＿＿＿＿＿＿

账号：＿＿＿＿＿＿＿＿＿＿＿＿＿＿＿＿＿＿＿＿＿＿＿＿＿＿

乙方（买方）：＿＿＿＿＿＿＿＿＿＿＿＿＿＿＿＿＿＿＿＿

地址：＿＿＿＿＿＿＿＿＿＿＿＿＿＿＿＿＿＿＿＿＿＿＿＿＿

法定代表人：＿＿＿＿＿＿＿＿电话：＿＿＿＿＿＿＿＿

开户行：＿＿＿＿＿＿＿＿＿＿＿＿＿＿＿＿＿

账号：＿＿＿＿＿＿＿＿＿＿＿＿＿＿＿＿＿＿＿＿＿

丙方（银行）：＿＿＿＿＿＿＿＿＿＿＿＿＿＿＿＿＿＿＿＿

地址：＿＿＿＿＿＿＿＿＿＿＿＿＿＿＿＿＿＿＿＿＿＿＿＿＿

负责人：＿＿＿＿＿＿＿＿电话：＿＿＿＿＿＿＿＿

甲、乙、丙三方一致同意合作开展"保兑仓"业务，为明确各方在"保兑仓"业务中的权利和义务，经各方自愿平等协商一致，订立本合同，以共同遵守。

第一条　本协议所用术语含义

"保兑仓"业务：以丙方授信产品为结算工具，甲方对丙方授信敞口以退款承诺作为担保措施，丙方向乙方提供授信产品定向用于向甲方购买货物，并委托甲方监管货物，随着乙方缴存保证金，甲方根据丙方指示向乙方发送货物的一种特定供应链融资业务模式。

保证金：指在本协议丙方提供对应的授信产品项下，乙方向丙方缴存的用于满足丙方授信条件及封闭丙方授信产品敞口的资金。

发货通知书：丙方根据乙方缴存保证金数额向甲方签发的、甲方凭以发运本协议项下货物的书面凭据。

第二条　"保兑仓"业务项下的融资

（一）根据乙方申请及乙方提供的甲乙双方的购销合同及业务贸易背景等

资料，经丙方审查通过，丙方为乙方提供下述银行授信产品，专项用于购买甲方货物，金额最高不超过人民币＿＿＿＿＿＿＿＿万元，期限一年，可循环使用，并与乙方签订＿＿＿＿＿＿＿＿授信协议。

□银行承兑汇票　　□国内信用证　　□法人账户透支　　□封闭贷款
□其他（请具体列明）

（二）乙方向丙方申请的授信产品金额及期限等应由甲方建议并与购销合同的内容相对应。

第三条　丙方依据甲乙双方的购销合同和相应贸易背景材料以及与乙方签订的＿＿＿＿＿＿＿＿授信协议：

□开具申请人为乙方、收款人为甲方的银行承兑汇票，直接交给或通过EMS邮寄给甲方指定专人。甲方收到后，应向丙方出具＿＿＿＿＿＿＿＿收到确认函（见附件1－2）。

□开立申请人为乙方、受益人为甲方的信用证，直接交给或通过甲方指定银行通知甲方。

□根据乙方指令，将融资款项直接支付给甲方账户，账户名：＿＿＿＿＿＿＿＿
＿＿＿＿＿＿＿＿，账号：＿＿＿＿＿＿＿＿＿＿＿＿＿＿＿＿＿＿＿＿＿＿

开户行：＿＿＿＿＿＿＿＿＿＿＿＿＿＿＿＿＿＿＿＿＿＿＿。

第四条　提货

（一）乙方每次提取合同项下的货物时，需向丙方提出申请，并填写提货申请书（见附件1－3）。同时向乙方在丙方开立的保证金账户中存入相当于该次提货金额的保证金（或归还相当于该次提货金额的融资款项）。

（二）丙方核对乙方缴存的保证金数额（或归还相当于该次提货金额的融资款项）与提货申请书中的提货金额相符后，根据缴存保证金的数额在＿＿＿＿个工作日内向甲方发出发货通知书（见附件1－4）。丙方累计通知发货的金额不能超过乙方在丙方开立的保证金账户中保证金的余额（或归还相当于该次提货金额的融资款项）。

（三）甲方收到丙方出具的发货通知书后，向丙方发出发货通知书收到确认函（见附件1－5），同时按照丙方的通知金额向乙方发货。

（四）丙方出具的发货通知书是甲方向乙方发货的唯一凭证。甲方保证其向乙方发货只凭丙方开具的发货通知书，并严格按照发货通知书的内容发货，其累计实际发货金额不能超过丙方累计通知发货金额。

若甲方未按丙方出具的发货通知书所规定的金额发货，甲方和乙方之间由此产生的纠纷与丙方无关，丙方对甲乙双方的损失不承担任何责任。

（五）乙方收到甲方的发货后，应向丙方出具货物收妥告知函（见附件

1-6)。

（六）为了确保本协议准确执行无误，甲、乙、丙三方约定：

1. 指定专人负责联系和操作本合同项下的业务。如有变动，应当立即书面通知各方，在对方收到书面通知之前，原经办人员所办理的业务仍然有效。

2. 各方在业务发生前预留印鉴和签字样本（见附件1-1），业务办理过程中，收到收到确认函、提货申请书、发货通知书、发货通知书收到确认函、货物收妥告知函等文件后，应认真核对印鉴和签字是否与预留样本相符，并对核对结果负责。

3. 发货通知书、发货通知书收到确认函、货物收妥告知函等重要文件应派专人直接送达。不能专人直接送达的，应采用快递或挂号信等稳妥方式传递，同时应电话通知对方。

（七）甲、乙、丙三方应视提货发生频率定期对账（每月不能少于一次），任何一方都应无条件给予配合。三方如出现核对不一致的情况时，应立即停止办理发货手续，查明原因并解决后，由各方书面确认后方可重新执行本协议。

第五条　银行授信产品到期

（一）银行授信产品到期前，如果授信产品全额封闭敞口，即丙方累计出具的发货通知书货款总金额达到授信产品总金额时，则该笔"保兑仓"业务正常结束。

（二）银行授信产品到期前10天，如果银行授信产品没有全额封闭敞口，即丙方累计出具的发货通知书货款总金额小于银行授信产品总金额时，丙方向甲方发出退款通知书（见附件1-7）。甲方收到退款通知书后10个工作日内，必须无条件按退款通知书的要求将差额款项汇入乙方在丙方开立的保证金账户。甲方收回相应货物。

如果甲方没有按时退款，乙方作为银行授信产品申请人应无条件向丙方提供资金，封闭银行授信敞口。银行授信产品到期时，若甲方未将差额款项退还丙方且乙方未提供资金致使丙方在本协议项下所提供的授信出现逾期，则甲方应按日利率__向丙方支付罚息，且丙方有权依法处置相应货物。

（三）丙方将以登记台账方式记载融资情况，并定期与甲方核对。

第六条　声明和保证

（一）协议各方均为依法成立并合法存在的机构，有权以自身的名义、权利和权限从事本协议项下的业务经营活动并以自身的名义签署和履行本合同。签署本协议所需的有关文件和手续已充分齐备及合法有效。

（二）甲乙双方保证其双方不存在资本控制和参与关系，在购销合同签订之前无任何未决争议或债权债务纠纷。

（三）甲方向丙方退还差额款项的责任是独立的，甲方和乙方之间、甲方和丙方之间的任何合同或者争议或任何条款的无效都不影响甲方的退款责任。

（四）甲方声明并保证其向丙方退回差额款项是无条件的，无须丙方先向乙方索偿或丙方先对乙方采取任何法律行动；产品质量、商品价格、交货期限、购销合同等变动不影响甲方无条件退回差额款项的义务。

（五）签署本合同是各方自愿的，是各自真实意思的表示。

（六）各方将按照诚实信用原则履行本合同，并给予本合同各方必需的协助和配合。

第七条　违约责任

本合同任何一方违反本合同的任何条款（包括声明和保证条款）均构成本合同项下的违约行为，对于其违约行为给守约方造成损失的，应负责赔偿，赔偿损失的范围包括但不限于本金、利息、罚息、可以预见的可得利益及实现债权的所有费用。

第八条　其他约定

第九条　争议解决

本合同项下的和本合同有关的一切争议、纠纷均由各方协商解决，协商不成的，应向＿＿方所在地的有管辖权的人民法院提起诉讼。

第十条　合同生效

本合同经各方授权代表签字并加盖公章后生效，有效期限自＿＿＿年＿＿＿月＿＿＿日至＿＿＿年＿＿＿月＿＿＿日。

第十一条　合同文本及附件

本合同涉及的附件是合同不可分割的组成部分。

本合同一式＿＿＿＿＿＿＿份，每方各执一份，每份具有同等法律效力。

甲方（公章）：　　　　　　　　　乙方（公章）：

法定代表人（授权代表）：　　　　法定代表人（授权代表）：

　　年　月　日　　　　　　　　　　年　月　日

丙方（公章）：

法定代表人（授权代表）：

　　年　月　日

附件 1 - 1

预留印鉴证明书

为了保障_____公司（卖方）、_____公司（买方）和_____银行签订的编号为（　　　）的银行"保兑仓"业务三方协议能安全、顺利地执行，各方将指定专人负责联系工作，并在此预留印鉴和签字样本。本业务项下的收到确认函、提货申请书、发货通知书、发货通知书收妥确认函、货物收妥告知函、退款通知书上的印鉴和签字必须与下面预留样本相符方为有效。

1. 卖方（甲方）：	2. 买方（乙方）：
印鉴样本：	印鉴样本：
有权签字人签字样本：	有权签字人签字样本：
3. 银行（丙方）：	
印鉴样本：	
有权签字人签字样本：	

本预留印鉴证明书一式____份，____方各执一份，具有同等效力，并据此核对有关业务附件和单据。如任何一方需更改预留印鉴和签字样本，应提前书面通知其他各方。

卖方（甲方）
（公章）：
法定代表人或授权代表：
　　年　月　日
买方（乙方）
（公章）：

法定代表人或授权代表：

　　年　月　日

银行（丙方）

（公章）：

法定代表人或授权代表：

　　年　月　日

附件 1 - 2

_____收到确认函

编号：_____

银行_____分（支）行：

　　作为编号为_____的银行"保兑仓"业务三方协议项下的卖方，我公司已收到由_____公司（买方）签发的银行承兑汇票（划付的采购款项）。

　　银行承兑汇票有关信息如下：

汇票号码	签发日期	到期日期	票面金额	首次保证金金额

　　资金有关信息如下：

金额	到账日期	剩余敞口	授信总金额

公司（卖方）
有权签字人（预留印鉴）：
　　年　月　日

附件 1 - 3

提货申请书

编号：_____

银行_____分（支）行：

　　根据编号为_____的银行"保兑仓"业务三方协议，我公司现申请提取_____（数量）的_____（商品名称），金额为_____元，大写_____。我公司已经将相应款项划付贵行，用于封闭银行授信敞口，请贵行核查后向_____公司（卖方）开出发货通知书。

申请人：_____公司

有权签字人（预留印鉴）：

年　月　日

附件 1 - 4

发货通知书

编号：_____

_____公司（卖方）：

　　根据我行与贵公司及_____公司（买方）签订的编号为_____的银行"保兑仓"业务三方协议约定，经本行审查，同意_____公司（买方）向贵公司提取数量为_____的_____（商品），其价值为_____（大写），请贵公司以此金额为限办理发货手续。

　　到本次发货通知书（含本通知书）为止，本行通知贵公司向买方发货的价值累计金额为_____（大写）。

银行_____

有权签字人（预留印鉴）：_____

年　月　日

附件 1 - 5

发货通知书收到确认函

编号：＿＿＿＿＿＿＿

致：银行＿＿＿＿＿＿＿分（支）行

我公司（卖方）已于＿＿＿＿＿＿年＿＿月＿＿日收到贵行出具的发货通知书（编号：＿＿＿＿＿＿＿＿＿），我公司将按发货通知书中告知的＿＿＿＿＿＿＿元限额发货。

特此确认。

＿＿＿＿＿＿＿＿公司

有权签字人（预留印鉴）：＿＿＿＿＿＿

年　月　日

附件 1 - 6

货物收妥告知函

编号：＿＿＿＿＿＿＿

致：银行＿＿＿＿＿＿分（支）行

我公司（买方）已于＿＿＿年＿＿月＿＿日收到＿＿＿＿＿＿＿（卖方）发出的＿＿＿＿＿＿＿＿＿（货物名称），数量为＿＿＿，价值＿＿＿＿＿＿＿＿＿＿＿＿＿＿＿（大写）。

特此告知。

＿＿＿＿＿＿＿＿公司（买方）

有权签字人（预留印鉴）：＿＿＿＿＿＿

年　月　日

附件 1-7

退款通知书

_____公司（卖方）：

根据我行与贵公司及_____公司（买方）签订的编号为_____的银行"保兑仓"业务三方协议约定，我行

（1）签发了以贵公司为收款人的银行承兑汇票，具体如下：

汇票号码	签发日期	到期日期	票面金额	首次保证金金额

（2）划付了_____万元的资金。

截至今日，贵公司已累计发货_____（大写），应退货款____（大写）。请贵公司于收到本通知书后_____日内将上述应退货款付至以下银行账户。

银行名称：_____

账户名：_____账号：_____

备注：

银行_____

有权签字人（预留印鉴）：_____

年　月　日

附件2

三方合作协议书（商业承兑汇票置换银行承兑汇票）

（＿＿＿＿）　＿＿＿＿＿＿＿＿＿＿字　第＿＿号

甲方：＿＿＿＿＿＿　　（买方——核心企业）

乙方：＿＿＿＿＿＿　　（卖方——供应商）

丙方：＿＿＿＿＿＿　　（银行方）

为加强甲、乙、丙三方之间互利合作关系，确保甲方和乙方签订的购销合同顺利履行，经三方当事人自愿平等协商，达成如下协议，协议各方恪守履行。

协议条款如下：

第一条　信用额度及结算方式

丙方为乙方提供银行授信敞口额度不超过人民币1亿元整，用于乙方上游采购供应给甲方的贸易结算。

第二条　业务流程及银行监管

1. 根据甲乙双方签订的购销合同的相关约定，以甲、乙双方书面确定的每批次的价格为该批次货物交易的基准价。

2. 乙方将每批货物送递甲方指定地点之日（节假日相应顺延），甲方向乙方开具货数量、基准价及货值总额确认书（以下简称确认书），并向乙方开具期限比对应的银行承兑汇票提前10天的商业承兑汇票，该商业承兑汇票金额为该批货值总值的60%。

3. 乙方在收到商业承兑汇票后到丙方开立银行承兑汇票，并提供40%保证金，乙方需当月开具增值税专用发票给甲方，并由乙方送达对方，同时复印给丙方备查。

4. 甲方在商业承兑汇票到期日，将兑付商业承兑汇票的资金汇至乙方在丙方开立的结算账户，用于补足乙方在丙方开出的银行承兑汇票敞口。

在丙方没有为乙方开具银行承兑汇票的前提下，当甲乙一方提前解约或某笔交易被取消时，对甲方已向乙方开具的但尚未具备本协议约定的承兑条件的商业承兑汇票，乙方应在甲方通知后3天内退还甲方，否则，每逾期一天，乙方应向甲方偿付商业承兑汇票所载金额的1%违约金，直至退还之日止。

5. 甲方开具的商业承兑汇票只能作为乙方申请开具相应银行承兑汇票的

质押物；乙方开具的相应银行承兑汇票只能用于向其上游采购的业务。

第三条　声明和保证

三方在此声明保证如下：

1. 三方均为依法成立并合法存在的企业法人或金融机构，有权以自己名义、权利和权限从事本协议项下的经营活动，并以自身名义签署和履行本协议。签署本协议所需的有关文件和手续已充分齐备并合法有效。

2. 签署本合同是各方自愿的，是自身意思的真实表示。

3. 各方将按照诚实信用的原则充分地履行本协议，并在履行本协议时给予他方必要的协助和配合。

第四条　违约责任

本协议生效后，任何一方违反本协议的任何约定义务给守约方造成损失的，应赔偿守约方的损失，损失包括但不限于本金、利息、罚息、因追索或索赔产生的全部费用及可以预见的可得利益损失。

第五条　协议的解释和争议

凡因履行本协议所发生的或与本协议有关的一切争议、纠纷，各方可协商解决。协商不成的，任何一方可以依法向乙方所在地的人民法院提起诉讼。

第六条　合同生效

本协议于三方有权人签字、加盖公章之日起生效。

本协议一式三份，每方各执一份，每份均具有同等法律效力。

甲方：

法定代表人或代理人：　　　　　　　　　　日期：　　年　月　日

地址：

电话：

乙方：

法定代表人或代理人：　　　　　　　　　　日期：　　年　月　日

地址：

电话：

丙方：

法定代表人或代理人：　　　　　　　　　　日期：　　年　月　日

地址：

电话：

附录4 国内操作动产融资
较活跃的监管公司

中国物资储运总公司各地直属仓库、中外运股份有限公司各地子公司、中远国际有限公司各地子公司、广东南储仓储管理有限公司各地子公司、中邮物流有限公司各地子公司、中储股份成都天一分公司、中国物资储运总公司、中储股份成都天二分公司、中储股份上海吴淞分公司、中储股份西安分公司、中储股份上海浦东分公司、中储股份西安东兴分公司、中储股份上海大场分公司、中储股份咸阳物流中心、中储股份上海沪闵分公司、中储股份郑州南阳寨分公司、中储股份天津新港分公司、中储股份郑州物流中心、中储股份天津南仓分公司、中储股份平顶山分公司、中储股份天津塘沽分公司、中储股份洛阳分公司、中储股份天津物流中心、中储股份青岛分公司、中储股份汉口分公司、青岛中储物流有限公司、中国物资储运武汉江北公司、青州中储物流有限公司、中储股份衡阳分公司、中储股份沈北分公司、中储股份南京分公司、中国物资储运总公司沈阳东站仓库、无锡中储物流有限公司、中储股份沈阳物流中心、连云港中储物流中心、中储沈阳铁西分公司、中储浙江物流有限公司、中储股份大连分公司、中储成都物流中心、河北中储物流中心、中储股份廊坊分公司、中国物资储运总公司太原平阳仓库、中国物资储运寿阳公司、中国物资储运广州公司、上海中储临港物流有限公司、中储上海物流有限公司、中储发展股份有限公司天津唐家口分公司、山东中储国际物流有限公司、大连中远物流有限公司、北京中远物流有限公司、青岛中远物流有限公司、上海中远物流配送有限公司、宁波中远物流有限公司、厦门中远物流有限公司、深圳中远物流有限公司、南储仓储管理有限公司、佛山市南储仓储管理有限公司、南储仓储管理有限公司深圳分公司、南储仓储管理有限公司宁波分公司、南储仓储管理有限公司浙江分公司、南储仓储管理有限公司云南分公司、南储仓储管理有限公司河北分公司、南储仓储管理有限公司上海分公司、南储仓储管理有限公司江苏分公司、南储仓储管理有限公司天津分公司、中物现代物流科技股份有限公司北京分公司、中物现代物流科技股份有限公司上海分公司、中物现代物流科技股份有限公司大连分公司、中物现代物流科技股份有限公司天津分公司、中物现代物流科技股份有限公司武汉分公司、中物现代物流科技股份有限公司西安分公司、中物现代物流科技股份有限公司成都分公司、中物现代物流科技股份有限公司昆明分公司、中物现代物流科技股份有限公司青岛分公司、中物现代物流科技股份有限公司广州分公司、武汉中铁伊通物流有限公司、中国外运辽宁有限公司、中国外运天津有限公司、中国外运山东有限公司、中国外运华东有限公司、江苏中外运有限公司、浙江中外运有限公司、中外运湖北有限责任公司、中国外运广东有限公司、中国外运福建有限公司、中国外运陆桥运输有限公司、中国外运物流发展有限公司、中外运空运发展股份有限公司、中国外运河北有限公司、中国外运安徽有限公司、江西中外运有限公司、中远国际货运有限公司（总公司）、华南中远国际货运有限公司、厦门中远国际货运有限公司、上海中远国际货运有限公司、武汉中远国际货运有限公司、青岛中远国际货运有限公司、上海捷洋国际货运有限公司

> 　　自己讲诚信，一诺千金，这样客户才会信任我们，将资金交付给我们。我们不能辜负客户，我们是负责任的商业伙伴。对客户必须诚信，因为我们是银行代表。我们对信贷资金安全、对资本回报负责。我们必须尽职尽责，不辜负银行的信任。

附录5 供应链融资营销的心得体会

所有客户经理必须掌握营销供应链融资产品的要点，只有掌握这些核心技术，在营销的时候才会非常轻松，而且效果极佳。

1. 掌控会谈局面

挖掘希望得到的信息，由我们提问题，问有用的信息，与我们银行信贷相关的信息，而不是无目的的泛泛发问。"你是哪里人？""你是哪个学校毕业的？"没用，而应当问："你们的产品销售对象是谁？""结算周期多长？"我们应当选择最有价值的问题，按部就班提问。"公司的产品销售到哪里？""公司的销售账期是多少，请介绍一下公司的基本经营情况，你下游的买家都有哪些，你上游的供应商都有哪些？"

通过以上问题，尽快将企业的商业模式搞清楚。

2. 找到客户最关心的利益点

找到客户最关心的利益点来说服客户。你可以说："我们不是来拉存款的，我们是来帮助您销售产品的。您可以将经销商介绍给我们银行，我们给您的经销商提供定向融资，融资用于向您支付采购款，这样可以扩大您的销售。"这个世界，通过满足对方的利益来说服对方，无往而不胜。

说服对方最有效的方式就是让对方感觉到能够得到利益。

3. 经营客户，而非一味销售银行产品

最初级的银行客户经理是营销客户，优秀一些的客户经理是服务客户，最杰出的客户经理是经营客户。

将客户作为我们最重要的资产来经营。经营客户的益处：以最自然的方式将多种类的银行产品有机地销售给客户，以最完整的方式嵌入企业产业链，帮助企业完成商务交易，改造企业现有的商务结算模式，使其满足延长账期、快速收款、提升整个商业模式的效率。帮助我们的客户提升更多的商业价值是服务客户的关键。

4. 先真正搞懂客户才能设计出合理的金融服务方案

必须非常了解你的客户，客户需要什么，客户有什么；我们能给客户带来哪些价值，客户是做什么的，靠什么赚钱，也必须非常清楚。必须非常了解客户到底是做什么的，客户拿信贷资金到底做什么，靠什么还款。真正可以控制风险的不是抵押和担保，而是对客户的了解，能够真正控制经营现金流。

5. 精通银行的各类产品。

必须非常了解你的银行，了解银行有哪些产品，银行能为客户做什么。在出去营销客户时，我们就是战士，要有武器，要有手段。客户需求就是埋在黄土中的黄金，需要我们用银行产品的铲子来挖掘出来。只要你熟悉银行产品，就可以源源不断地挖出黄金。

6. 了解客户的需要，琢磨清楚客户的利益选择

银行客户经理拓展客户，需要把客户的需要放在第一位，把自己的需要放在第二位。只要你琢磨清楚了客户的需要，能通过银行产品满足客户的需要，客户自然会给你源源不断的存款。

7. 风筝理论

授信项目就如同飘在遥远空中的风筝，客户经理必须找出那根线，能够控制风筝，这根线也可以称为风险抓手。对于大客户，信用就是那根线；对于小客户，房产抵押就是那根线；对小供应商而言，大买家的订单就是那根线；对于经销商而言，大卖家的回购担保就是那根线。这就是供应链融资的魅力，供应链融资的关键就是找到那根线。

8. 供应链融资其实也是企业融资啄食顺序理论的体现

核心企业首先应当是内源融资，也就是供应链融资，基本没有成本；其次是银行贷款，依靠银行的融资，有限的融资成本；最后是资本市场融资，要付出高昂的融资成本。供应链融资其实就是借助银行融资和融信的介入，没有成本地占用上下游企业的资金，将自身的融资压力转嫁给上下游企业。这是银行客户经理营销供应链融资的秘诀。银行为上下游企业融资，缓解其资金紧张问题。

9. 授信方案必须高度与企业经营吻合

很多客户信贷项目的逾期，与客户无关，与我们银行有关，如果授信方案设计合理，不会逾期。授信方案必须高度与企业的经营吻合，与企业现金流对应。银行的信贷资金与企业的经营现金流形成匹配接续关系。

10. 滚动使用授信额度

授信与用信分离，授信额度是唯一的、有限的；而用信产品品种是多元的，分阶段多品种使用。置换型滚动授信，以后一个品种的信贷品种置换期限的信贷品种，滚动用信，前后置换，最后以企业的经营现金流清偿最后一笔用信。

11. 在企业资金运动过程中，捕捉存款，尽可能争取存款沉淀。动态地争

取存款观，体现在现金流量表中；静态地争取存款观，体现在资产负债表中。企业是趋利的，不可能把存款静态地放在银行中，无所作为。资金就是资本，资金就是战士，作为资本必须为资本拥有者去奋战，要不断去赚更多的钱。供应链融资就是告诉你，要有能力吸收运动中的存款。

12. 亨利·福特有句名言："如果我问顾客他们需要什么，他们会告诉我他们需要一匹跑得更快的马。"也就是说，你很难从客户口中了解到他们真正的需求，因为他们常常也不知道自己需要什么。银行最大的价值就在于创造出客户的需求。供应链融资的理论就是告诉客户，您可以配合银行，我们提供给您更有效的融资方式，您可以使用商业承兑汇票保贴替代贷款；您可以使用保兑仓替代现有的销售方式。您以前没有想到的，我们可以提供更有效的融资方式。

银行业务学习卡片

(专家型客户经理)

客户经理成才要诀

拉存款	放贷款	争第一	要自强
学产品	靠实践	找客户	多操作
少喝酒	多业务	靠专业	赢尊重
品行好	业务精	树品牌	立口碑
勤跑腿	感情进	勤学习	成专家
多产品	捆绑销	增收益	稳合作
学产品	先票据	后贷款	再贸融
做客户	找关联	一生二	二生四
积跬步	至千里	积小流	成江海
谈合作	谋共赢	又做人	又做事
用产品	聚人脉	广织网	谋大局
遇挫折	更坚强	可坚持	功业成

寻找客户口诀

多拜访	勤联系	走出门	客户来
选客户	要精准	找规律	看审批
上网站	查报纸	找信息	建资库
铁公基	油煤矿	医学市	钢车交
主业强	要选择	多元化	要慎重
舍规模	重经营	选行业	看资金
中端好	多产品	交叉销	效益佳
大客户	人脉优	小客户	产品全
新产品	要尝试	忌功利	图长远

申报授信口诀

报授信	忌单一	多产品	成套餐
巧组合	建层次	好客户	深挖掘
控用途	开银承	锁还款	做保理
要利润	放贷款	要存款	开银票
交叉销	黏客户	做流水	关系固
放贷款	要封闭	稳客户	要结算
经销商	少贷款	多票据	做贸融
制造商	长短配	票贷配	收益丰

大型制造类客户营销口诀

辐射广	带动强	报授信	前后牵
图上游	慎贷款	多票据	综回报
用商票	商换银	代理贴	存款来
拉下游	保兑仓	厂商银	按揭贷
扶企业	关系固	避财务	找销售

（适用于钢铁、汽车、制药、铁路机车、工程机械等）

小客户（商贸类）营销口诀

小商贸	资产小	销售大	存款多
钢煤油	粮药酒	车家电	肥水泥
找协会	去市场	转介绍	靠口碑
敞口票	循环用	短频快	存款增
要深挖	全额票	票易票	灵活贴
保证金	活定通	理财品	创新用

小客户（制造类）营销口诀

小制造	必专业	靠大户	做配套
或保理	或保贴	回款户	要指定
看核心	定融资	定期限	控用途
有授信	必代发	要流水	通知存
风险高	防挪用	严贷后	忌失责

施工类企业营销口诀

选客户	看专业	油电铁	路房基
报授信	保函重	贷款轻	搭配票
先投标	搭资信	交叉销	揽工程
后履约	预付款	要定金	
前开票	后贴现	要存款	看上游

机械类企业营销口诀

做链式	上下游	促销售	助采购
少贷款	多商票	看上游	要效益
前商票	做上游	后回购	拉下游

高速公路公司营销口诀

短流贷	项目贷	开银票	组合给
多产品	接续用	固关系	忌单一
做授信	能授权	指挥部	办业务
融资畅	做信托	发短券	发中票

城投企业营销口诀

先贷款	再信托	后保理	全套融
拆迁款	要代发	批量卡	储蓄来
搭配票	做上游	要专户	存款有
过桥贷	补资本	项目贷	保建设

电力公司营销口诀

用商票	付煤款	代理贴	省成本
做上游	用保理	控风险	靠电网

医疗行业营销口诀

厂商医	药厂强	医院大	药商弱
厂商链	保兑仓	买方贷	助销售
商医链	用保理	锁回款	慎贷款
大医院	签商票	配流贷	项目贷
小医院	借租赁	封闭融	要结算
经销商	周转快	循环票	全额票

民营企业营销口诀

用商票	收益高	防挪用	做上游
易营销	响应快	重利益	看实际

银行产品使用要诀

贷款业务

找客户	有窍门	看指引	查案例
写报告	四段论	分层次	要清晰
用途清	还款明	收益佳	风险控
贷前紧	控使用	勤沟通	要坚决
贷后严	要结算	看流水	抓落实

法透业务

降成本	拉结算	做活期	用法透
珍惜品	要慎用	定总额	定单户
选客户	流水大	结算额	忠诚户
搭配给	有票据	有按揭	做循环

票据业务

小票据	大业务	动脑筋	收益高
做贴现	要合同	索发票	背景真
做存款	短变长	做结算	长变短
本行票	要抄回	看发票	找买家
卖方强	买付息	代理贴	替代款
买方强	用商票	代理贴	做上游
看到票	要慎贴	票易票	客户来
用银票	或商票	看客户	巧使用
超大户	用商票	一般户	用银票
商比银	费用低	免资本	控票源
银比商	手续费	承担费	保证金
开出票	抄回来	做上游	真容易
贴票据	看发票	信息全	找下游
巧用票	做关联	上下游	收益高
看到票	莫溜走	拿回来	即存款

国内信用证业务

国内证	收益高	表外融	风险低
降负债	美报表	要上市	国内证
即期证	做押汇	替代款	控用途
远期证	做议付	风险低	收益高
国内证	要发票	索合同	交收据
收益高	开证费	议付费	利率高
买方强	远期证	卖方强	即期证
弱客户	证优票		
买方弱	买押汇	卖方强	做议付

保函业务

施工企	设计院	电力企	船舶造
货运代	设备企	做监理	用保函
一投标	二履约	三预付	后质保
投标图	揽工程	资信函	捆绑销
履约函	签合同	质押品	要灵活
预付函	要定金	国内票	国外证
质保函	索尾款	按序销	不混乱
付款函	在工程	租赁函	在设备
关税函	对进口	保支付	存款来

保理业务

保理好	收益高	手续费	控风险
回购式	本体强	卖断式	下游强
选行业	选客户	找依靠	做上游
倚电网	做电源	倚公路	做施工
倚医院	做药商	倚电信	做设备
倚车厂	做零配	倚钢厂	做铁焦